TURING
图灵教育

站在巨人的肩上
Standing on the Shoulders of Giants

全家福 郝万云 摄

2024 年 5 月，作者张轩溢（中）在哈佛大学研究生毕业典礼上与父母合影

淡淡 摄

作者张轩溢在哈佛大学研究生毕业典礼上与父亲紧紧拥抱　　　　　　　　淡淡 摄

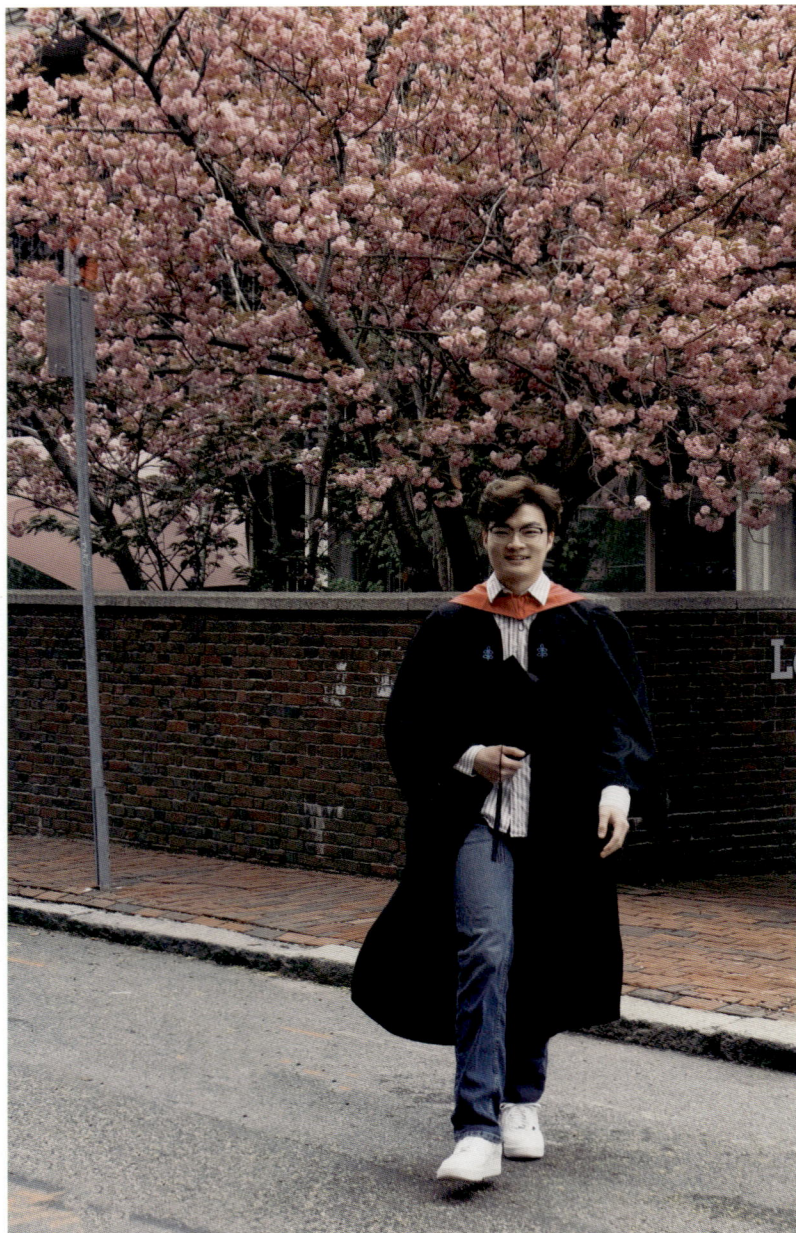

作者张轩溢在哈佛大学校园中 　　　　　　　　　　　　　　　张轩溢的同学 摄

积极养育

培养自驱、坚韧、有爱的孩子

张轩溢 杨泓 著

人民邮电出版社

北京

图书在版编目（CIP）数据

积极养育：培养自驱、坚韧、有爱的孩子 / 张轩溢，杨泓著. -- 北京：人民邮电出版社，2024. -- ISBN 978-7-115-65208-9

Ⅰ．G78

中国国家版本馆 CIP 数据核字第 2024BK3665 号

内 容 提 要

本书是由一对母子共创、深入浅出地探讨家庭教育与个人成长的作品。作者张轩溢以自己的成长经历为主线，揭示了积极养育的力量。他不仅讲述了自己如何在应对病痛和学业的挑战中发展出自驱力和韧性，还展示了家庭教育在促进孩子全面发展中的关键作用。同时，母亲杨泓从养育者的视角，分享了自己的教育理念与方法，即父母通过尊重、信任和有效沟通，激发孩子的内在潜能，支持他们在探索自己、认识自己、发展自己、成为自己的路上体验更多的爱与幸福。书中的故事和理念为家长提供了宝贵的参考，旨在帮助更多家庭找到适合自己孩子的积极养育之路。

本书不仅适合为人父母者以及承担教育孩子职责的其他人阅读，而且适合亲子共读，帮助孩子成为更好的自己。

◆ 著　　　　张轩溢　杨　泓
　　责任编辑　王振杰
　　责任印制　胡　南

◆ 人民邮电出版社出版发行　　北京市丰台区成寿寺路11号
　　邮编　100164　电子邮件　315@ptpress.com.cn
　　网址　https://www.ptpress.com.cn
　　北京天宇星印刷厂印刷

◆ 开本：880×1230　1/32　　　彩插：2
　　印张：11　　　　　　　　　2024 年 10 月第 1 版
　　字数：235 千字　　　　　　2024 年 11 月北京第 3 次印刷

定价：79.80 元

读者服务热线：(010)84084456-6009　印装质量热线：(010)81055316
反盗版热线：(010)81055315
广告经营许可证：京东市监广登字 20170147 号

真正的"学霸"是个什么样的"物种"

当今社会，教育是很容易让人产生焦虑的领域。

人们为什么会焦虑呢？主要原因是，大家被一个错误的期望落差所影响。在现实中，我们看到很多家长或教育者会自行设定一个假设：一个孩子，如果不够努力、不够勤奋、不够拔尖、不够优秀、不上名校……就会被社会淘汰。这种观念很普遍，但是，应该说这完全是错误的。这种假设导致的结果是，大家都认为自己被社会压力裹挟着喘不过气来，孩子被各种辅导班"吞噬"着，大量的时间被考试、作业、才艺培训占据着，孩子的表现都被一个个冰冷僵硬的分数指标衡量着……那么我们不禁要问：我们的孩子有多少独立自由的个人成长空间呢？现实中大多数的情况是，在"残酷的生存环境"下，孩子变成了学习工具，眼里无光、内心对抗、被动应对。他们既找不到自己的价值，也不知道学习是为了什么。灵动、充满创造力、积极阳光的孩子变得越来越稀少。孩子在某种程度上生活在一个竞争激烈、过度追求功利性，甚至相互攀比的文化环境里。孩子活得辛苦，家长也身心俱疲，这真的不是我们大家想要的结果，而这一切都源于那个错得离谱的期望落差。

其实，对于真正优秀的学生，"学霸"这个词并不是一个褒义词。（请允许我给"学霸"这个词打上引号。确切地说，我个人认为，"学霸"这个称呼对于很多优秀的高才生来说并不是一个光鲜的词语，反而可能是对他们真正的优势和能力的一种贬低。）

每年高考分数公布后，我们都会看到一些媒体对高考状元及其老师和家长，甚至七大姑八大姨进行采访。颇具玩味的是，我们在学校中接触到的很多高考状元并不是"死学"出来的，他们的学习生活反而更加自由、轻松、精彩，当然也更有效率、更有温度和人情味。

我的学术助手曾经很郑重地问过一些早年毕业于清华大学的同事。他的问题一般有两个。

第一，你当年考上清华大学时，成绩排在第一吗？

第二，你当年学习的时候是啥样子的？

第一个问题的答案是显而易见的。这些孩子基本上不是省第一、市第一，就是区第一、县第一、校第一。因此，家长的结论是，考上一流名校大概率得是某一个层级的状元，至少是排名非常靠前的"主儿"。当然，还有一位同学说自己是班级学习小组的第一名，那我们可以把这个回答划入诙谐与幽默的范畴了。

对于第二个问题，实事求是地说，"学霸"的学习方法总体来看还是比较丰富且有创意的。有一点倒是比较统一，那就是没有一个"学霸"认为自己的学习状态是"昏天黑地、心力交瘁、担惊受怕、忐忑不安、寝食难安"的。

这让我想到，这些年来我见到过太多奔向高考这条"康庄大道"

的学子们都是在"昏天黑地、心力交瘁、担惊受怕、忐忑不安、寝食难安"的状态中"澎湃"着自己的学习生活的。当然，这种"澎湃"的主要源头还是站在他们身后的那些节衣缩食、望眼欲穿的家长们和鞠躬尽瘁的老师们。这让人感动之余，也有些感伤。

很多人都知道我的书《吾心可鉴：澎湃的福流》，也知道我喜欢用"澎湃"一词来表达与人类的积极心态有关的概念，比如积极的情绪、幸福、心境、同理心与创造力，等等。但是，我真的不想用这个词来描述学子们寒窗苦读的情景。

为什么我会在一开始说很多家长或教育者有一个"错误的期望落差"呢？这个说法来自我们进行的一项长期科学调研所得出的结论。这个结论可能会令很多家长与老师惊诧：就算孩子进了名校（比如清华大学），可能很多人还是不清楚让孩子在未来真正成才的正确且重要的"期待标准"。

清华大学心理学系进行过一项积极教育项目的学术研究。这项研究从心理科学的角度，通过观察学生在学习期间与毕业后的一些主要发展情况来考察一项创新教育模式。换句话说，这项研究旨在探究由积极教育所带来的比较理想的人才培养要素有哪些。这项研究进行了很多年，它对过去十余年中的一批批优秀学生的成长与发展轨迹进行了全面的测评与跟踪。科研人员发现，长期表现优秀的学生在以下 8 个方面表现突出：卓越智力、好奇心、毅力、坚持、开放性、包容、勇气、价值观。

从这项长期科学调研的初步结论来看，除了"卓越智力"这一项可以通过高分进行展现，其他如"好奇心""毅力""开放性""包容""勇气"等是无法仅凭考试分数来衡量的。这些需要通过情感、认知维度、意志、气度等方面来展现。

回看前文中提到的"学霸",以及在工作后还能长期保持优秀与卓越的人(当然,名校的毕业生在后来的人生中泯然众人的例子也不少),他们能够表现出众,并不只是因为他们头脑聪明,而是因为他们比很多人更懂得如何学习、更擅长学习,并且更知道学习知识并不是全部,而只是全面人格与能力建构的一个组成部分。他们会花大量的时间提高自己的个人修养、发展多种兴趣、积极地投入适合的社会生活、关注国家时事与人生百态。他们对书本之外的知识比对书本之内的知识还要求知若渴。

总之一句话,他们学习并不只是为了取得高分,而是为了成长与发展。高分只是更高层次的学习结果之一。

如果将这些孩子作为阶段性的"理想孩子",那么我们对于造就他们的教育是不是可以做一些别样的反思呢?世界总是这样,当换个角度重新思考时,我们就会有一种不同的感受。

那么,教育的终极目的究竟是什么?

在我看来,教育首先要让孩子有真正成为自己的丰厚机会;其次,教育要让孩子拥有生而为人的幸福底气。

我们把孩子带到这个世界,是为了让他们为体现自己的生命价值而活、为体验和享受生活而活、为快乐和幸福而活。那么,孩子到底需要什么样的技能?什么样的陪伴才是真正对孩子好的陪伴?我们该如何定义成功呢?如何让孩子轻盈快乐地活出更加美好的人生呢?

积极养育:培养自驱、坚韧、有爱的孩子

你眼前的这本书或许给出了一些参考答案。这本书的作者用真实的生命经历和日常的家庭养育实践，书写了一个病患儿在爱的养育下，超越自我、创造奇迹的积极成长故事，为当代的家庭教育提供了很有价值的启发。

家庭教育并不是空谈或深奥的理论，它实际上体现在养育孩子的日常生活中的每一个细节里。它既注重家长与孩子之间的亲密关系，又强调父母在养育过程中的知行合一。阅读这本书，你会发现这一理念真实地体现在两个方面：一是家庭成员之间融通且丰富的情感交互；二是和谐而温暖的家庭氛围的营造。所谓亲密的亲子关系，亲的不只是血缘，还有感动；密的不只是氛围，还有温度。情感是"知"，交互是"行"；氛围是"知"，营造是"行"。说到真正的教育，理论永远和身心体验紧密相连。

通过阅读这本书中一个个真实发生的成长故事，你会看见即使命运多舛，只要孩子生活和成长在爱与尊重之中、拥有幸福的能力，他们也自然会"绽放"积极的天性，塑造积极自我，其内心充盈富足，也具有安全感。他们的目标感会更强，他们更有追求，心态更积极乐观，自驱力和学习能力也更强。他们相信自己、相信未来，满怀憧憬和希望。一个幸福的孩子不仅智慧出众，他还具备更强的独立思考能力、抗压御挫的能力和创造性解决问题的能力。真正好的家庭教育，就是为孩子提供适宜的成长空间和环境，让孩子自己去探索和创造。

这本书还向我们展示了一个非常重要的能力——韧性。无论是个人还是家庭，都需要具备积极心理学所说的"韧性"。当遇到各种灾难和困难时，有韧性的家庭能够迅速恢复正常状态。拥有这样一种耐磨、抗压的韧性，那么家人们永远是相亲相爱的，且能够一起走过至暗岁月。当孩子在将来的人生路上遇到挫折、打击或失败时，他们也同样能熬得过来，挺得过去，能够输得起。在经历挫折后，他们还能不断成长，螺旋式上升，就像拿到了上天赐予的礼物一样。

家庭对我们每个人的影响是巨大的。回望来时路，我们会发现，真正支撑我们一路走来、无惧风雨、勇毅向前的最重要的力量就来自我们的家庭——它温暖而坚毅，平和而稳定。如果在孩子成年之前，父母通过给予"好的陪伴"，让孩子得到一种安全的接纳、积极的反馈，获得愉悦的心情并体验幸福的感受，那么孩子就会更有动力去探寻生命的本质，探索真理和规律，勇敢去追寻有意义的人生，并愿意为人类福祉做出贡献。

这本书是一本积极心理学在家庭教育中的实践之书，它将积极心理学的理论，以通俗易懂的"生活化"方式轻松地表达了出来，易于读者理解和内化。它能够帮助当今陷入"内卷"环境的家长和孩子以新的视角审视我们对待生命、成长、关系和教育的初心。相信这本书也能够在你的生活中发挥更丰富的作用。

今天，我们处于一个充满"未来的冲击"的时代，这个时代正在向我们释放一个强烈的信号——人类的幸福意识和生存意义正在崛起。对幸福能力的追寻，现在有了更多与时代、国家以及民众生活紧密相关的多元化的现实考量。我非常欣慰地看到，有越来越多像 23 岁的作者张轩溢一样的年轻人加入教育事业，他们正在把积极的力量带到教育中、带到家庭中。愿每个家庭、每个孩子、每个人

　　　　　　　　　　　　积极养育：培养自驱、坚韧、有爱的孩子

都拥有幸福！我更期待这本书能在孩子的生命深处种下幸福的种子，并让它发芽、成长、绽放。

最后，我希望读者能够通过这本书了解真正的"学霸"是个什么样的"物种"。对于那些优秀的孩子，我们或许可以不再用"学霸"一词来"标识"他们，因为他们值得一个更好的符号。

彭凯平

中国积极心理学发起人、清华大学社会科学学院原院长

2024 年 5 月 8 日

彭凯平，获美国密歇根大学心理学博士学位，中国积极心理学发起人，清华大学社会科学学院原院长、教授、博士生导师，中国国际积极心理学大会执行主席，清华大学全球产业研究院院长，清华大学学术委员会委员，国际积极心理联合会（IPPA）以及国际积极教育联盟（IPEN）中国理事，中国心理学会积极心理学专业委员会顾问，研究方向为积极心理学、社会心理学和文化心理学。至今发表 450 多篇学术期刊论文，出版 15 部（中文或英文）著作，论文引用量 25 000 余次。自 2015 年起，连续 10 年入选爱思唯尔（Elsevier）"中国高被引学者心理学家榜单"。

积极养育的核心是关键陪伴

每个家庭都有一个教育梦。

身为父母，大家都渴望为孩子提供最好的成长环境。随着社会经济的发展和家庭收入的增长，父母开始更多地关注孩子，家庭教育也越来越受到重视。近十年来出现了一个突出的社会现象：全职妈妈越来越多，教育成本越来越高，许多家庭都愿意投入更多的时间、精力、财力来帮助孩子成长。

自 20 世纪 90 年代以来，家庭教育就从过去的"散养时代"进入了"圈养时代"。"圈养"意味着孩子在有限的空间里被父母管得死死的，美其名曰"正面管教"，事实上却是全面管制，甚至剥夺了孩子的自主性，结果是家长越管越焦虑，效果更是适得其反。

随着教育变得越来越"卷"，父母的期待也变得越来越高，"撒钱"给孩子报各种兴趣班、补习班的比比皆是。结果是，学习占满了孩子的时间，搞得孩子身心俱疲。本来玩是孩子的天性，现在玩倒好像成了一种罪恶。特别是眼下出现的休学现象，究其原因主要有两个：一个是孩子想做的事情不能做，比如，玩游戏或其他兴趣爱好，父母大多以让孩子更好地学习给限制了；另一个是孩子不想做的事情却被要求"玩命做"。用弗洛伊德的话来说,这就是"内心冲突引发精神障碍"。而孩子每天疲惫不堪、成就不足、焦躁不已,久而久之就会出现植物神经紊乱、快感缺失、注意力不集中等问题。

家庭教育是一个系统工程,绝非"一招鲜"的功夫。我在很多场合呼吁:中国的青少年或者学龄儿童不缺正面管教,缺的是关键陪伴。何谓关键陪伴?就是有质量的陪伴。具体地说,陪同不等于陪伴,看管不等于陪伴,说教不等于陪伴,物质满足不等于陪伴。那么,怎样才算关键陪伴?就是在关键的时刻给孩子提供有效和有意义的陪伴与引领。总结起来就是:管教孩子严格而不严厉,关爱孩子宽容而不纵容,培养孩子自信而不自恋,规劝孩子明确而不啰唆;在孩子需要的时候,为孩子提供最有效的帮助;在孩子的成长路上,给孩子创造最有利的条件。

那么,家长怎样做才算做好了关键陪伴呢?我在《关键陪伴》一书中强调了五大要点:理解孩子讲心思,尊重孩子讲策略,批评孩子讲时机,敦促孩子讲努力,勉励孩子讲自信。这本书的作者之一张轩溢恰好给出了非常生动的注解和真实的案例。

轩溢是我哈佛大学的校友。他的人生经历很特别。他穿越生命的重创和低谷,振翅高飞的精彩历程令我钦佩!在我看来,他今天的优秀与其家长的关键陪伴密不可分。我特别想借此书的案例,分享我的"孩子三拥有"的观点:让孩子拥有自主权、话语权、决策权。一般来说,父母都是爱子心切、望子成龙,但时常是好心办坏事,过度陪伴孩子很容易导致父母管控过多,期望每件事都为孩子打理好。这种直升机式的家教缺乏对孩子的基本尊重,它将毫不吝啬地关爱孩子变成了毫无界限地掌控孩子，表面上付出了很多，但效果不彰。父母与孩子之间的关系由 3 岁时的"相看两不厌"变成了 13 岁时的"相看即生厌"。

做智慧父母，要有个觉察，凡是涉及孩子的事情，要学会跟孩子商量，让孩子感受到被尊重，孩子才会更配合。换言之，我建议家长要学会"三放求三自"，即父母对孩子放手、放心、放权，孩子才会自律、自主、自信。在这本书中，轩溢描述了从小到大，从家庭生活的细微小事，如点餐、玩耍、写作业，到人生比较重要的选择，如申请大学、选专业等，他的父母是如何践行"三放求三自"原则的。一个在家庭中得到充分尊重的孩子，会在学业、兴趣、志向等方面的综合发展上，展现出独立、自主、积极向上的稳定内在，以及建立在清晰的自我认知之上的自信。

家长要培养孩子的内驱力。那么什么是内驱力？简单地说，就是孩子愿意做事情。内驱力一定是发自内心的，不是经过后天训练的。孩子有了内驱力，做事情才会心甘情愿、热情高涨，其过程可能是艰难的，但孩子内在的状态是喜悦的，这样事情才能够可持续地发展。在这当中，我们必须承认，内驱力是有个体差异的，而个体差异的背后是多元智能的差异，所以家长要根据孩子的智能特点，帮助孩子一起探索发自内心喜爱的兴趣，支持孩子发展自己独特的爱好，完成由"兴趣"变"志趣"，由"志趣"变"志向"的三级跳。

就人本主义心理学而言，每个人都是解决自己问题的专家，都拥有自我疗愈的能力。在这本书鲜活的案例中，我们可以清晰地看到，父母在家庭教育中很好地扮演了支持者、陪伴者的角色，帮助孩子发掘了自身的优势，并激发了其内在能量，孩子也最终形成了内驱力。如何唤醒孩子的内驱力？答案就是要顺着孩子的天性，让他做他愿意做的事情，让他找到心流体验。轩溢曾非常爱玩游戏，父母顺应了孩子的兴趣，借此培养了孩子的契约精神和自律能力，还把"打游戏"的思维能力迁移到了实现学业的各个目标上，让坏事变好事，这就是关键陪伴的突出表现。

家长还要以"爱商"的教育方式陪伴孩子。所谓"爱商"，这里指的是"爱"与"商"。爱，指的是心理学所讲的爱，转化在家庭教育中就是尊重和理解。孩子在一个有爱的环境中成长，他就会具有安全感。这样长大的孩子，内心强大，有坚实的底气应对生活的挑战，容易成为一个有幸福感的人。轩溢的求学之路也不是一帆风顺的，他经历或遇到的典型事件其实也有代表性，都在大多数孩子身上发生过，比如书中提到的沉迷游戏、来自老师的批评、成绩下滑、校园霸凌等负面事件，甚至在初上大学时因跟不上学业萌生过退学的念头。这些都是在一个孩子成长过程中真实发生的。但是，我们看到，一个拥有懂爱的父母、被爱充分滋养的孩子，就有能力快速转变，勇敢且坚韧地迎难而上，最终赢得理想的结果，实现了自我超越。

再说说"商"。"商"是指有事多跟孩子一起商量、商议、商定。家长要放下身段跟孩子平等对话、民主协商、有效沟通、理解孩子。当父母真正能理解孩子的时候，孩子就会愿意配合。轩溢从小就有个心愿，希望能架起一座亲子沟通的桥梁，让更多的父母走近孩子的心，了解孩子的想法，理解孩子的意图，看见孩子背后的正向动机，更有耐心和爱心去对待孩子。尤其是进入青春期，父母与孩子之间的互相理解、求同存异、彼此体谅，就变得特别重要。孩子是多么渴望能得到父母的支持和陪伴，很好地度过人生这段特殊时期，发展自己、成为自己！轩溢几乎在书中的每个章节中都细致刻画了在不同的成长阶段，他的父母是如何通过"爱商"来化解冲突和矛盾的，是如何让他感受到父母的陪伴没有功利性、父母的教导是严格而不是严厉的，从而使他享受与父母在一起的时光。

此外，轩溢的父母善于在稀松平常的生活中发现孩子的优点、特点和亮点，帮助孩子从自身找到力量、建立自信，并透过梳理孩子的成果里程碑事件，在孩子心中点起一把火，支持孩子从兴趣发展出志趣，从志趣发展出志向。这些关键陪伴的具体做法非常值得家长们借鉴。

这本书通俗易懂，在个人成长故事的娓娓道来中，结合了积极心理学、社会心理学、教育心理学等领域知识，以深入浅出的方式，轻松阐明养育逻辑，值得一读。

轩溢不只是我的校友，更是"00后"年轻人，为此我深感欣慰！衷心期待有更多优秀的青年教育工作者、更多的家长朋友们，一起来关注青少年幸福、快乐、健康的成长，共同提升家庭教育的品质，让陪伴孩子成长不只是家长的职责，也能成为家庭的乐趣，让关键陪伴为家庭教育圆梦！

是为序！

岳晓东

哈佛大学心理学博士、首都师范大学特聘教授

2024 年夏

岳晓东，获哈佛大学心理学博士学位，先后在香港中文大学和香港城市大学任教，2020 年 7 月获聘首都师范大学心理学院特聘教授。香港心理学会会士、香港心理学会辅导心理学分会首任会长。研究方向包括健康心理学、创新心理学、幽默心理学、咨询心理学等，在国外 SSCI 学术刊物上发表文章 80 余篇，在国内核心刊物上发表学术论文 100 余篇，出版英文学术专著 4 部、中文学术专著 6 部，任多家 SSCI 刊物的编委。

积极养育：培养自驱、坚韧、有爱的孩子

生命的奇迹

我从医 40 年了，一直在临床一线摸爬滚打，特别是常常和那些难以治疗的疾病打交道。朋友们笑我"在黑道上混"，工作高难度、高风险、高强度，成绩不多，收入还不尽如人意。不少同行都换了"赛道"，只有我一条道跑到黑。要是问我为什么这样执着，那么今天的这本书就是答案。

故事从一个普普通通的上午开始了。

老专家门诊部打来一个电话，说一个患有严重血小板减少症的孕妇需要住院。后来，他们把一位洋溢着青春活力的准妈妈推到了我的面前。"主任，我不要紧吧？我 16 岁就有血小板减少症，治疗过很多年，没有完全好。这次意外怀孕，又复发了。目前我没什么不舒服，只是腿上有好多血点点。"我一边翻看着她的门诊病历和各种检查单，一边听她说着。"好几家医院的医生都说太危险，要我终止怀孕。"当她说这话时，我看见她眼睛里的光暗了下来。

我仔细询问病情的同时，大脑也在飞速"运转"：诊断？治疗？风险？疗效？把握？后果？经济承受能力？这些方面的任何一个讲起来，都够写一篇论文了。

先在这里科普一下，血小板是由我们的造血系统生长出来、专门负责止血功能的血液成分。正常人的血小板参数为 10 万 ~30 万 / 立方毫米，如果低于 2 万 / 立方毫米就会出现自发性脑出血、重要内脏出血等危及生命的问题。导致血小板减少的 3 个主要原因被我们简单地喻为"土壤""种子"和"虫子"。

眼前的这位准妈妈，其血小板减少并非因为前两个因素，而是由于某些问题导致血小板被严重破坏而极度减少。她的血小板参数不足 1 万 / 立方毫米。更糟糕的是，胎儿也会受到影响，出现严重的血小板减少，甚至死于宫内。面对这样的双重风险，大多数医生会选择放弃胎儿。但是我知道这种情况会随每一次妊娠加重，她或许再也没有做妈妈的机会了。情况刻不容缓，我迅速决定要帮助她走出重重困境。因为深知其中的风险，我要求她立即搬家住到医院附近。"你整个孕期都要离医院足够近，确保你能分分钟找到我，我也能分分钟看到你。"我对她说。

她当时并不知道，其实一切靠她的运气好。在整个孕期中，她很幸运，没有出现其他复杂的疾病，比如红斑狼疮。此外，因为年轻，血管弹性好，也没有出现严重的大出血。更幸运的是，她拥有一个充满爱的家，有一个不惜一切代价要救妻儿的全心付出的先生。

首先，他们需要面对的是一个漫长的孕期。其次，在治疗方式的选择上，他们也面临着诸多困难。对于刚刚怀孕 3 个月的早孕期的妈妈，许多药物不能服用。鉴于 20 多年前的医疗条件，当时只能选用大剂量人血丙种球蛋白进行治疗。因为这是血液制品，每天需要注射十几瓶，且不说昂贵的药费，紧张的药源就令人头痛

　　　　　　　　　　　积极养育：培养自驱、坚韧、有爱的孩子

不已。他们调动着一切可以动用的力量，在各种纠结中一天天地熬着……

眼看着就要弹尽粮绝、山穷水尽了，她终于熬到了孕 36 周，迎来了宝宝的出生。宝宝是院妇产科主任亲自接生的。当我接到电话，听到"是个男孩，母子平安"的消息时，我感觉原本平常的报喜电话听起来简直就是天籁，也是生命给我的惊喜。可我不敢放松心情，急忙嘱咐了各种注意事项。我既担心这个来之不易的宝宝被过度呵护，又担心产妇因巨大的生理变化而病情反复。

然而，真的是怕什么来什么。

产后不到两周，还没有恢复的新妈妈再次陷入危险中，而且情况比以往更加凶险。她出血不止、神志不清，医院甚至下了病危通知书。幸运的是，由于没有了对胎儿的顾虑，我们使用了所有可以用上的药，但是病情仍不稳定。最后，我们决定通过手术切除脾脏，以减少血小板破坏的场所。但是，患者这个病，即使不碰器官，也会自发出血，所以手术谈何容易！这里，我要特别感谢院肝胆外科的鲍世韵主任，他艺高人胆大，做了充分的术前准备，顺利、完美地拿下了这一战。从那以后，血小板减少引起的问题虽带来了"风雨"，但再无"惊涛骇浪"。

可是，平静的日子又起惊雷。

7 个多月的宝宝被专家诊断为智力发育迟缓，是轻度脑瘫儿。这对父母的打击难以言表。但是，当我见到孩子亮晶晶的眼睛时，我明白了其中的原委，立即指引他们去求助专业医生。经过专业医治，孩子不仅逐渐恢复了正常，还练就了很强的语言表达能力。

然而，我内心中的担忧仍未消除。因为孩子的妈妈自 16 岁起就有血小板减少的问题，所以，我担心孩子会继承妈妈的体质。这种疾病在女性中较为常见。虽然在男性中少见，但患有此病的男性往往病情较重。我不太愿意把最坏的可能性告诉他们，因为他们一家人已经经历了太多的风雨。

但是，该来的还是躲不过。

10 年后的一天，孩子的爸爸突然打电话给我，告诉我孩子不仅被发现血小板减少，还被诊断为免疫相关性肝炎。儿科医生建议使用大剂量激素治疗。使用大剂量激素可能会影响孩子的发育，但是不使用则生命安全难以保障……孩子啊，你怎么也抽到了最糟的那张牌？

听着孩子爸爸那努力控制情绪的声音，我知道此时只有我冷静而坚定的支持才能帮助这个家庭走出困局。我果断地回复说："该用的药就得用，还必须用够量，不要把急性的疾病拖成慢性的。孩子还小，发育的机会还有很多，后面补来得及。男孩子发育晚，不用太担心，那些药的副作用对孩子的终身影响并不大。"我的坚定回复给这对历经磨难的父母增添了力量。这里还要感谢当时的院儿科主任李博医生的专业医治。4 年后，孩子终于痊愈。

20 多年过去了，那颗小小的生命种子一直顽强地生长着。我们曾经为他遮风挡雨的伞再也够不到他的头顶了。他的天空那么宽广，他让我们看见了生命的奇迹。

这本书将带你认识他，一起走进他的成长故事，以及背后支持他成长的家庭。

　　　　　　　　　　　　　积极养育：培养自驱、坚韧、有爱的孩子

每个人的生命都是一个战胜了许多困难的奇迹，都值得尊重和珍惜。让我们和他一起思考：怎样过一生才值得付出这一切？

徐肇明

2024 年 4 月 29 日于深圳

徐肇明，1982 年毕业于中山医学院，在医学科学院血液学研究所从事血液学临床医疗和研究工作 15 年，擅长治疗血液系统各种恶性肿瘤、各类贫血症以及与免疫相关的血液疾病。在"七五"和"八五"国家科技攻关项目的课题中，开展了造血干细胞的研究工作。作为主要骨干，她率先开展了自体干细胞移植工作。1996 年作为血液专业人才被引进深圳，在深圳市人民医院主持并开展血液系统疾病的医疗工作和造血干细胞移植工作，直至退休。2015 年退休后，加入深圳市人民医院宁养院，成为李嘉诚基金会慈善活动的参与者，为癌症晚期患者提供临终关怀和除痛治疗服务。

轩溢自序

"你认为的家庭教育是什么样的？"一千个人或许会有一千种回答。

在我看来，家庭教育的核心是亲子关系本身。

家庭教育绝不仅仅是一个经验丰富的成年人单方面地向天真孩童灌输知识、付出心血养育的单向过程，它更是一种在不断互动中共同成长的双赢关系。

健康的家庭教育形成的是一种亲子共创同行、各有成长的模式。在这种模式中，家庭成员相互支持、彼此赋能，从而使得爱能在家庭成员中流动，令每一个家庭成员都拥有坚定的信念去勇敢地追求自己的人生目标，找寻并实现自己的人生价值。

这就是我对家庭教育的理解，而这种"让爱流动"的教育理念的形成与我过往 23 年的成长经历息息相关。

听我爸爸说，在他们结婚时，医生就明确告知他们，鉴于妈妈的身体状况，她不适宜怀孕。然而，在结婚 7 年后，他们意外有了我。医生告诉他们，无论是要这个孩子还是选择放弃，都是只此一次的冒险。妈妈冒着生命危险，既任性又坚决地决定留下我。他们以无比坚定的信念和极其坚毅的努力，倾尽家财，付出了巨大代价，终于让我平安地来到了这个世界。

在我出生前，为了图个吉利，妈妈给我起了个小名"狗蛋"，祈求我能活下来。我出生后，爸爸提议给我取名"张别克"，因为我的母亲注射了近千支人血丙种球蛋白（简称"丙球"），以避免使用激素和化疗药物，这使我得以保全性命，活了下来。要知道，20多年前仅购买这种丙球就要花费大约38万元，恰好是当时买一辆美国原装进口别克品牌轿车的钱。

在我出生前，妈妈在医院度过了171天。我出生不到15天，妈妈因产后大出血再次住院抢救、接受治疗。为了方便妈妈治疗，我们继续在医院旁边租房住。直到我5个月大时，妈妈才出院，我们一家人终于回到了自己家，生活在了一起。我能好好地活下来，也必须感谢我妈妈的姑姑和小姨。她们毫不犹豫地放下自己的家庭，放弃了工作，提早办理了退休手续，来到我家，全力以赴地照顾妈妈和我。爸爸说，如果没有她们的帮助，自己根本撑不下来。

本以为在"刀尖"走过的生活就此可以平安地步入正轨，但没想到，在我7个多月大时，表现出严重的发育迟缓现象。被医院的专家会诊后，我被诊断为轻度脑瘫。为了照顾我，妈妈立即辞去了工作，全职在家以配合医生对我进行的系统的医学治疗和严格的家庭康复训练。幸运的是，到了3岁半，我的发育基本上能赶上正常孩子的最低水平了，而热爱工作的妈妈也踏入建筑设计这一新领域上班了。

从幼儿园到小学，我一直是班上最瘦弱、最矮小的，总坐第一排，体弱多病是常态，三天两头就感冒发烧，往医院跑。童年时光里，我最熟悉的场所就是医院，而玩得最娴熟的游戏就是当医生，给人看病打针。我很早就懂得打针动作要轻柔，如何用话语安抚人。

在慢慢成长的过程中，周围的人都松了口气，以为即使跌跌撞撞，我也能被这么拉扯大。谁知一波三折，10岁那年的一天，我在体育课上跟同学踢完足球回家后，洗澡时发现大腿根部有一块拳头大小的紫色淤青，妈妈很紧张，连夜带我去了市人民医院，第二天就做了骨髓穿刺手术。很不幸，我被确诊患上了一种严重的血液病。这种疾病会导致出血不止，甚至引发颅内和脏器自发出血而威胁生命安全。

刹那间，我仿佛变成了一个瓷娃娃。哪怕我只是不小心轻轻地碰到了桌椅，身上便会迅速出现大块的乌青或黑紫的瘀斑，如同遭受了严重冲撞。哪怕我只是轻轻地挠痒痒，我的皮肤毛孔也会冒出大片绵密的出血点。尤其可怕的是，鼻血会不分时段、莫名其妙地突然流出，即使我用大拇指使劲按住鼻梁半个小时，也不一定能完全止血……我被恐惧"包裹"着。医生严令禁止我参与任何运动和活动，不许跑也不许跳，尽可能地减少任何动作。除了吃饭、洗澡、上厕所，我应该尽量躺在床上不要动。我早早地体会了"躺平"的状态，那成了我保命的基本生活形式。就这样，我的生活半径和日常行为被彻底地严格限制了。

10岁的我，正处于最富有好奇心的年纪。我特别爱和小伙伴们玩耍，仿佛有着使不完的精力，每天都希望能自由打闹、疯跑，对外面的世界充满了向往。然而，这场突如其来的大病，顷刻间颠覆了我和家人原本的生活状态，让我对生活的所有憧憬和期待瞬间化为泡影。

记忆中，有一幕让我印象深刻：那天，拿着住院通知单从医院回家的路上，我的爸爸脸色铁青，默默开车，全程一句话也没说。我的妈妈则一直紧紧握着我的小手，默默流泪。她一路上反复说着一句话："没事儿的，没事儿的。"当时的我，很难分辨出妈妈的话是在宽慰我，还是说给她自己和爸爸听的。那是我第一次感受到，巨大的恐惧和不安笼罩着我，妈妈和医生的安慰之言就像一碰即碎的泡沫，无法发挥半点儿安抚的作用。10岁的我，惶恐、害怕、担心、不知所措、大脑一片空白……为了拯救我的生命，爸爸妈妈遵循医生的建议，果断地做出了让我休学一年的决定。

就这样，没有经过商量，我就突然地离开了熟悉的校园和那些朝夕相处的小伙伴，住进了医院。治疗初期，由于使用了大剂量激素，短短十几天我就模样大变，从一个干巴黑瘦的小男孩，迅速变成了有着大脸蛋、肉嘟嘟的小胖子，就像一只气球被快速充了气。医生要求我卧床休养，而药物的副作用也使我变得虚弱无力。

从那时起，我与疾病的4年抗争之旅开始了。

年少的我每天都提心吊胆，害怕随时会受到死亡的威胁或者遭受病情失控或恶化的风险。无论是在生理上还是心理上，10岁的我饱尝着疾病带来的折磨，承受着同龄的健康孩子，甚至正常成年人都难以想象的压力和痛苦。

躺在病床上的时间变得漫长无比，让我度日如年。

没有丰富多彩的活动，没有五颜六色的世界，每天映入我眼帘的只有白色的天花板。10岁的我，大脑里经常"飞"过一句话：我的生命失去颜色了。随着日子一天天过去，我心底里的绝望和无力感越来越强烈，我把这种感觉叫作"病床感"——从被贴上了病人标签的那一刻起，我变得愈发无助，感觉无法逃离、不可逆转、无法抗争。被天花板压住、被病床禁锢、被吊瓶拴住……怨天尤人成了我生活中的一种常态："为什么得病的偏偏是我呢？为什么要让我来承受这么多的痛苦呢？为什么要毁掉我正常的生活呢？"可惜的是，没有人能给我答案。

"我活着还有什么意义？"我甚至产生了轻生的念头。

现在回想起来，我人生的第一个重大转折点，是记忆中那个永远难以磨灭的傍晚。

我坐在阳台的椅子上，沐浴在落日的余晖中，思绪漫无边际地飘荡着，仿佛早已习惯了这种"病床感"。或许，正是无数次挣扎无果后的无奈和认命，将我内心对世界不公的抱怨和抗议深深压抑住。忽然，阳台外面飞过一只蜻蜓，它那透明的翅膀轻盈地扑扇着，左飞飞右飞飞，上飞飞下飞飞。我的目光不由自主地跟随着它上下移动，直到它乘着风自由地飞向了远方，消失在我的视野尽头……

就在蜻蜓消失在我的视线里的那个瞬间，我无法抑制地号啕大哭。

那一刻，我感觉我的整个身心都被巨大的绝望与悲痛淹没：连一只小小的蜻蜓都可以自由自在地飞翔在辽阔的天空，而我，一个活生生的人，却只能被疾病困在原地，哪里都去不了，什么都做不了。这只蜻蜓打破了我内心中最后一道防线，那些自生病以来生生压抑在心底的委屈，失去自由、无法自主掌控人生的痛苦，在这一刻爆发，沉重地撞击着我的心灵。

我的目光不由自主地跟随着它上下移动……

说实话，在那个瞬间，我几乎失去了继续生存下去的欲望。对我而言，从 17 楼的阳台一跃而下也许就是最好的解脱。

在这个紧要关头，妈妈听见我号啕大哭，赶忙从屋里跑出来查看情况，"按下"了我不想活的"暂停键"。

妈妈做出了一个我完全没有想到的行为。

她蹲在我旁边，静静地听着几乎泣不成声的我断断续续地讲述小蜻蜓的故事和我绝望的感受。她没有说一句安慰我的话，也没有摆出父母的架子斥责我的想法，更没有说什么"爸爸妈妈、医生都在为你全力付出，你怎么能不珍惜生命呢"这类我当时最反感的话

积极养育：培养自驱、坚韧、有爱的孩子

语。面对我的崩溃，她既没有惊慌，也没有束手无策。让我印象深刻的是，妈妈紧紧地抱了我一下，深深地呼了一口气，然后起身进屋打了一个电话。她竟然打给了深圳大梅沙京基洲际度假酒店，预订了第二天的房间。挂了电话后，她表现得仿佛什么都没有发生一样，俏皮地对我笑笑说："快去收拾你的行李吧，看看想带些什么，明早咱们也来一趟疯狂的旅行，去海边、住酒店。"

这句话是我迄今为止听到的世界上最安抚人心的话语。那个电话，仿佛让我失去希望的生命重新有了一丝可以追寻的光彩。

我长大后才得知，妈妈当时特意选了这个地方，是因为它是距离我平时接受治疗的医院最近的海边，后来妈妈还跟医生事先商定了预案，一旦出现危险可以立刻送我去医院急救。

第二天一早，我跟妈妈就踏上了这段冒险之旅。

我终于又可以像我的同学一样了——在假期出门度假、在沙滩上奔跑玩耍、感受着海浪拍打双腿、从泳池滑梯上大笑着滑下……

但是，这份短暂的"正常快乐"是有代价的：不到一分钟的时间，从滑梯落入水中的冲击就在我的身上留下了无数的乌青血点，就像病魔正在用它的小鞭子狠狠地抽打着我，使我遍体鳞伤。我低头看看自己的身体，又抬头看看近在咫尺的滑梯，我太知道我有多么想玩，我真的想再多滑 1 次、10 次、100 次……

然而那时，我做出了人生中第一个重大选择——我选择转身离开了滑梯。

我选择重新回到医院，全力配合医生治疗，即使在家中养病，我也高度自律，严格遵照医生的要求。

我要活下去——这是我为自己的生命做出的决定。

我还给自己起了一个新名字——张轩溢。

后来，我接受了爸爸妈妈的建议，放弃了学业压力较大的外国语学校，离开了一帮关系很好的同学。经过一年的休学，我的病情相对稳定了，我转入了一所距离我家步行仅几分钟的国际学校。在这所名不见经传的学校里，我每天可以回家吃三餐、午休，课业压力相对较小。重返校园生活让我的心灵得到了很大的疗愈，精神也得到了解放，我全身心地融入了校园生活，像享受阳光一样积极主动地拥抱新生活。

幸运的是，经过 4 年的治疗，我痊愈了。这段逆境中的经历让我深刻地意识到，没有任何困难可以阻拦我前进的脚步，没有任何压力可以胜过我追求自由的信念。

在后面的几年间，我发生了很大的转变。我不只在学业上持续进步，还在丰富的课外活动中逐渐地崭露锋芒：参与戏剧社、合唱团（阿卡贝拉）、学生会，以及孤独症儿童关爱组织……我在各个方面慢慢地散发出自己独特的光彩。我还在校外创办了亲子教育沙龙活动。最终，我在高中毕业时成功地被我心中的理想学校美国芝加哥大学（当年该校在 U.S. News 美国最佳大学排名榜上排名第三）录取，学习人类学专业（芝加哥大学人类学专业当年在全美排名第一）。我也从我的母校得知，这个录取结果位列当年美国 U.S. News 本科录取深圳地区第一名。

经过 4 年的本科学习，我以优异成绩获得芝加哥大学"荣誉毕业生"称号。同年春天，我几乎同时收到了美国哈佛大学、芝加哥

积极养育：培养自驱、坚韧、有爱的孩子

大学、宾夕法尼亚大学、哥伦比亚大学和英国剑桥大学这五大名校的研究生录取通知书。目前，我正在哈佛大学攻读人类发展与教育专业硕士学位。我的这段成长故事常被媒体冠之以极具戏剧性的标题——"从脑瘫到哈佛"。

回顾我的教育和学习经历，我发现自己在前进的道路上总会置身于全新的环境、困难与挑战之中，而在绝大多数情况下，在最开始的时候，我都处于相对落后的位置：初中时在体制内学校成绩平平；刚进国际学校时听不懂英文授课；高中时喜欢打游戏，打游戏的时间一度超过了学习的时间；参加暑期科研项目时，我是班里经验最少还没有啥想法的学生；甚至在芝加哥大学学习的头两个月里基本跟不上课程的节奏……或许很少有人会相信，这样的一个孩子也能最终以高中满绩点毕业，打《王者荣耀》游戏打上市级排名榜，获得名校科研教授的推荐信，被海外名校录取。

事实上，我并不是传统意义上的"学霸"，也不是盲目刻苦的"卷王努力家"，我只是在接受命运的安排和学校教育的过程中，信念坚定，不断地探索自我，找到了适合自己的节奏与方法。正如我曾摆脱那4年的"病床感"一样，我一直在不断地螺旋上升、奋力逆袭。

在我成长的过程中，家庭是我最重要的依靠。

无论是在长大成人、共同对抗病魔、选择大学与专业方面，还是在持续的自我探索、对人生意义的追寻中，我的父母始终对我保持着最纯粹的爱，秉持着最包容和尊重孩子的家庭教育理念。他们并不是什么名校毕业的高学历精英，更不是什么科班出身的育儿专家，而我也不是那种完全能让父母省心的孩子。在养育我长大成人的风雨路上，他们面临了疾病以外的诸多挑战。但正是那些伴随我成长的层出不穷的问题与考验，促使我们全家不断地转变思维，调整教育方式与相处模式，支持我成长为一个独立、自驱力强、积极、有爱的人。

回过头看，我发现这一路走来的点点滴滴恰好能串成一条完整的故事线。在这条故事线上的每一件事，无论大小，都体现和诠释了我们家的教育理念，以及对这些教育理念长达 20 年之久的践行。因此，我想借本书来分享我在成长过程中亲身经历的各种小故事，并将对家庭教育理念的底层认知与理解融入其中。我希望就像朋友间轻松地聊天一样，将这些故事讲述给更多的人听，让家长和孩子可以有轻松阅读的体验，做出更多的思考。

本书讲述了一对普通父母用爱守护和支持一个生命自由生长的故事，我想以此书献给我敬佩且深爱的父亲张林和母亲杨泓。

参与书写这个生命故事的，还有我人生中的贵人。

他们是：深圳市人民医院的白衣天使们（应该说，我的整个人生首先要归功于他们）；我的中学母校深圳国际预科书院（这里是我展现天赋的摇篮）。还有一路走来以各自的方式爱我、支持我、启迪我的师长：我的干妈屠红燕、Betty、导师 Jinbo & Michelle、张斌老师、吴白莉老师、翁玲玲老师、张颉冰老师、Jenny、曾冠生、Huini、Lancelot、老古、Jean、Lilian、Lydia、好兄弟明祺、照料我生活的大姨与莫日娟阿姨，以及芝加哥大学的 Kerry Ledoux 教授等众多人生导师。感恩相遇，此生不忘！

非常荣幸，本书得到彭凯平教授、岳晓东教授和徐肇明医生的序言支持和鼓励。非常感谢！

特别鸣谢促成本书的编辑们：白羽、Sandy、乐妞和刘慕雅老师。这是一段愉快的合作经历。感谢你们！

当然，由于年龄、阅历、视野的局限，我的个人观点可能存在偏颇，我更希望得到读者的包涵与指导！我的出发点很真诚，就是期待可以架起一座亲子沟通的桥梁，为更多家庭的幸福和孩子的健康成长带来一些不同视角的思考与启发。

感恩所有发生在生命历程中的一切，让我是我。

张轩溢

2024 年 4 月 19 日于美国哈佛大学

妈妈自序

我曾以为，每个人都会像我一样，热切地盼望着活着。

直到那一天，我 11 岁的独子，站在我家 17 楼的阳台上，望着消失在空中的小蜻蜓，绝望地说"我活着还有什么意义"的那一刻，我才知道并不是这样。当时，我心如刀绞，痛心疾首。

我们拼尽全力、无微不至地细心呵护他，不惜一切代价、想尽一切办法求医问药，每天像爱护眼珠一样小心翼翼地保护着他，他竟然说他不想活了。

他压抑已久、惊天动地的号啕大哭，惊醒了我。

我忽然意识到，原来，眼前的这个孩子，不是一台功能失灵、维修中的机器，不是一个只需要关注医学指标和治疗方案的生物体，他是一个人。他是一个有自己的灵魂、有自己的思想、有自己的感受、有自己的渴望的活生生的生命。

我做了一个疯狂的决定。

我避开儿子，进屋给主治医生打电话。我发现我拨电话的手不停地颤抖着。电话一接通，我用不容置疑、不管不顾的态度歇斯底里地向医生吼叫着："我要带他去旅行，明天就去，不要劝我，不管什么结果，非去不可。"我刚硬得像一块铁板，一滴眼泪都没有掉。

那时正值暑假，儿子的很多小伙伴正跟着家人在全世界旅行。

不过最终，我还是理性地跟医生妥协了。第二天一早，我带他去了离医院最近的深圳大梅沙京基洲际度假酒店。儿子小时候就喜欢在那儿的海边疯跑、踩浪、玩沙，尤其喜欢那个彩色的泳池滑梯。

海，就在眼前。滑梯，就安静地立在湛蓝色的泳池里。

这个被"囚禁"在病床上的孩子仿佛重获了自由，病也好像一下子就好了。他三步并作两步就爬上了滑梯的最高处，开心地笑着，兴奋地跟我挥手。我已经很久没有看到他这么开心了。

嗖地一下，他就滑下来了。

被激素"充胀"起来的胖胖的身体，像一枚小炮弹重重地砸在了水里，溅起了巨大的水花，把他整个人都淹没了。等水退去，他站了起来。此时，我惊呆了：他浑身上下像电影里被敌人严刑拷打过一样，水与皮肤接触时瞬间产生的巨大的冲击力让他的身体表面布满了大面积的出血点……

他低下头看了看自己的身体，背对着我沉默了一阵，小心翼翼地甩了甩手上的水珠，然后低着头转过身，一步一步缓缓地朝岸边走来。走到我跟前时，他没有抬头看我，只是低着头跟我说了 4 个字："走，回医院。"

多年后，当儿子回忆起那一刻时，他说："那几步路，是我此生中走得最艰难却又是最坚定的。就在那个时候，我清楚地知道，自由是值得我一辈子去拼、去追求的，没有什么能阻挡我对自由的渴望。我要过一个我说了算的人生！"

从那以后，他变了。

　　　　　　　　积极养育：培养自驱、坚韧、有爱的孩子

他不再抱怨命运的不公，不再唉声叹气、以泪洗面。他默默地重新捡起课本开始自学。他说，就算我的身体不能自由行动，我的脑子依然可以自由奔跑。他立志要成为一个帮助人们穿越黑暗、超越自我的人。

12年后，哈佛大学毕业典礼上。

当我坐在台下，看着身高一米八三、健康、阳光、自信的他稳稳地走上台，接过毕业证书高高地举起，并朝观礼席的我们挥舞致意时，他的脸上绽放着灿烂的笑容，整个人闪闪发光。那一瞬间，24年的风雨历程犹如昨日，历历在目，奔涌而出的热泪，模糊了我的双眼……

如果这个世界上真有奇迹，那一定是恩典的另一个名字。

他叫张轩溢，他是个勇者。他曾跌入深渊，但他又平安归来。

他从小就有个心愿：架起一座亲子沟通的桥梁，让爱在家庭中流动，让更多的孩子成为自己生命的英雄。

愿借此书反哺上苍的恩泽。

本书中通俗易读的真实成长故事里蕴藏着家庭教育的底层逻辑和核心信念。期待"积极养育"的家庭教育观能为中国新时代的孩子健康快乐地成长带去有意义的启发。

谨以此书献给为张轩溢健康活着保驾护航的白衣天使们。他们是：

深圳市人民医院血液科前主任徐肇明医生；

深圳市人民医院血液科前实验室林晓鸥技师；

南方医科大学深圳医院主任医师（儿童神经心理发育早期评估

及诊断专家）洪琦医生；

深圳市人民医院儿科前主任李博医生；

深圳市人民医院肝胆外科前主任鲍世韵医生；

深圳市人民医院肝胆外科主任医师张悦医生；

在我病危之际为我捐献血小板、救我生命的高中同学王睿先生。

没有你们，就没有这生命奇迹的发生。一生感恩！

张轩溢的母亲杨泓

2024 年 5 月 31 日于美国波士顿

目录

积极养育：培养自驱、坚韧、有爱的孩子

01

探索和培育
自驱力的种子

> 我不能教任何人任何东西，我只能让他们思考。
>
> ——苏格拉底

"如何培养孩子内在的自我驱动力？"

"如何让孩子自发地朝着目标去努力？"

"我的孩子对什么好像都没什么明确的兴趣，该怎么引导他呢？"

"我的孩子没有目标感，也不是很主动，如果我们不帮助制定目标就不知道要做什么，也不会自己找事情做……"

亲爱的家长们，上面这些问题是否也是你们隔三差五会想到的问题？它们是否让你们不禁轻拍脑门，感到苦恼？

孩子们，你们是否曾听到父母向他人咨询，寻求解决这些问题的建议？你们的父母是否曾经就这些问题与你们促膝长谈，偶尔因为期望未能实现而表示出些许失望，甚至做出恨铁不成钢、"怒其不争"的指责？

老师和其他教育工作者们，你们在工作中，或许对这几个问题持续有新的认知和见解，但同时你们是不是也需要回应和满足家长关于培养孩子自驱力的需求？

在过去的几年中，来自不同背景的家长曾经上百次地向我咨询过这些问题。反观这些问题，关于自驱力的问询大部分围绕着如何前进、如何努力、如何主动引领等关键词，这些连接起来的关键词就像一条射线，希望孩子的自驱力能够从此解开束缚，朝向他们内心向往的未来。在当今整体社会环境中，在社会竞争压力下，自驱力与期待不可避免地交织在了一起，父母对孩子的期待值也在不断地攀升。

积极养育：培养自驱、坚韧、有爱的孩子

回想一下，在孩子还没出生时，身为父母，你们对孩子最大的期待是什么？或许非常简单，只是希望他能平安健康地出生，再平安、健康、快乐地长大。然而，随着孩子一天天长大，初始的期待在发生变化，父母逐渐希望孩子体魄强健、学业进步、成绩优异、多才多艺，能够成就一番事业、拥有更多财富、家庭幸福，成为一个对社会有用的人。

这些期待全部都是非常正常的。

我的家庭、我的父母也是如此。从小到大，我不止一次地面临生死考验，而每一次都是父母用他们强大的意志力和对我深深的爱来帮助我战胜了病魔。尽管我们一家人一起经历了这么多，父母也认同"健康地活着"就是对我最大的期望，但是他们的心理预期也没有止步于此——希望我成绩好、养成良好的生活习惯、考上好大学，等等。

不同的是，我的父母将这份期待转化成了让我去做自己的鼓励，以及在与我有关的事情上表现出的极大尊重和极强的分寸感。他们采取了一种基于信任和尊重自主性的教育方式。

他们会提供有见地的建议，但同时会让我保持对个人生活和学业等各个方面的自主决定权。他们会分享他们几十年人生中的经验教训，同时也会察觉到代际之间观念上的代沟以及不断变化的世界，主动地与我沟通思想上的差异。爸爸妈妈不会傲慢地告诉我什么更正确、我该做什么，也不会苦口婆心地说"这都是为了你好"，更不会强硬地表示"要听我们的"。但是，他们会严肃地划定坚决不可触碰的行为底线，比如"黄赌毒"绝对不能沾。

我的父母将他们对我的期待融入到对我成长过程中每一天发生的每一件具体事情的处理方式中，形成了一种自由宽松的积极养育方式。这种养育方式注重同理心和包容性，努力促进孩子在情感情绪、个人价值观和社会身份上的独立发展，帮助孩子不断地建立自信。

我们常常看到一些家长出于为了孩子好，有时会盲目地将自己的期待施加于孩子身上，这不仅无法激发孩子的动力，反而会带给孩子压力。真正能够促进孩子成长的期待，是建立在互相尊重、平等交流的基础上的，它能够得到双方的认同：既能够满足父母的愿望，也能够满足孩子自身的渴望。它让父母的期待与孩子对自己的期待相互契合一致。

如果把孩子的成长比喻成一辆汽车，那么孩子就是掌握方向盘的人，但在"驾驶员"还不能完全独立上路之前，父母就是坐在副驾驶座位上保驾护航的人。光迎合父母的想法，孩子内心的愿望难以满足；但任由孩子掌控方向，父母肯定会不放心。只有父母和孩子双方达成一致，才能给孩子一种正向的激励，使孩子更有动力去采取行动，朝着双方都满意的目的地，不断前进。

积极养育：培养自驱、坚韧、有爱的孩子

成长的路上，孩子是掌握方向盘的人。

现在回看本章开头提到的关于自驱力的几个问题，每位做父母的对孩子都抱有期待，这是毋庸置疑的，而成长中的孩子作为独立的生命个体，也有自我定位，对自己也一定有所期待。然而，当探究这些问题的时候，如果反复强调"方向性"和"求解"的需求，父母与孩子很容易陷入双方都不知道该如何是好的僵局。

实际上，找到自驱力、朝着期望的目标自发前进的过程，并不总是一个添砖加瓦、不断盖高楼的过程。很多时候，我们需要首先审视脚下的这块地基是否稳固，是否有能力承载长期的潜力发展。很多时候，映入我们眼帘的都是高楼大厦，这些可能塑造了我们的期待，然而，它们又在多大程度上蒙蔽了养育的初心？从思维的角度上来看，自驱力的发掘与培养并不总是靠加法来实现的，有时候，我们反而应该尝试减法，以找到最核心的种子，也许它已经在不经意间悄然萌芽。

本章将讲述我们家在日常生活中培养自主性与探索行为动机方面的经历。我希望读完故事的读者能够放松心态，为孩子营造出一个自主探索的空间，共同找寻那些推动孩子自发前进的种子，并予以爱之初心培育它们。我相信这些种子必将"野蛮生长"、茁壮成长。

妈妈的话

我们不是先知先觉的父母。

我们多半是在命运的磨砺中和自以为是所带来的挫败中成长的。

从轩溢 10 岁那年被确诊罹患重大疾病，不得不休学一年开始，我目睹了他在无望中的消极、停滞、颓废，甚至生无可恋的状态。他的"不想作为"恰恰与做父母的我们上蹿下跳、四处求医问药、奋力折腾、"很想作为"的状态形成了鲜明的反差。然而，事情并没有朝着我们认为正确和期待的方向发展，反而愈发不妙。

肯定是哪里错了！

孩子的状态，就像亮起的红色交通灯，强行迫使我踩下刹车，不能再照既往的惯性往前开了。

积极养育：培养自驱、坚韧、有爱的孩子

那个阶段，我如同在黑漆漆的森林里迷路了，又惊恐又慌乱，还不知所措、六神无主。我深一脚浅一脚、满脚泥泞地在原地瞎扑腾。经历了跌宕起伏的心路历程，从抗拒到愤怒，又从悲伤到软弱，我无望无助地瘫坐在至暗的深坑里，不知在多少个漫漫长夜哭干了眼泪……

最后，让我平静下来的，是我终于接受了自己的无能为力，承认了自己自负、主观和愚蠢。

"尊重孩子是个独立的生命个体。"这个认知，像一盏灯，照亮了暗夜里脚前的路。

为了让孩子活着，而且好好活下来，我痛定思痛，下决心学习成长，在日常生活和养育过程中认真践行"爱与尊重"。我努力营造一个让孩子真正能感受到爱，以轻松、自在、愉悦的状态去学习和成长的家庭环境。孩子是自己人生的主人，以自主管理为主；父母做称职的陪伴者，以支持和引导为辅，双方一起在思想品德、学业和能力发展上共同努力，达成我们与孩子都认可的成长目标。

在经历了轩溢与疾病作斗争的过程，见证了一个孩子从死阴的深坑中爬出来的历程后，我更加坚定了一个信念：让孩子回归自主的天性，顺应孩子生命的独特性，是我们做父母的天职。

事实证明，自主极大地激发了孩子的自驱力。

第一节

自主藏在生活中的简单决定中

> "只有能够激发孩子去进行自我教育的教育，才是真正的教育。"
>
> ——苏霍姆林斯基

我高中时，在一次线下家长沙龙活动中，一位家长在交流环节提问说："我已经给了孩子很大的空间了，我经常想让他自己在学业甚至未来人生发展方向上做选择、做决定，可是为什么感觉他还是没有什么自驱力呢？问他什么，他都说没想法、不知道，做事情也总是拖拖拉拉，一定要大人督促，有时甚至需要逼迫才会往前走。"

后来我问了一些家长，在日常生活中孩子们都拥有了哪些自主的选择权。好几位家长表达了共鸣：给孩子权力自己选择课外兴趣班、自己制订学习计划，甚至未来在申请学校和专业时也愿意充分尊重孩子的意愿。但是，更多的家长反映，即使给了孩子自己决定的空间，孩子也没有展现自己的兴趣和自主意识，没有表现出任何想要主动选择和决定这些事情的意愿，更别说采取行动了。看到

　　　　　　　　积极养育：培养自驱、坚韧、有爱的孩子

孩子既没有想法也没有行动，家长们心急如焚，生怕孩子就这样落后了。

乍一听，家长们的初心与做法都是正向的，那么到底是什么环节出现了问题？

其实在现实生活中，不少父母的的确确给了孩子一定程度的自由空间，尤其是在一些重要的事情上，也愿意把选择权交到孩子手里。这种"愿意"是出于一种主动的选择，体现了家长有意识地觉察到尊重孩子选择的重要性。然而，在日常生活的互动中，许多十分基础、微不足道的小事情，却被家长无意识地忽视了。

我曾在小红书上看到这样一个故事，它非常生动形象地说明了这个问题。故事是这样的。

周末的中午，一位妈妈准备下厨给孩子做饭，她主动询问孩子中午想吃什么。孩子回答说："想吃排骨。"

但是，妈妈早上去菜市场买菜的时候只买了五花肉，并没有买排骨。于是，妈妈说："哎呀，我没有买排骨，只有五花肉。中午吃红烧肉吧，别吃排骨了。"

孩子默默地点了点头，没有说话。

到了吃午饭的时候，孩子坐在饭桌前，面对眼前的红烧肉，似乎提不起兴致，吃得也不大尽兴。

妈妈疑惑地问："我今天做的红烧肉不好吃吗？你怎么不太愿意吃呢？"

孩子摇了摇头，回答说："红烧肉没有不好吃，只是你问我想吃什么，我的确更想吃排骨。"

没想到，这句话一下子点燃了妈妈的怒火："排骨排骨，我看你长得像排骨！妈妈辛辛苦苦了一上午，又买菜又做饭，你不懂得感恩，还挑三拣四！有什么好选的！我做什么你就吃什么，要不你来做这个饭？"

读完这个故事后，你会有什么感想？

从孩子的视角来看，他从头到尾做错什么了吗？一开始，是妈妈主动问孩子想吃什么，于是孩子遵从内心当下的状态，如实回答了妈妈的问题，表露了自己的想法。在那一刻，他内心的真实想法就是想吃排骨。妈妈的主动询问，让孩子接收到了问题信息，思考自己的偏好与意愿，并诚实地表达了他的期待。然而，这份表达并没有得到肯定或回应，相反，却换来了呵斥、责骂。

如果你是这个孩子，你会如何看待这件事呢？你会不会认为："自己的表达和想法根本无关紧要，反正不管自己想吃什么，妈妈都会做红烧肉？""既然已经决定好了，妈妈为什么还要这样问我？""她是真的在乎我的感受，还是只是装装样子走个过场、问一下罢了？"这样反复几次后，下次妈妈再问你时，你可能只会漫不经心地回应"随便""都行"，而不再认真思考并大胆地表达自己的想法。所以，在这个例子里，妈妈并不是真正地想让孩子具有自主决定权。

类似的故事在生活中并不罕见，几乎每个孩子都遇到过。比如，出门去餐馆吃饭，父母把菜单递给孩子说："今天你来点菜吧，由你决定吃什么！"孩子很开心地接过菜单，兴冲冲地挑选了喜欢吃

积极养育：培养自驱、坚韧、有爱的孩子

的菜。当把自己点的菜名告诉父母时，父母却开始下意识地从自己的视角评价："哎呀，这个菜吃了容易上火，小心嗓子发炎、嘴里起泡！""那个菜家里也能做得出来，出来吃饭选点儿家里吃不到的。""果汁太甜，对牙齿不好！""碳酸冷饮对身体不好，还是别喝了！"……就这样，孩子按照自己的心意选了半天，但选择都因各种理由被否决了，最终还是得按照父母的想法来点菜。

儿子，你现在真的是越来越会点菜了。

借用 27 岁的 Deane 的话来说："后来我终于知道了，在吃什么这件事上，我只有报出我妈心中的答案，那才是我能点对的菜。"

有些人可能觉得，这些都是无伤大雅的小事儿，只要在那些大事儿上让孩子自己决定就好了。可是，生活就是由无数件小事构成的，而每件事情之间的相互影响会产生超越意识和认知的"蝴蝶效应"，其正面影响和负面影响都有可能从量变到质变。

如果孩子在日常生活中的各类小事上都不能真正做到自己拿主意，那么长此以往，他们就会形成一种惯性思维：反正无论选什么最后都会被否定，那为什么还要费劲儿去做选择呢？他会认为："被安排的计划才是自己要去完成的。做什么和怎么做，都有人帮我决定好了，我不用多想，想也没用。"当孩子足够大了，面临人生重大节点并需要做决策时，尽管父母有意识地想放权给孩子，让孩子自己做决定，但是由于在一路成长起来的生活环境中，早已习惯了父母包办一切，孩子并没有养成"为自己做选择，并为之负责"的思维模式。那么，他们如何能够像父母所期望的那样，主动去为自己的人生设定目标并付出真心的努力呢？

在我的成长道路上，我的父母坚定地相信：自驱力的激发始于自主，而自主的培养则是从允许孩子按自己的意愿做简单的选择开始的。

分享一个发生在我们家的真实小故事。

记得我刚上初中的时候，有一个周末，一楼大堂的保安遇到从外面回来的爸爸，好奇地问："你们家今天中午有客人吗？"我的爸爸愣了一下，回答说："没有啊，没有客人来。"保安疑惑地问："那刚才，先来了一个送肯德基外卖的，又来了一个送必胜客的，最后还来了个送麦当劳的，都说是给你们家送餐的。我就纳闷，我好像没有看到有外人来你家啊。"我的爸爸听后哈哈大笑，对保安说："就我们一家三口，各吃各的。"

那个周日中午，我们一家商量，决定午餐用叫外卖来解决。于是我们开始各自发表建议，打算通过投票选出一家人都想吃的。没想到，分歧出现了：我想吃麦当劳的辣翅，妈妈想吃肯德基的老北京鸡肉卷，而爸爸想吃必胜客的比萨。我们每个人都试图从自己的视角，用自己的理由说服彼此，费了一番口舌后，每个人都不愿放弃自己当下最想要的选择。

这样的分歧或许在其他家庭中也非常常见。在处理这样的问题上，为了省事儿，很多家庭可能会考虑妥协，要么父母向孩子妥协，要么孩子迁就父母，总之，一定会有人需要做出退让才能达成一致。但在我们家的这个例子中，处理方式并不是向彼此妥协，而是最终决定我们各自点自己想吃的快餐。

我们彼此都清楚什么才是需要"达成一致"的。

在我们一家三口的心里，周日家庭午餐的目的以及对午餐的期待从来不是要求所有人一定要吃同样的饭菜，而是一家人能够开心地坐在一起吃顿饭、聊聊天。即使大家吃得不一样，也不妨碍我们享受这段温馨时光。那天最终的情形就是，我们各自拿着自己点的外卖，齐坐在饭桌前，高兴地边吃边聊天，还互相炫耀着自己点的餐食才更美味。

在我们家这样的事情还有很多，小到吃饭穿衣，大到读书求学。总而言之，在生活的方方面面，我的父母都十分尊重我的选择，在自由快乐的气氛中，我能为我自己做主，而正是一次次的确定和强化，帮助我养成了自己做决定的习惯，尤其培养了我独立思考的能力，并最终形成了稳定的内在力量。

从另一个角度看，在产生分歧时，我们当中没有人被说服，这说明我们对自己内心的选择有着十分明确的认识，我们非常清楚自己为什么会做出那样的决定。在确立一致目标的基础上，我们给予彼此尊重，父母与孩子都参与其中，为了达成统一目标而主动做出自己的选择，并为自己的决定所产生的结果承担责任。日常生活中，通过这样简单的小选择不断地强化了对自主决定权的培养。

而单独一方的妥协或委曲求全，反而会让我们偏离原本的期待或追求的目标。然而，当一个人的目标感足够强大，并且对自己的需求与期待有着明确且坚定的自我认知时，努力的动力自然会开始迸发，向着自己想要的结果前进。

日常小事积少成多，会不断地"滋养"这种自主决定的能力。

对于父母和孩子来说，无论是在生活、工作还是学习中，都可以有意识地培养并保持着一种思维习惯，就像坚持自己对外卖口味的偏好一样：

首先明确自己内心真正的想法与期待（想吃什么、想要什么）；

找到真实的目标（"吃什么"重要还是"与家人一起吃"重要）；

确立目标的同时留出空间（如果"与家人一起吃"更重要，则在"吃什么"上允许个人的选择有所差异）；

做出选择并决定为此付出努力（只有内心有坚定的选择才会愿意全力以赴，哪怕只是自己点外卖的简单行为）；

最后，回顾目标是否达成，并为自主决定的结果负责（考虑对自己以及对参与事件的其他人的影响，为下一次的自主选择提供"思路"）。

当一个人发自内心地想要做一件事时，他就会动力满满，哪怕面临再大的困难也会乐此不疲。这就是我所理解的内在驱动力。所以，无须有什么大框架或者有什么大事件发生，让孩子在尊重彼此意愿的前提下，从生活中每一件简单的小事开始，自己做决定。

每个家庭都有自己独特的"气候"，就好比深圳炎热高温，哈尔滨天寒地冻。

你可以把孩子想象成一种会适应气候而成长的植物。适者生存，家有什么样的"气候"，孩子就会长成什么样的"植物"，并逐渐形成适应这种独特"气候"的性格特征。

我希望我们的家就像西双版纳那样四季如春——植物可以在这里向阳而生，易开花、好结果。在这个家里，笑声是日常的旋律，每个人都是开心的，每个人都能在家里感到轻松和自由。只有当家可以让你做真实的自己时，家才会成为一个让人有归属感的地方。

在我们家，轩溢习惯听到父母说："你可以按照自己的想法来。"

在这个家里，他可以把握自己的需要，照顾自己的感受；可以大笑，也可以愤怒和悲伤；可以识别自己的真实想法和感受，也可以按当下的年龄来待人接物，以他的方式来理解事情，做他想做的合法的事情……当一个孩子可以按照自己的感觉做出各种各样自主的选择时，大概率就在他心里种下了有底气的种子：我可以按照自己的意愿展开我的人生。

如果我们真的希望孩子成为一个自由、自主、快乐、正直、负责任、有爱的人，那么这些美好的品质不大可能通过说教、逼迫或宠溺获得，它们只能在日常生活的真实经历中获得。那么，我们必须在生活的实践中，在每天发生的小事上允许孩子学习自己做决定。如果我们不让孩子做决定，孩子也就学不会对自己和结果负责。

爱的最高境界是尊重，而尊重就是把选择权交给对方。

在家里允许孩子自主，允许孩子跟我们做不一致的选择，也是在潜移默化地传递我们的价值观：你的独立意志是有价值的，你是值得尊重的。在任何时候，你都是有选择的。你既可以满足自我，又可以在关系中与人相互依靠。

我们让孩子看到，即使是点外卖这样的小事，每个人的观点和需求也是这么地不同。面对分歧，除了隐忍顺从、情绪上脑、正面硬杠，还可以有另一种选择——富有弹性、可变通、符合当下情境、有助于解决问题的恰当的处理方式。这种方式既尊重他人的想法，也无须压抑自己的需求，只要明确双方的共同目标或者终极目标，创造性地寻找解决之道，就可以通过积极有效的沟通达成共赢的结果。

总结一下，我们家有3种约定俗成的家庭文化为这种"允许"提供了空间。

首先，孩子可以真正地在这个家里真实自如地表达自己的感受、需求和想法，可以毫不掩饰地流露自己的喜怒哀乐，不必担心自己说错话、做错事。

其次，三口之家的沟通是坦诚、直接、明确的，交流过程是简单、清晰、平等的。

最后，凡事皆可商量。只要不涉及人身安全或危害社会公众的原则性问题，一切规则的核心都是人，以人为本、灵活调整。用轩溢爸爸的话说，就是始终保持敏捷与弹性。

我们并不担心这样的"允许"会过度宠溺孩子，导致他在外面与人交往时过于自我。

我们相信：他被怎么对待，他自会以同样的方式待人。父母与孩子的互动，就是社会与孩子的互动。事实证明，轩溢的利他心、同理与共情能力、情绪稳定性都极强。

在我看来，"允许"就是我们在对他说："孩子，你是个重要的人。"

相信孩子叛逆有理

"教育技巧的全部奥秘就在于如何爱护孩子。"

——苏霍姆林斯基

在很多人眼中，我是所谓"别人家的孩子"：让家里的父母省心的好孩子、学校老师喜爱的好学生。但其实并不是这样的，我也有过相当"叛逆"的时候。

读高二那年，我差点儿就在我的高中成绩单上留下一条旷课记录。

我所在的国际学校每年都会组织学生参加社会实践活动，活动的形式类似集体出游或团建。通常，在开展社会实践活动的前一周，班主任就会下发通知，告知活动的时间、地点和费用等相关信息。每一次班主任都会强调，学校组织的社会实践活动是每个同学必须参加的，不允许无故请假或缺席，否则将被记为旷课，并记录在成绩单上。当时我在这所国际学校选择的是 AP 课程体系，准备在高中毕业后直接申请美国大学的本科专业。美国大学的招生官不仅会仔细阅读成绩单上的每一条记录，还会针对申请者的求学经历做详细的背景调查，其中就包括查看申请者是否有旷课等违反校规的记录，这对申请有极大的影响。也就是说，按照学校的规定，如果学生缺席了社会实践活动，就会被记为旷课，并在自己的履历上留下不良记录。未来在申请大学时，即使学术成绩、课外活动等各方面都符合大学的录取要求，但只要存在旷课的不良记录，就有可能不被录取。

高二那年的一次社会实践活动开始前，班主任像以前一样提前一周给我们下发了资料。我拿到资料扫了一眼，发现那次的社会实践活动竟然与两年前的一次社会实践活动一模一样。不只是社会实践活动的地点一样，就连具体的行程细节都几乎没有变动，简直就是原样复制了两年前的活动策划，只是改了一下日期。

当时，我的大脑立即被"不想去"3个字充斥——我不愿意参加这样"不走心"的社会实践活动，内心的抵触情绪更是达到了高峰。我不理解，为什么要花费大家的时间、精力和金钱去重复做一件曾经做过的事。我认为这样的活动策划太没有诚意了。而且，就是这样一个毫无新意的活动，学校竟然强制要求每个学生都参加，完全没有考虑我们这些之前已经参加过的学生的感受，甚至连备选方案都不愿意提供一个。

那一刻，我对自己内心的真实想法有着最清楚的认识，那就是非常坚定且果断的回答——"我不想去"。我不愿违背自己的意愿，也不愿意妥协，就算最后我真的被记为旷课，甚至受到更重的惩罚，我也不会后悔。凭什么要委屈自己去顺从一个不人性化、不合理的活动或规定呢？

其实，那时候我也短暂地思考过，如果从事后诸葛亮的视角来看，这种不计后果的叛逆可能是比较幼稚和不成熟的，但正值青春期的我可不觉得自己是错的。我想挣脱这种不合理的强迫和束缚，但是那时我没有办法找到更成熟、更妥当的解决策略，也不知道该向谁提出异议，于是就先采取消极的方式——拖着不报名、不缴费。

几天过去了，眼看截止日期就要到了，我依然没有任何动作。在这期间，不同的老师也多次找到我，强调说："你要赶紧缴费，这个活动必须参加，没有商量的余地，否则你就会被记旷课！"道理我都懂，后果我也清楚，可他们越这么说，我就越感觉是被逼迫的，我内心的抗拒和反感就越强烈，仿佛一旦顺从了他们的意愿，我就失去了我自己似的。为什么就没有人愿意尊重我的选择、理解我的想法呢？我愈发坚定了自己的想法——我要与这种不合理的规定对抗到底，哪怕所有人都不理解我！

我要与这种不合理的规定对抗到底，哪怕所有人都不理解我！

毫不夸张地说，当时我已经下定了决心，哪怕最后真的被记为旷课，无法申请到心仪的大学，我也要坚持到底。不管别人怎么看我，说我不理智也好，说我幼稚也罢，我都不在乎，因为只有我自己知道，一旦我选择了妥协，去做了自己内心反感和抗拒的事情，我的内心会有多痛苦、多难过。旁人无法理解我的心情，他们也没有义务为我的情绪负责，只有我才能为自己的情绪负责，我才是唯一的情绪承受者，所以我不愿意违背自己的本心。况且，当时 16 岁的我并没有多少社会阅历，确实衡量不出这对未来的发展可能造成的影响。

就这样，我与校方的僵持一直持续到了缴费截止日的中午。在这个过程中，我每天都背负着巨大的精神压力，情绪差到极点，甚至想过抗争的结果可能就是鱼死网破，退学不上了。现在回过头来看，这种做法并不值得。但是，当时的自己太过冲动，在激烈的情绪中，过激的念头就会萦绕在心头。午饭前，老师还催促我尽快缴费。我闷闷不乐地走进食堂准备吃饭。就在这时，我的手机收到了妈妈发来的一条微信，我知道肯定是班主任"告状"了。

那时，我的父母正在欧洲旅行，恰好他们正在德国慕尼黑机场转机，有一小段空闲的时间。

我的妈妈发来一张聊天记录截图，内容是班主任想让爸爸妈妈说服我参加这次活动。在妈妈还没有说什么的时候，我的脑海里已经闪过无数种可能性：妈妈会怎么劝导我呢？她也许会说，这是学校要求必须参加的活动，老师已经清楚地说明缺席的后果，我应该很清楚不参加的后果；或者，她可能会劝我，不要意气用事，要为了以后的前途着想，万一影响了之后的升学，那就得不偿失了；又或者，她可能会严厉地批评我，问我："不懂得分辨事情的轻重缓急吗？真以为自己翅膀硬了什么都能做主了吗？"

我在心里默默地下定决心，哪怕有这么多的可能性，也不管爸爸妈妈的态度如何，我都不会改变自己的想法。我甚至想好了一套说辞，准备跟她说明："我并不是在拿自己的前途跟学校赌气，而是不想违背自己的本心。哪怕全世界都反对我，身边的人都不理解我，我也不会改变这个态度。"

然而，微信上妈妈发来的第一句话完全出乎我的意料。

"儿子，无论你做什么选择，妈妈都相信你是有理由的。"

正是这句"相信你"瞬间化解了我积压许久的负面情绪。这就像小时候淘气，壮着胆子从高处往下跳，但又不敢跳的时候，看到妈妈在下面微笑着伸出双臂对我说"放心，妈妈一定会稳稳地接住你"的那种感觉。

接着，妈妈提出了一个"请求"："方便跟你通个电话说吗？"我立即答应了。电话那头，妈妈的语气平静如常，她没有直接表达自己的看法，也没有批评我对老师的态度，而是问了我两个问题。

"你知道被记旷课的后果吗？"我闷声答道："知道。"

"如果仅仅因为不去参加学校活动而被记旷课，这可能意味着你没有机会被美国排名前30的大学录取，甚至可能严重到没有大学可上，你觉得值得吗？你愿意承担这样的后果吗？"我不假思索，脱口而出："我愿意，什么后果我都愿意。"没错，当时我的确就是这样想的——不管付出什么代价，我都要跟那些限制我自由选择的人抗争到底。

本以为听完我的回答，妈妈可能会生气地数落我幼稚，让我脑子清醒些，可妈妈的情绪似乎并没有多大波动，而是继续平静、温和地说道："那好，我现在就跟班主任说，你选择不去，同时愿意承担任何后果，他们要记旷课就记旷课吧。"停顿了一下，妈妈又说了一遍："不管你做什么选择，妈妈都相信你。"

挂断电话，我原本紧绷的神经慢慢放松下来。来自妈妈的信任和支持让我的情绪不再那么紧张。在事情发生后的几天里，我紧张焦虑到甚至失眠，这是那段时间中第一次感觉到些许松弛。这时，有个声音隐约从心里冒出来：也许我应该重新思考一下我的最终决定。

过了十几分钟，我的手机又响了，还是妈妈打来的电话。她语气轻松地说："妈妈登机了，马上就要起飞了。告诉你一声，我刚刚跟班主任讲过了，轩溢决定不参加活动，也愿意承担学校的任何处理结果。作为家长，我们愿意与轩溢一起承担后果，一切决定权在轩溢自己。"

听了妈妈这番话，我的鼻子一酸，多日来内心的担心、恐惧、压抑一下子涌上了心头，一直假装坚强和勇敢的我，眼泪开始在眼眶中打转。那一瞬间，我真实地感受到了妈妈对我的无条件支持和接纳，那种感觉就是：哪怕全世界都与我为敌，哪怕面对千军万马，只要我的妈妈信任我，愿意在背后支持我，我就敢逆势飞扬。

"放心，妈妈一定会稳稳地接住你！"

　　我猜，妈妈肯定还有话要说。果然，妈妈不紧不慢地问我："轩儿，你有没有想过，为什么所有老师都轮番做你的思想工作，要求你去？他们背后的正面动机是什么？妈妈分享一点儿自己的感受，我感觉老师们都很看重你，对你有很高的期待。也许你觉得活动安排得不好，但可能这就是学校当下的现实条件，老师有老师的难处。他们期待你去，有没有这样一种可能，因为有你的参与、你的创意、你的影响力，会让这个本来不咋地的活动变得有点儿意思，说不定这次活动反而会成为同学们日后美好的回忆呢？"

　　妈妈停顿了片刻，似乎在给我的思考"留白"。接着，妈妈用很肯定的语气对我说："儿子，这是你能够做的贡献，也是你能推动的改变。就像妈妈一样，我所在的公司中也有好多问题是我改变不了的，但是因为有我在，就能带给周围的同事更多积极和温暖的力量，就能让公司在某个方面更好。这就是我们的独特价值，这就是我们与众不同之处啊！"

当时，隔着电话，我都能感受到妈妈的话语充满着激情和能量。其实，当我听到妈妈说我的参与和影响力可以改变周围的事情和人，可能会让这个活动成为同学们日后美好的回忆时，我就已经被妈妈说服了。

在和妈妈沟通之前，我曾在心里预想过爸爸妈妈可能会用来说服我的无数个理由，但我自己心里很清楚，那些仅仅基于我个人利益和前途考量的理由，比如担心大学申请会受影响等，是很难真正说服我的。只有那些超越个人利益、带有利他性质且关乎群体利益的理由才能真正打动我，让我改变主意。这是我从小到大在不同事件中展现出的特质，而妈妈凭借对我的观察与了解，精准地击中了"靶心"。

妈妈说完这段话就没再说什么，但我的眼泪已夺眶而出，内心积压了好多天的委屈突然有了一个出口，开始毫无顾忌地宣泄出来。我也真实地感受到随着眼泪的涌出，自己内心的种种压力和情绪都消散了。我呜咽着跟妈妈说："我决定了，我去参加。"

后来，我参加了那次社会实践活动。在整个活动中，我全情投入，非常认真地参与每一个活动环节，老师和同学也非常尽兴。尽管活动的地点和流程与之前一样，但由于我的年龄、心态，以及与同学的关系都发生了变化，整个活动的体验也变得与以往截然不同。

最有意思的是，我和班里的一位同学站在两年前同一个地方再次拍了一张合影，我们摆出了当年的拍照姿势。经过两年的成长，我们俩都发生了很大的变化：一个顺利长高，一个成功减肥。如果没有参加这次活动，我就不会有机会收获这么有纪念意义的回忆。

如今，回顾16岁时差点儿旷课的经历，我领悟和总结出一些有价值的见解以及这件事对我后续成长的意义。

青春期的孩子处于一个建立自己价值观与身份认同的关键时期。随着个人意志越来越强，"叛逆"的青少年愈发不愿意像孩童般听从大人的管教，很多时候他们更喜欢建立自己的隐私空间，不会轻易向父母吐露心声。

但是，就像成年人在工作和生活中会遇到种种问题一样，青春期的孩子在学习和生活中也会遇到很多困难、挑战、挫败，以及人际关系等各方面带来的种种压力。这些压力所带来的负面情绪，如委屈、焦虑和恐惧等，都是真实存在的。这些情绪需要一个出口进行宣泄和释放。只有当孩子感到足够信任父母的时候，他们才会主动敞开心扉，表达自己的真实想法和情绪。否则，孩子只会将深层的情绪和感受留给自己消化，而外人看到的大多数是表层的行为及其导致的直接结果。如果父母想走进他们的内心，最好的办法不是依靠自己的经验和阅历，针对孩子的行为或行为结果进行说教、指责和批评；相反，在开口前，最好暂停几分钟，停住干预的脚步，先听听孩子的想法，并结合平日相处中观察与感受到的点点滴滴，了解孩子行为背后的内心动机与缘由。

孩子真正想要的，不是那句"我都是为你好"。孩子怎么会不明白父母的初心？每个孩子都是明事理的，知道父母和老师的苦口婆心和出发点都是善意的，都是期待自己更好地成长。但那句"我相信你"，才真正可以触动孩子的内心世界，让他们感受到来自父母的无条件的信任和支持。当孩子遭遇情绪困扰时，对他们说"我相信你"，他们才会第一时间感到自己是被接纳、理解和鼓励的，从而获得"打开"自我的安全感，慢慢敞开自己的心扉。

当孩子真切地感受到"被看见"，其情绪被父母稳稳地接住了时，他们都不需要父母提出建议，因为他们自己就有能力、有智慧找到最佳的解决方案。要相信，孩子会本能地选择向主流社会所认可的价值方向发展。

不少听过我的故事的人可能会觉得，原来我也有如此叛逆的一面，并不完全符合好学生的传统标准。我认为，每个人的行为背后都一定有他所追求的动机，而"好"与"坏"的概念也绝不是二元对立的。就像我从这样一件被主流价值观视为"坏"的事件中汲取了"好"的价值与见解一样，"坏"的存在对我后续的成长、情绪表达、人际关系处理都产生了积极影响。我们在赞美"好"的同时，也应当适度允许"坏"的真实存在，它们同样可以被包容和接纳。也正是这样的经历与体验，会让我们看到进步的空间与前进的潜力，从而更加了解彼此，也更深刻地了解自己。

我儿子 15 岁时我 45 岁，青春期撞上更年期，按理说叛逆的故事少不了。

但我们基本算是平稳地度过了这个时期，并且很好地利用了青春期，发展了他的独立自主性。能获得这样的良好结果，我认为得益于我们坚如磐石的家庭教育的底层信念，那就是相信孩子、尊重孩子、看见孩子。

在轩溢描述的差点儿旷课这个事件中，扭转局面的决定性话语是"……无论你做什么选择，妈妈都相信你……"。这句话，是能直达孩子内心、戳中孩子心窝的。

当我说"妈妈相信你"时，我相信的是什么？

我相信，除了生死，没有什么大不了的。

我相信，即使我的孩子此生没有机会上大学，他也有能力让自己过得幸福。

我不认为学历一定会影响他的发展或者幸福，他发现自己独特的天赋，活出生命本身更重要。轩溢也是这么认为的。在他高一时，他用一句话回应过给他施加升学压力的老师："我妈妈说的，上不上大学不是最重要的，有能力过幸福的生活才是最重要的。"

我的孩子从小就是一个有独立思考能力的人，做什么样的决定一定有他的理由。即便错了，他也是一个懂得从错误中学习的人——赢得了，也输得起。

我相信，上天"任命"我做他的妈妈，必是因为信任我在任何时刻都会尽我所能站在他这一边。

单凭这3点"相信"，就足以支撑我放下"担心孩子的未来不够好"的恐惧，并勇敢地支持他。

当然，在我的认知里，还有着更大的"相信"存在，那就是：尽管他这一辈子都是我的孩子，他也是一个不同于我的独立的生命个体。

作为一个独立的人，他有我无法预知的今世命运，他有和任何人都不一样的生命历程，他有他独特的灵魂特质和内在的趋向性……

我需要尊重他"这个人"。他有权利以他的方式表达最真实的自我，他有权利做出自主的选择。

在我看来，这种相信和尊重，是养育孩子的底层信念基石，也是决定家庭教育观的分水岭。

这种相信，深深地融入了我的"血脉"，我的孩子完全能够真切地感受到它。14岁的轩溢曾在一次家长交流会上被问到这样一个问题："你觉得你的妈妈跟别人家的妈妈在教育孩子上有什么不同？"轩溢回答说："我的妈妈跟其他妈妈相比并没有什么不同。如果要找到根本性的差别，那就是很多妈妈说她们相信孩子，但她们的'相信'多半是来自大脑和嘴上的，而我的妈妈对我的相信则来自骨髓和丹田。她在心里真正相信我。"

正是如此，相信"相信"的力量才会闪现神奇的魔法效应。

我说要"尊重孩子"，尊重的是什么？

以轩溢差点儿旷课的事件为例，当孩子情绪激烈时，他根本不考虑后果，满心只想对抗，甚至展现了鱼死网破的一股劲儿。老师和家长的大道理说破天也没有用，只会让孩子更反感、冲突更激烈，说教和强迫都不能解决问题。（别说是孩子了，就连我们中年人在某些时刻遇到事情时也会这样。）

那么，**孩子激烈的情绪和有偏差的行为背后，他真正渴求的是什么呢？**

我了解我的孩子，无论是在家还是在学校，他最需要的是"感到"自由和独立。这不只是由轩溢"这个人"独特的底层动机决定的，还受到恰好叠加的青春期特征的影响。当他面对不喜欢或不认同的规则与制度时，叛逆就会凸显出来。

处于青春期的孩子最大的渴求就是能够有"（部分）说了算的自由"，他们渴望独立自主地做出自己的选择，渴望被尊重、被接纳、被认同。

当然，尊重和接纳，并不意味着父母什么都依着孩子。

尊重不等于纵容，接纳也不意味着任其发展。每个人都会犯错，关键在于我们是不是愿意包容孩子的正常错误和缺点。在认可孩子作为独立个体的价值的同时，我们有责任帮助他们修正不恰当的行为。也就是说，既不太惯着孩子，又给予孩子足够的营养，有时还需要讲究点儿艺术性。

（其实很多时候，我在儿子身上看到的那些缺点完全是"遗传"我，可是这些缺点并不影响我成为一个有价值、值得爱的人。我对自己尚且可以自我接纳、如此宽容，那么对成长中的孩子又有什么不能包容的呢？）

"先处理心情，再处理事情。"当孩子被尊重时，在他对独立自主的渴望被满足后，他的情绪才会平复下来，才会听见不同的声音。孩子的理智才会"启动"去分析利弊——"这个结果真的是我想要的吗？"

我说要"看见孩子"，看见的是什么？

在这个差点儿旷课的突发事件中，解题的突破口就在于，看见孩子内心真正想要的是什么。

知子莫若母。

我太了解我的孩子了。虽然孩子从我而生，却天生有着比我更大的格局，更多的同理心（甚至慈悲心），他从小就想要为这个世界、为更多的人服务、做贡献。他有时也很执拗，能够"解锁"他固执的想法的，通常是"大义"，而我能做的，就是帮助他看到还有什么是他真正想要的。

　　当他听我说，他的参与和贡献可能会让这次活动成为同学们日后美好的回忆时，他的内心被触动了，原先局限的视角获得了新的拓展。因为从妈妈的观点里得到了有益的东西，所以他看到了新的可能性、新的空间，内心抗拒的力量转化成了热情的支持力量，并最终选择做出改变。

每个孩子都渴望被看见。

　　　　　　　　　　　　　积极养育：培养自驱、坚韧、有爱的孩子

每个人都渴望被看见。

如果父母带着积极能量去"看见"孩子，就可以转化他们的问题行为，并将其引向积极的方向。

对于孩子而言，如果我们能比他更先一步看见他灵魂深处那个闪闪发光的自己，看到他与众不同的独特优势和长项，懂他并用信任点燃他愿意为他人服务的心灵小火苗，引导他跟自己内在的美好本质建立联结，那么他就会相信自己是具有巨大价值的人，他就会主动朝着他内心真正想要的方向奔跑。

我相信，真正的自我决定和自我改变一旦到来，它一定自带鲜活的能量，充满澎湃动力。

02

为火箭腾空
填充燃料

> **教育不是注满一
> 桶水，而是点燃
> 一把火。**
> ——叶芝

我经常听到这样一个问题："父母和孩子之间需要建立怎样的关系，才能引导孩子健康发展呢？"

对不少家长来说，这的确是一个令人困扰的难题。该如何把握亲子关系中的分寸感？管还是不管？哪些需要管？哪些可以不用管？怎么管才好？尤其当看到孩子过于懒散、拖延甚至沉迷于打游戏时，家长担心孩子会不走正道，忍不住想出手干预甚至管束。可与此同时，爱孩子的他们，内心又充满矛盾与挣扎：太过严厉的束缚和控制会不会压抑孩子的天性，影响孩子本身的兴趣和驱动力，甚至可能影响孩子的心理健康？

其实，如何建立关系是没有标准答案的。

美国著名发展心理学家尤里·布朗芬布伦纳在生态系统理论中提出，个体发展是受到一系列相互嵌套的环境系统的影响的。这些环境系统包含从直接环境（如家庭）到间接环境（如社会文化）的不同分层、各个系统之间的相互作用，以及个体与系统之间的交互作用，它们极大地影响了个体发展。在环境层次中，最里层是微观系统，而家庭就是对个体成长影响最大的微观系统。成长过程中的关系必然是双向且交互的，父母影响着孩子的反应，而孩子成长过程中的人格、性格、能力等也影响着父母的行为。因此，由于每个家庭都有不同的背景，每个家庭成员都有各自独特的性格特质，没有一种具体或特定的建立关系的行为可以适用于普罗大众，广泛适用于每个家庭。

但是，对于建立健康的亲子关系，我们可以在思维层面上产生影响，通过改变和调整态度与思维逻辑，让每个家庭根据个人独特的个性特质与环境系统，找到最适合自己家的关系建立方法与相处模式。

积极养育：培养自驱、坚韧、有爱的孩子

对于前面提出的问题，我想用一个比喻来作为回答：如果孩子是一枚火箭，那么父母就是为火箭填充燃料的人。

如果孩子是一枚火箭，那么父母就是为火箭填充燃料的人。

在与家长的不少对话中，我经常听到这样一个愿望：作为父母，在社会上摸爬滚打了好多年，积累了不少人生经验，所以想方设法利用自己的阅历、经验以及人脉去引领孩子。

"我该如何引领我的孩子少走弯路？"这个问题变得尤为突出。

"引领"这个词有"引导"和"带领"两个含义，它其实带有一种对于相处模式的暗示，意味着"引领者"和"被引领者"在心理层面、实际力量上，并不是平等的，暗藏着一种权力统治和控制的等级差异。当父母说要"引领孩子"的时候，他们的潜意识里往往默认自己比孩子更优秀、更有智慧、更有经验，所以孩子应该听从自己的意见、跟随自己的思路、效仿自己的行为方式，因为这样"更好更对"。

不可否认，父母的人生阅历的确比孩子更为丰富，但孩子也有他们独特的潜质，比如孩子天生有股"初生牛犊不怕虎"的勇气，尤其是在时代变迁与世界快速变化的今天，新生代的孩子有着得天独厚的优势以及截然不同的见解与体验。所以我认为，想要建立健康和谐的亲子关系，首先要摒弃"引领"这个概念，要让父母与孩子处于平等对话的位置上，通过互相理解和支持，来建立信任与真心的交互。

那么，为什么我会将父母比喻成为火箭填充燃料的人呢？

如果缺乏足够的燃料，火箭只能停在原地，哪怕它有逐月摘星的梦想，脚下也无法移动分毫；如果所用的燃料与火箭的型号不匹配，火箭即便顺利腾空，也有可能在途中遭遇不测，导致崩溃解体，而无法抵达预定的目标。

每个孩子都是独立的人，有自己独特的个性、天赋、潜力和梦想，他不属于任何人，也不是父母的附属品，更不是实现父母愿望的"工具人"。孩子有自己想去的目的地，不愿因他人改变自己前进的方向，他的成功及对成功的定义和成功标准只取决于他自己，而不是父母或其他任何人。

父母的角色就是为孩子提供所需的燃料、填充燃料的人。他们应该在孩子的成长过程中，为"火箭"提供充足、适配的能量，创造条件、匹配资源，相信"火箭"自身的潜能，帮助"火箭"飞得更高、更远，最终飞到自己梦想的那片云霄。

从另一个角度来看，父母自身也是独特的火箭，他们早早地进入了自己的飞行轨道。在为孩子这枚"火箭"提供燃料、支持其成长的同时，父母不要忽视也不要忘记自己向前继续飞行。比"我是为你好，你最好按照我这条航线飞"更有感染力的是，让孩子真实地感受到，自己的父母正怀揣着对生命的热情，遵从心中所追求的人生轨迹，勇敢而真诚地飞翔着……

妈妈的话

　　2021 年暑假，我应邀去深圳外国语学校初中年级做有关家庭教育的公益分享。

　　临出门，轩溢从卧室追出来，认真地叮嘱我说："妈妈，有件很重要的事情！请你记得在讲座的最后，一定要跟各位家长说一句话，特别是要跟妈妈们说：他们此生来到这个世界，不只是来做父母的，他们是来做他们自己的。只有爸爸妈妈先健康、快乐、幸福地活出自己的人生，他们的孩子才能心无旁骛地勇敢探索世界。"

　　我深信，如果家庭教育能够最终落脚到"教育者以自身的生活状态激励和感召被教育者，使其青出于蓝而胜于蓝"，那么这样的家庭教育必能真正成为助力孩子"腾飞"的燃料。

第一节

"边界感" 缔造守则

"你可以给予他们的是你的爱，却不是你的想法，因为他们有自己的思想。"

——纪伯伦

如何定义边界感？

简单来说，边界感是指一个人对界限的判定或重视程度。一个边界感清晰的人，既会尊重他人的边界，也会守护自己的边界。这样的人在人际交往中能够做到松弛有度，让人感到舒服、安全。

从我读小学开始，我的父母就一直十分注重与我相处时的边界感。

我上小学的时候，手机、平板电脑这些电子设备还没有那么流行，大家主要玩的还是计算机上的网络游戏。大多数父母对于计算机游戏的管控比较严格，一方面担心孩子没有自控力，玩得太久影响视力；另一方面他们担心孩子沉迷网络世界，影响学习成绩。所以那时，我的同龄人几乎都有过与父母就计算机使用时长进行讨价还价的经历。什么时候能获得玩游戏的权利？能玩多长时间？不同的家庭有着不同的规定与管束方法。

据我了解，在其他家庭，通常都是由父母规定孩子玩计算机游戏的时间和频率的。但是在我家，从我上小学一年级开始，父母就针对这件事情专门认真地开过家庭会议，听取每个人的想法与建议，制定了一家三口都认可且可持续遵守的规则。

首先，我们一致认同，计算机游戏确实很好玩，有着很大的吸引力，基本上没有哪个孩子抵御得了它的诱惑，尤其是小学阶段的孩子，他们本来就对一切充满了好奇，玩心很大。同时，我们也明白，作为学生，学习是非常重要的任务，不能随心所欲想玩就玩，更不能因为玩游戏而耽误了学习。爸爸妈妈的详细讲解也让我明白，成长中保护视力的重要性，长时间看电子屏幕会导致视力下降，未来可能需要戴眼镜，甚至长大后需要接受复杂的治疗，因此，在游戏时间上必须有所节制。

在确认三人达成以上共识后，我们就开始制定我们家的"约法三章"：当时我在读一年级，我每周可以玩半个小时的计算机游戏。为了不让玩游戏干扰我的学习，这半个小时就放在周五放学后到周末晚上睡觉前。我可以自行选择在周五放学回家后就玩，或在周六、周日的任意时间玩。这半个小时的游戏时间完全由我规划：我想玩什么游戏、和谁一起玩、怎么玩，都由我自己决定，父母不会干涉，也不会中途跑过来看我玩什么游戏。他们只做一件事：监督我是否遵守约定，在规定的时间内结束。我们先试行了一个月，看看执行情况，有没有不够合理、需要进一步调整的地方。一年级结束时，我们会根据整体情况及每个人的感受，在二年级开学前再一起商定新一年的游戏规则。

在实施"约法三章"的过程中，只要我严格遵守和履行约定，我的父母就会夸张地表扬我。尽管明知他们的表演成分太多，但这招每次都很有效。父母的反馈让我愈发清楚地意识到，我果然是一个信守承诺、自律的好孩子，并且下一次依然会坚持这样做。

有时，我还会得到一个让我惊喜的额外奖励。父母明确地对我说，这是对我一段时间内完美地遵守游戏规则的奖励。这些意外的奖励总会让我心花怒放。慢慢地，我开始学会上闹钟，严格把控自己的游戏时间。有时，我还会主动跑去向父母"邀功"。我叉着腰，骄傲地告诉他们自己还比约定的时间提前一分钟结束了游戏。现在回想起来，我的父母给我的那些奖励——比如一个心仪好久的玩具，或者爸妈陪我去欢乐谷玩上半天——都是我当时特别渴望、特别想要的。它们不是父母为了节省时间随意挑选的，而是非常走心、真的戳中我喜好的"礼物"。这些都进一步坚定了我在学习和玩游戏上应坚持自律的决心。

现在回看这段经历，我认为这样的"约法三章"是非常有效的：它让作为孩子的我在一定程度上有了自由做主的权力，让我通过实践经历深刻体会到计划性（什么时候使用游戏时间）、自律性（能否遵守游戏规则）、信守诺言（我与父母能否严格按照规则执行）的重要性。从我的角度来看，我不但没有感觉被父母严格管控，反而非常自愿、自觉地遵守约定；从父母的角度来看，他们不但达到了想要"管束"和教导的目的，还无须摆出强硬的态度，没有"伤及感情"。

"约法三章"让游戏和学习两不误。

其实，类似的家庭规则隐含了家庭教育中一个非常重要的原则，那就是"规则是需要双方共同认可并遵守的"。父母和孩子共同制定的规则，对双方都要有约束力，不能只要求单方遵守，而要双方共同遵守。就像孩子按照约定做到一样，父母一旦向孩子做出承诺，哪怕是一件十分微小的事，也要兑现诺言，这样才能培养孩子信守诺言的品德。

当然，没有哪种方法是可以一劳永逸的。

小升初的时候，有段时间我格外沉迷平板电脑上的游戏。基本上每天晚上做完功课后都会抱着平板电脑窝在沙发上或躺在床上，跟朋友们一起玩各种网络游戏。父母非常担心我会沉迷这些电子游戏，从而导致成绩下滑，影响小升初以及上了初中后的学习成绩。父母心里很着急，但他们并没有简单粗暴地没收我的平板电脑，也没有摆出父母的架子，强硬地阻止我玩电子游戏。

在周末的一次外出玩耍回到家后，他们趁着大家心情都很愉快，与我进行了一次坦诚的沟通。他们把担忧明明白白地告诉了我，也把他们不知道该用什么方法来解决眼下这个问题的烦恼和压力坦率地告诉了我。在父母对我袒露心声的那一刻，我深深感受到作为家庭中的一分子的联结感。我觉得我有责任为父母分忧，也有责任减轻父母的压力。于是，为了打消他们的顾虑，同时保住我的游戏时间，我想出了一个两全其美的"妙计"，我们一起达成了一个新的约定。

既然父母的主要顾虑是我的学习状态和学习结果，那么这个约定的重点就放在学习上——如果我的期末考试成绩达到了三人都认可的预期目标，那就说明我能很好地平衡学习和娱乐；作为达到这种"平衡"的"交换条件"，他们不用过多担心和干涉我使用电子产品。

不过，这个预期目标并不是随意设定的，也没有参考别人家的孩子的情况，而是匹配了我当下的能力以及结合了爸爸妈妈的期待，我们共同制定的合理目标。我当时认为这是一个非常人性化的目标，它充分考虑和尊重了我的想法和现实能力。

我们像举行一个正式的研讨会一样坐下来，拿出纸和笔，开始针对每个科目进行系统分析。首先，我们回顾了我以往的考试成绩，从中总结出成绩波动曲线，以此评估我目前真实的学习水平与状态；然后，根据目前所学知识的难度和我平时的学习进展，为每个科目制定了匹配的期末目标成绩；最后，再把各个科目的目标成绩相加，得出一个总分，作为我们新约定的目标。

于是，制定学习目标和平衡娱乐时间这两件事，就在大家友好愉快的协商中定下来了。期末考试结束后，好巧不巧，我的成绩正好"压线"，达到了之前设定的目标。爸爸打趣说："你真是多一分都不肯考啊！"（这个"坏习惯"似乎一直延续到大学，我的托福、ACT、GRE成绩，几乎都恰好满足学校的录取要求。）

不过，哪怕只是"压线"，也说明我达成了既定目标。既然我遵守约定，达到了预期的成绩目标，那么父母也要遵守之前的承诺，不再干涉我的娱乐时间安排。他们如约履行了承诺，说下个学期我依然可以按照自己的节奏安排学习和娱乐时间。当然，在学习上，我们还会制定目标，只要我能实现目标，他们就会尊重我在时间管理上的自由。如果我没有实现目标，那就说明我的时间管理出了问题，那时他们才会考虑介入。后来，我长大了，我听妈妈说，她当时其实很纠结。她每次从我房间路过，都看到我一副听着音乐、打着游戏，同时还做着作业的样子。她有好多次都差点儿忍不住想要进我屋里"干预"一下，但是一想到"约法三章"，她硬是咬紧牙关放任我，一言不发，想熬到学期结束时看看效果再说。

现在回想起来，我非常佩服父母处理这件事情的智慧。他们没有直接阻止我玩电子游戏，而是采用了一种迂回的方式，让我主动自省并将注意力聚焦到学习目标上。然后，他们与我一起制定一个我踮起脚就能够得着的目标，让我有动力去实现它，并且训练我平衡学习和娱乐的能力。这种方式让我受益良多，甚至从高中到大学，在整个求学生涯中我基本上都能做到学习和玩耍两不误。

在这一过程中，最关键的一步，就是共同制定明确且合理的目标。

首先，在系统地梳理自己过往成绩的过程中，我能清楚地观察到一段时间内自己的成绩波动情况，进而对自己的能力有了清晰的认知。通过分析，我能清楚地看到自己在学习上的优势和弱项，明白重心应该放在哪些科目上。在明确了自己的优势和弱项后，我结合了自己的表现与能力预测，评估出每个科目能有多大的进步空间，以及我要达到什么样的成绩才能让自己和家人都满意。

接下来，在实际设定目标时，要注意恰当的目标一定是适度的，是踮踮脚、努努力就能够得着的——既不能太简单，也不能高不可攀。比如，如果有的科目孩子从来没有考过 90 分，那么设定 100 分的目标就很不现实，孩子也可能因为目标遥不可及而缺乏信心，甚至就此放弃，或者用拖延的行为来回避尝试。同时，目标必须足够"明确"，这一点听起来很简单，但实际实践起来可不容易。

试想一下，在刚才的例子中，孩子虽然达到了目标，但只高出了 1 分。在这种情况下，家长看见孩子兴高采烈地大玩特玩，会有什么感受呢？家长很可能陷入下面的思维陷阱："才刚刚'压线'、达标就这么疯玩儿，下学期功课更难更多了可怎么办？""不抓紧巩固知识还打游戏，别人家孩子的总分比你高 10 分呢。赶紧别玩了，多用用功吧！"

我所说的"目标明确"，是在达成共识的那一刻，目标就是"锁定的合约"，不会因身边其他信息的影响而改变，也不会因为别人家孩子的表现而左右自家制定的合约。这份共同制定的合约不应该和其他事情混为一谈，这份承诺是要严格遵守的。

最后，父母能否如约履行承诺，对孩子来说是至关重要的。都说父母是孩子的第一任老师，孩子与父母朝夕相处、形影不离。在家庭环境中，父母的一言一行无时无刻不在影响着孩子的成长。有的家长为了安抚孩子或为了激励孩子做某件事，就会随口答应孩子的要求，轻易许下承诺，而事后又找各种理由和借口不去兑现。如果孩子据理力争，还可能被父母批评说不懂事、胡搅蛮缠。比如，明明答应周末带孩子去游乐园，但是一到周末就会说"工作太忙了，下次带你去吧"；或许诺孩子成绩达到 90 分就买新文具盒，而当孩子真的考了 90 分，却又说"旧的文具盒还能用啊，为什么要买新的？只考 90 分，等下次考 100 分再说。"

久而久之，孩子会"习得"这样一个事实：父母答应我的事情只是随口说说、哄骗自己而已。就在父母认为微不足道的小事中，他们对父母的信任不断下降，直至消失。慢慢地，他们不再愿意与父母沟通和交流，尤其在青春期，这种情况更为严重。同时，孩子也会陷入混乱和纠结之中：明明从小被教导要讲诚信、说实话，可越长大越发现连这种小事情，身边最亲的人都说话不算数。

或许对成年人来说，世界复杂多变，充满着各种理由，这是生活中不可避免的现实。可对于孩子来说，承诺就是承诺，不应该被其他事情左右。被破坏的约定，无论大小，都会对他们纯真的世界造成伤害。

如今回顾这段经历，我深有感触，总结了许多体会和想法，对我后续的成长产生了深远的影响。

首先，我清楚地意识到，父母和我之间是平等的关系。

我们可以平等地对话和沟通，表达自己的想法，即使是父母，也可以坦诚地表达自己的担忧和不知所措。这种真实是很有力量的。父母不会强迫我做自己不愿意做的事，也不会受我挟持，而是会尊重他们自己的感受，也尊重我的想法，共同商讨问题。制定一家人认可的目标还有一层含义：父母与孩子是站在同一战线的，双方为了达成目标共同努力，不会因为没有说出各自心里的担忧而感到焦虑或互相猜忌。

其次，基于这种平等关系，我既相信父母是守信用的，又可以跟他们协商条件。

同样，如果我和父母之间达成了某种约定，我也会遵守这个约定，履行我的承诺。家长应该始终记住，信任一定是相互的：父母树立榜样，设定共同认可的目标，一起协商和制定基本的边界和底线。

积极养育：培养自驱、坚韧、有爱的孩子

父母只有在内心深处相信孩子，才能唤醒孩子心底的自信，激发孩子的潜能。当孩子感受到这份真正的信任时，就会以此为动力，一步步向上茁壮成长。

尤其青春期的孩子，对"边界感"极其敏感，也有极强的捍卫意识。

在轩溢 17 岁读高三时，父子俩之间爆发了一次前所未有的也是唯一的一次激烈冲突。

起因是很小的一件事儿。一个周末，勤快的爸爸在没有征得儿子的同意下，以自己认为合理的归纳方式整理了孩子的房间，重点清理了书桌上、堆在地上的练习册。孩子放学回家后，发现房间变得非常整洁，他不但没有表现出半点儿高兴和感谢，反而怒气冲冲地质问："为什么进我房间动我的东西？"

大概过了半小时，轩溢找不到他的复习试卷了（爸爸没注意，把一套试卷的上下两页分离了，分别夹在两堆书本中的练习册里了）。轩溢立即凶巴巴地大喊道："我的卷子去哪儿了？"

吃晚餐时，轩溢黑着脸坐在饭桌前，没动筷子先动气："以后没经过我同意，谁也别进我房间，别动我的东西！"爸爸一听，也不高兴了，拉下脸，提高嗓门回应道："你的房间那么乱，地上桌上堆满了东西，写作业的地方都挤占没了，我好心帮你收拾整齐，反倒错了？"只见轩溢脖子一梗，理直气壮地嚷嚷道："乱就乱，我愿意，这是我的房间！你不能随便动我的东西。"

爸爸气得把手中的筷子往餐桌上一拍，不吃了，起身拉开大门出去了。轩溢也不吃饭了，站起来，扭头冲回自己的房间，砰的一声关上了门。

家中陷入了一片寂静。我面对一桌饭菜，傻眼了："这孩子之前不是这样的啊？！"

每场冲突其实都有其正面价值，我们不能让这种事情白白发生。

待双方情绪平复下来，我们仨进行了一次坦诚的交谈和重新澄清。原来，孩子介意的不是收拾房间、不是挪动了书本，也不是找不到试卷耽误了复习让他来气——这些都不过是他不高兴的借口而已。真正的原因，是他感受到自主权的边界被父亲的"好心"之举打破了。经此一事，我们更加理解了青春期孩子的特征。

青春期的孩子强烈地渴望捍卫"自己的"边界，他们渴望被尊重的愿望也同样强烈，特别是对父母打着"我为你好"的旗号，漠视个人权利的行为，他们会极度反感。青春期的孩子试图通过一次又一次的"叛逆"行为和冲突，甚至不断升级的"剧情"，反复发出信号提示父母要及时调整与青春期孩子的相处方式。

在孩子的初中和高中阶段，我深切体会到，对于青春期的孩子，但凡家长使用半点儿强迫、严苛或者挑剔的方式提出要求，就会让事情演变成一场权力之争。孩子天然就会生出捍卫自我权利的意识，加上体格接近成年人，血气方刚，所以冲突很容易发生，父母期待的结果与孩子的努力方向也容易相悖。

事实上，青春期的孩子正处于复杂的矛盾状态。

一方面，他们特别想成为自己，有强烈的冲动要摆脱束缚。他们任性地追求个性，哪怕错了也在所不惜。他们表现出的激烈的反叛行为，是在自己争取属于自己的自由空间。另一方面，他们毕竟心智还不成熟，很多事情不太懂，看问题比较片面。受限于自身能力，他们也常常感到挫败。这个时期的孩子，既需要爱，又讨厌带有束缚的爱；既渴望自由，又在力不从心的时候需要支持。

对于青春期孩子的父母来说，同样会感到非常为难。

孩子个头高了、力气大了、"翅膀硬了"，而父母的权威不好使了。不仅和孩子的沟通变得困难，孩子还开始用高于我们的姿态来评价我们的行为，甚至给予我们否定性的反馈，"嫌弃"我们。这让我们做家长的很不适应，我也是如此，亲身经历过这样的过程。

青春期对于孩子而言是一个发生巨变的转折时期。虽然我们与孩子朝夕相处了十几年，但忽然间，进入初中和高中的"这个人"（孩子）对于我们来说变成了一个最熟悉的陌生人，仿佛家中增添了一个新成员。我们不得不重新开始观察他、了解他，并重新建立联结、彼此磨合，这确实给家长带来不小的挑战。

我的感受是：在这个时期，家庭中的权力与地位的天平，开始慢慢地朝孩子这边倾斜了。

我也会跟不少妈妈一样，感觉"管"起来不顺手了，体验过失控的抓狂，甚至偶尔被气得引出"养了一只白眼狼"的伤心。我心里想，我可坚决不能让自己在这样的情绪中度过我的人生，我必须走出一条让自己舒坦的康庄大道来。

孩子用一次次的矛盾和冲突促使我一遍遍地自我反思，在屡战屡败的挫败感中我逐渐摸索出一些规律，重新调整了与青春期孩子的交往策略。以下是我亲测有效的"三板斧"。当然，这些全需要举起斧头"砍向自己"才有用。

1. "后退一大步"：在孩子不需要的时候离远点儿，尤其是妈妈。

（认清一个现实：孩子不再像小时候那样需要妈妈了，也不会像小时候那样仰视爸爸。）

2. "闭嘴少说"：无论是日常对话，还是在微信上用文字交流，务必带着觉察、有意识地做到不唠叨，尤其是妈妈要少说。

（记住一个事实：孩子最讨厌的就是老母亲絮絮叨叨的唠叨和啰唆。）

3.“需要时闪现”，该出手时就出手。

上初中时，轩溢曾经对我说：“妈妈放心，我们又不傻，当然知道什么事情在什么时候找谁有用。”

当孩子或明或暗地发出求助信号时，特别是当遭遇打击，感到挫败伤心、迷茫困惑时，家长要能在第一时间（以不计前嫌的态度）出现，给予孩子拥抱，安抚他们的情绪，帮助他们梳理分析、找到“卡点”并赋予力量，鼓励他们振作。

想要做到以上 3 点，需要对自己有极大的耐心，保持节制和克制，时刻带着觉察。

轩溢的爸爸曾感慨地对我说：“你把一辈子对所有人的耐心都给了你儿子。”

其实，推动我改变的，不只是孩子，更是我自己，毕竟我想要过身心舒展的日子。谁痛苦，谁改变，在父母人到中年时，孩子确实变得非常容易影响我们的情绪和家庭和谐。

下面，再说说规则。

规则对于孩子至关重要，它既有推动性的激励作用，又能为孩子保驾护航，帮助孩子朝着真正积极有益的方向努力。与孩子共同商议、制定规则、划定边界（不是由父母提要求，孩子被迫答应），是我们家尝试过的比较有效的沟通方法，它能很好地提升孩子执行规则的责任感。

制定规则不难，难的是对规则达成共识。

因为每个人对规则的理解并不相同，而父母更容易陷入一种"自动化"的自以为是，假定孩子理解的规则跟自己理解的是一回事儿，这种自以为是往往会在日后引起冲突。在规则上达成共识有些类似于组织中的对齐目标，要确保大家对目标的理解是一致的、清晰的、准确的，这有助于避免在后续执行过程中产生偏差或疑义。

制定规则不难，难的是执行规则。

如果我们要求孩子恪守承诺、自觉遵守，那么首先我们要给他打个样，即父母要先做到，先成为执行规则的好榜样。孩子聪慧纯粹，往往一下子就能精准地看出家长心底的真正意图，有时还会不动声色地试探底线。因此，作为家长，保持言行一致是关键。一致性越高，规则就越能发挥其成效。

在我看来，守护孩子的边界感，就是家庭中更高级的尊重。

不做"扫兴"的父母

"父母对孩子说的每一句话，都在塑造他们的未来。"

——布琳·布朗

我一直不太理解的一个现象是，很多父母都非常喜欢给孩子泼冷水，而且这种行为是下意识的、习惯性的。他们似乎觉得打击孩子，或者否定孩子的正向感受能给自己带来某种成就感。或者，他们是想维护一种谦虚的人设，明明是一件开心的事情，到了他们口中就变样了。这种现象俗称"扫兴"。很多时候，正是这种下意识的"扫兴"行为，逐渐破坏了充满爱的亲子关系。

"扫兴"带来的最直接的影响就是扼杀了孩子的分享欲。

很多父母都面临着这样的苦恼：孩子小的时候和父母的关系还挺亲密的，小嘴巴可能说了。谁知进入青春期后，跟父母的交流越来越少，有什么事都不愿意跟父母分享，总喜欢把自己关在房间里，不肯和父母多说。

难道青春期的叛逆真的会不可预测地突然来袭吗？

其实，孩子并不是突然进入青春期的，他们也不是突然开始叛逆，然后一夜之间不再和父母沟通交流的。成长与发展是有周期的，是一个漫长、不易察觉的过程。在日复一日的亲子互动中，有些隐藏的变化往往会被忽视，就好像每天和孩子生活在一起，不容易看出孩子在慢慢长高。但出差一段时间回家后，就会发现身高差异显得非常明显。

在孩童时期，好奇心与分享欲似乎是天性的一部分，"十万个为什么"天天都在上演。比如孩子刚上幼儿园、上小学时，每天回家后好像总有无数的话想要跟父母讲，并喜欢与父母分享在学校中的点点滴滴。这时候，父母的回应格外重要。有些父母可能会不经意地用各种令人"扫兴"的话来回应。我经常听到这样的故事：孩子觉得自己考试成绩不错，骄傲地拿着成绩单给父母看，希望得到父母的夸奖，但是结果是，孩子遭到爸爸妈妈的一顿数落和打压，并被严厉告诫不能骄傲、要谦虚："我这是给你敲警钟，让你不要太得意忘形了！不是说'骄傲使人落后'吗？"又或者孩子特别热爱艺术，喜欢画画、唱歌、做手工，当他们兴高采烈地跟父母分享自己的作品和艺术创想时，爸爸妈妈却迅速转移话题，问到作业是否做完了、学业是否顾及了，还强调只有在保证成绩的前提下才能有这些"不务正业"的爱好，要把心思放在学习上。

确实，从父母的角度来说，这些回应是基于他们的人生经验和社会阅历做出的，出发点是好的。毕竟，他们对生活的洞察和理解肯定比孩子深刻得多。但是正因为父母看待问题的视角已经成人化，思维模式也已然成熟，所以他们的想法往往会与孩子追求快乐的天性和天真稚嫩的价值观发生冲突。这就导致很多时候，父母的一些言辞和做法看上去是在为孩子好，实际上却最不符合孩子的思考逻辑，也不是孩子最能"吸收"的方式。有时父母甚至会忽视孩子真正的需求，难以理解孩子展现出的行为以及行为背后的真实动机。

此外，生活中还有一些父母，总喜欢强调自己的付出和牺牲，让孩子背上一种莫名其妙的负罪感。比如，当孩子陶醉在自己的一些兴趣和爱好中时，很容易就招来家长的抱怨和指责："你看你，又搞这个又搞那个，既影响学习又浪费钱，有没有考虑过爸爸妈妈？我们这么辛辛苦苦地工作都是为了谁？还不都是为了你吗？"特别是一些全职妈妈，她们会把自己的选择当成为孩子做出的牺牲和奉献，她们经常将自己的牺牲挂在嘴边："要不是为了照顾你学习，我才不会辞职在家呢！要不是因为你，我现在可能早就成为……（优秀、成功的人）！"

类似这样的言论，无论是在生活中还是在影视剧中都屡见不鲜。我的很多同学甚至从小就是在父母的这种"泼冷水"和"打压"中长大的。从父母的角度来看，自己的言辞和行为都是为了促进孩子成长，对孩子的长期发展有好处，他们确实做出了不少牺牲和奉献。然而孩子却毫不领情，因为从孩子的角度来看，父母令人"扫兴"，无视自己分享的初衷，没有表现出喜悦，反而带给自己情绪上的伤害。于是，他们渐渐地就丧失了分享欲。长期生活在这样的环境中，孩子不仅会越来越不愿意与父母分享自己的想法，而且还有可能形成敏感和自卑的性格。无论成绩多好、成就多大，他们一生都可能在追求父母或者权威的认同，会过得非常辛苦。

几年前，我曾访谈过几个家庭，并与家庭中的孩子进行了一对一的深入对话。

有个孩子跟我分享了一件他亲身经历的故事。在一次数学考试中，这个孩子考了 99 分，比之前有了很大的进步，在学校受到了老师表扬，他内心非常高兴，觉得自己付出的努力终于有了回报。于是，他兴高采烈地拿着试卷回家，想和爸爸妈妈一起分享这份成功以及进步的喜悦和成就感。当爸爸妈妈回到家时，他立刻跑上前说："爸爸妈妈，你们快看，这次我数学考了 99 分！"本以为父母会夸奖他几句，谁知道父母的几句话就将他内心的喜悦击得粉碎："99 分？为什么不是 100 分？别的同学有没有考满分的？你怎么没全对？那 1 分是怎么丢的？是不是又是因为你太粗心没有检查？"

"扫兴"的父母

紧随其后的就是一顿劈头盖脸的数落："平时叫你写作业要认真仔细，就是不听！看吧，错的那道题的知识点你明明会，完全可以考 100 分，但因为你的粗心大意，只有 99 分！这还值得开心吗？都不好好反省一下吗？99 分就说明你还不够好！这次少 1 分，下次就可能少 10 分！你不仅不知道吸取教训，还拿回来跟我们炫耀！下次要继续努力，争取考个满分！你要知道中考差 1 分就会失去资格上高中了！"

　　话音落、空气默。孩子原本高昂的兴致一下子就被打得七零八碎，脸上的笑容和眼里的光彩也渐渐消退。他实在没有想到，自己想分享的喜悦和成就，在父母眼里竟然是这样不值一提，本以为能换来一句"考得不错"，结果只得到一顿指责和说教。从那以后，无论在学习上还是兴趣爱好上有什么感受、心得、进步、成就，他都不敢主动开口与父母分享，而都是等爸爸妈妈主动询问时才会老实回答，且战战兢兢，生怕说错话又招致一顿教训。

　　为人父母，自然对自己的孩子抱有期待，希望他能在自己的能力范围内做到最好，这是人之常情，无可厚非。所以，当看到孩子明明具有拿满分的实力，却因为粗心大意导致的小失误而没能拿到满分时，父母肯定会替孩子感到十分可惜，并会忍不住说："明明依你的能力你可以做到，却因为你的失误而没有做到。"

　　父母这样说的本意，是想叮嘱孩子要更加细致和用心，戒骄戒躁，但由于场景不合适、言辞不恰当，给孩子带去了被泼冷水的感觉，所以，家长不仅没有达到鼓励孩子的目的，反而会在情感上将孩子推得更远，使得与孩子的关系变得越来越疏离。

后来，通过与父母的单独谈话，我更深入地理解了父母的视角和状态。他们对待孩子的初心的确是好的，但成年人的世界里没有"容易"二字。每天除了需要面对工作上的压力，父母还要处理生活中的烦琐事务，无论是身体还是精神都时常处于紧绷状态，即使回到家中，也无法让身心得到真正的放松。当一个人身心疲惫到极致时，是很难有耐心和好脾气的，更不用说有余力去感受孩子的情绪、觉察其行为背后的真正动机。此外，身为成年人，不太好意思将自己的疲惫和压力说出口，只能憋在心里，此时如果看到孩子考试粗心大意、心思不放在学习上，那很可能就会气不打一处来，借着批评孩子的机会发泄自己心中的不满。我很能理解家长的不易。

我并不认为父母在这件事情上有错并责怪父母。正相反，我觉得双方的表达、情绪与感受都是被允许的。在这种情况下，我们可以考虑采用更和谐的方法和手段来应对此类场景。

在与孩子的沟通中，我认为最重要的一步，是先接纳情绪。相较于成年人的理性思考，成长中的孩童更依赖感受导向的思维方式，他们更倾向于基于当下的情绪去做决定或反应。当孩子主动与你分享时，无论分享的是好事还是坏事，他实际上想分享的是这件事带给他的情绪。孩子分享美食和游戏，是想分享他从中获得的乐趣；他分享学校的经历，是想分享他在学校的快乐或者压力；他分享自己的成果，是想得到父母的认可。很多家长抱怨青春期的孩子不爱跟自己交流，回家啥都不说。换位思考一下，如果我们每次跟亲朋好友分享感受，却从来没有得到任何共情，甚至他们总是哪壶不开提哪壶，经过一次次这样的对话，难道我们不会被"教"得不想再分享了吗？

在孩子分享时，首先要做的是倾听、"接住"孩子那一刻的情绪，让其表达完整，这样，孩子会意识到自己的感受得到了父母的理解和共情。等孩子的情绪稳定后，他们自然而然会开始扩展思维、回顾过去、放眼未来。这时，父母再针对事件本身来分析事实、提出意见和建议，而孩子也更容易接受。

其实一旦孩子走出家门，他们需要面对的世界同样不简单。学业压力、同学之间的关系、竞争压力和升学压力，等等，都会给孩子带来喜怒哀乐，影响他们的情绪。而所有这些情绪和压力都需要一个释放的出口。而家应该是让孩子放松和释放的最安全的港湾。所以，在家庭中，父母应尽量营造一种宽松和包容的氛围，和孩子保持良性的正面沟通，让孩子感到放松和安全，从而愿意表露自己的情绪和情感。同样，父母也无须隐藏自己的疲惫和压力，可以坦然地向孩子表达，自己需要休息，等休息好了再来和孩子聊一聊。家就应该是这样一个地方，每个人都可以在其中做真实的自己。

在我即将小升初的时候，有一件事情让我记忆深刻，让我打心底里坚信我的父母不会先入为主或以偏概全，也不会轻易地从他们

　　　　　　　　积极养育：培养自驱、坚韧、有爱的孩子

的视角、用他们的价值观去抑制我的独立思考。

当时，为了准备升学，我的同学大多上了补习班，针对数学、英语等科目进行专项训练。我从小到大没上过什么补习班，小学成绩在班里一直处于中等水平。爸爸妈妈也一直相对"佛系"，不要求我的成绩必须名列前茅。

一个周末，我早早地写完了作业，想约朋友下午出去玩。我给平时关系比较好的小伙伴打了一圈电话，结果都说要上补习班，没时间出来玩。挂掉最后一个电话时，我的心情变得复杂起来，那是我第一次领会到"无聊"的真正含义。爸爸妈妈当时因为工作的原因，也不能陪我玩，所以，我只能自己一个人百无聊赖地打发时间，感觉时间过得特别慢。我甚至开始怀念周一到周五在学校的日子，至少我能见到熟悉的老师和同学，还可以在课间和同学一起快乐地玩耍。

突然我灵机一动，想出了一个"馊主意"来消除这份无聊。晚上，妈妈下班回家后，我立刻跑过去跟她说："妈妈，我想去上补习班。"妈妈一时间有些惊讶，疑惑地询问我具体原因，因为她觉得我并没有上补习班提升成绩的需求。

我解释说："我最好的朋友和班里几个平时一起玩的同学都在补习数学和英语，他们说那里的老师讲课还挺有意思的，而且课堂安排也比较合理。有课间休息时间，可以劳逸结合，不会太辛苦。我想周六跟他们一起上课，既能学到知识，提高我的成绩，还能和他们一起开心地玩耍，两全其美，对我的身心健康也有好处。不然一到周末，我就一整天一个人闷在家里，实在太无聊了！"

听完我的话，妈妈愣了一下，然后忍不住噗嗤一笑。她大概没想到，我想上补习班居然是为了找好朋友一起玩。笑过之后，妈妈耐心地跟我沟通了一番。她首先认可并接纳了我的情绪，因为她也知道，周末我一个人在家确实会觉得无聊，做什么事情都提不起兴趣，情绪也会比较低落。她明白，小孩子还是要跟自己的同龄人一起玩耍，才能保持心情愉悦。

妈妈回应我说："既然你都说了上补习班的好处，不仅能让你和朋友一起玩，还能顺便提高你的学习成绩，那妈妈还有什么理由拒绝呢？不过，在确定报名之前，我们还是要和爸爸好好沟通一下这件事，毕竟这是一笔开销。"

后来，爸爸坦诚地跟我做了深入沟通，解释了为什么他们会同意我上补习班。他开门见山地说，之所以尊重我的选择，首先是因为我对自己的目标非常明确，知道自己去上补习班的目的是什么，而这个目的听起来也有道理，并不是空穴来风、无理取闹。父母的明确反馈，让我懂得在提出需求时，自己需要先思考清楚为什么我要做这件事。其次，父母向我表达了他们的心意和想法：他们很爱我，希望我每天都过得开心、身体健康。既然上补习班能够让我找到玩伴，对我的身心有好处，而且课程也没有那么紧张，那么他们愿意支付这笔费用让我去上补习班。

那时的我通过这件事情，学会了一种重要的思考方式：在做一个决定时，要站在对方的立场考虑想法的合理性，要互相理解和体谅。比如，报补习班需要花钱，父母工作赚钱也很辛苦，所以在我提出需求前应该考虑父母的想法。

通过和父母的对话，我更能理解爸爸妈妈对我的爱和支持，我也能感受到家人之间的交流变得更加顺畅，对彼此的包容和接纳也上了一个新台阶。爸爸妈妈为我实现了这个小愿望，给我带来极大的快乐。同样，他们"不扫兴"的做法也让我今后更加愿意把自己在日常生活中的所见所闻与内心感受跟他们分享。

经历了那件事之后，我也形成了一个新习惯：通过有效的沟通与他人交换想法、实现目标；针对自己的需求，先自己思考是否合理，避免无理取闹或不讲道理。通过独立思考，我不仅锻炼了自己的逻辑思维能力，还能更好地觉察和梳理自己的需求和想法。当与爸爸妈妈沟通时，我就能更有条理地表达。

时至今日，无论喜怒哀乐，我都深深地知道，爸爸妈妈能够接纳我的所有情绪。

当父母和孩子之间始终保持顺畅的正面沟通，彼此都能正当地提出自己的想法而不用担心被扫兴时，大家的期待就有可能被满足，而这样的亲子关系一定是健康温暖的，这样的家庭氛围也一定是和谐舒展的。在这样的环境中长大的孩子，更容易成为一个热情积极、自律自信、自立自强的人。

我 10 岁那年，经历了一件让我终生难忘的事情——我被我的妈妈狠狠地扫了一回兴。

在我读小学四年级时，我作为 5 人朗诵小组的一员，代表学校去表演。为了搭配服装，老师要求每个同学穿丁字白皮鞋。其他 4 位同学都说自己有白皮鞋，而我没有，只有一双黑皮鞋。

放学回家后，我兴奋地跑到厨房，跟妈妈说我被选中参加表演了，学校要求买白皮鞋。妈妈那时正在做饭，她头也没抬就简单粗暴地一口拒绝了我："买什么买，没钱。"我吱吱扭扭地反驳说："表演服装要统一，必须穿白皮鞋，学校规定的。"也不知道那天妈妈哪来的气，她听后，把锅铲使劲儿往灶台上一摔，扭过头瞪着我，硬生生地说道："学习怎么没见你这么上心？整这些没用的倒是很来劲！跟老师说，没有白皮鞋，不参加演出。"刹那间，我的眼泪夺眶而出，我使劲憋着不敢哭出声来。妈妈的拒绝让我感到意外、失望、伤心、无奈，除此之外，我竟然还生出了羞愧感，感觉这是我的错，是我不懂事，没脸哭。

我很想参加那场表演，可是拗不过妈妈。（我长大后回想起来，这也不怪妈妈，那时候家里的经济确实紧张。妈妈面对生活的各种压力已经不易。）眼看演出日期临近了，我不想影响演出，便硬着头皮找老师说明情况，让老师换其他同学替代我。我记得当时个子矮小的我怯生生地走进潘老师的办公室，两只小手使劲拧着衣角，低着头，不敢直视老师的眼睛。话还没说出口，我的眼眶就先红了。我强忍着不让眼泪掉下来，但心里感到非常委屈、难过、羞愧……在我结结巴巴地和老师说完后，就局促不安地想转身跑开，快点逃离这样的窘境，也非常自责自己在关键时刻"掉链子"。

就在那时，我忽然听到潘老师那熟悉和爽朗的笑声："没关系，你就穿黑皮鞋吧。你站在中间，由你来负责报幕，这样跟大家穿的不一样也可以。"

我简直不敢相信自己的耳朵，我抬起头，瞪大眼睛看着老师。她正笑眯眯地望着我，眼中竟然闪烁着俏皮的光芒。我的鼻子一酸，小嘴一撇，眼泪啪啦啪啦地往下掉，最后竟然哇哇地放声哭起来……

那一刻，让我终身难忘。

潘老师让我感受到，她在乎的不是演出是否成功，而是我这个人本身。这让我在心里加了一个重重的砝码，我明确地感知到，我是一个被老师认可、喜欢的好学生，我是个有价值的好孩子。

"没关系，你就穿黑皮鞋吧。"

后来，我请爸爸帮我把那双小黑皮鞋擦得锃亮如新。我卖力地排练，最终表演取得了成功，还获了奖。

后来，我才知道演出结束后，妈妈连续几晚熬夜，用砂纸精心打磨了一根木棍。这根精美的木棍是送给学校的教鞭。那一刻，我突然体会到了妈妈没有言说的艰辛和对学校的感激之情。我知道妈妈其实并不想扫兴。

再后来，在我成长的各个阶段，无论是在学校，还是在职场，我多次担任了各种场景和活动的主持人。每一次站在舞台中间，我都会不由自主地回忆起这个经历。潘老师的话语仿佛化作了一股暖流在我身上流淌，给了我巨大的信心和支持。

我希望，我也能成为我儿子生命中的"潘老师"。

03

体验世界，
构建自己

> 我，是一切体验
> 的总和。
> ——卡尔·罗杰斯

无论处在什么年龄段，如何找到自己的兴趣、探寻自己的热爱所在、确定自己的人生方向，都是成长过程中不断出现的议题。很多家长反馈说，在日常生活中的各个方面，他们都曾不断地督促孩子、鼓励孩子去努力向前、付出精力，但得到的结果往往不尽如人意，事倍功半，让人苦恼。

　　关于努力与达成目标之间的关系，有一个例子让我觉得很有启发。在学校运动会的障碍赛跑项目中，选手们需要穿越布满障碍的长长跑道。比赛规则是看谁能用最短的时间抵达终点。很多同学非常努力地想方设法跨越障碍，满头大汗地努力奔跑，力争第一。但是，最后获得冠军的是一个钻栅栏、推栅栏、踢飞栅栏的同学。这场障碍赛跑的重点不在于跨过障碍，而是看谁最快抵达终点，且规则中没有规定必须跨过障碍。因此，由于搞错了目标和规则，最努力的同学反而没能拿到名次。

最后获得冠军的是一个钻栅栏、推栅栏、
踢飞栅栏的同学。

　　　　　　　　　积极养育：培养自驱、坚韧、有爱的孩子

努力是很重要、很必要，也是很好的解决方法，但前提是方向与目标要清晰且正确。没有明确的目标、合适的做法，再强大的动力也只会浪费在"瞎忙"上，就像无头苍蝇一样，四处打转、徒劳无功。

那么，父母要如何帮助孩子在成长过程中找到自己的热爱所在，并确定自己未来的努力方向呢？大多数人可能会说，那必须从小培养广泛的兴趣爱好，从中找到孩子的最爱，然后坚持下去。到了高中，这种爱好很可能会成为想要选择的大学专业，最终成为他们大学毕业后的职业发展方向。然而，有些父母可能会表达出内心的矛盾。确实，兴趣和爱好很重要，做父母的都希望孩子能够拥有特长，但是，如今的社会发展迅速，父母希望自己的孩子在未来能够有个相对稳定的职业，不求大富大贵，但至少能够保证衣食无忧、经济独立。

在我看来，这些想法都十分正常，正是因为对孩子怀有深切的爱，父母才想要事无巨细地为他们考虑周全，希望孩子在未来即使离开了家、离开了父母，也能够独立地在这个世界上生活幸福。虽说父母爱孩子的心情可以理解，但是很多时候这种"以爱为名"的方式并不能被孩子真正接受，反而会给孩子带来很大的压力，甚至将孩子推得更远。在这种情况下，帮助孩子探索未来的方向与平衡亲子关系成了家庭教育的重要元素。

根据我个人的成长经历，在方向探索期间，亲子关系可以形成一种合作模式，父母为孩子创造参与和实践的条件，让孩子通过切身的体验来丰富自身经历、拓宽眼界，从而找到一条真正适合自己的道路。

在这个过程中，"体验"二字尤为重要，并且"体验"的主体是孩子，父母最大的作用就是"支持"，而不是代替孩子去体验。很多来自书本、网络或他人转述的经验，甚至父母的过往经验，都不是孩子亲身经历的。无论它们被描述得多么真实，都很难让孩子产生共鸣、感同身受。只有让孩子亲身经历过，真实地体验过，他们才能体会其中的真谛，从而明确自己想要的生活，并树立自己的人生目标。

在成长的过程中，我也走了不少弯路，但我非常感谢我的父母，他们一路上给了我很大的自由空间，允许我尝试不同的事物，探索未知的世界，从而认识到更真实的自己。他们一直用行动告诉我：在矛盾和冲突中，首先要尊重自己的感受，而不是按照父母和老师的权威声音或期待来做出选择。也正是这些丰富的体验、经历和探索，帮助我一步步发现了自己的兴趣所在，明确了自己内心真正想要的东西，并最终确立了人生各个阶段的意义和努力的方向。

> **妈妈的话**
>
> 　　其实，我给不了孩子什么真正有价值的意见。我生在过去，他长在未来。
>
> 　　虽然我长他 30 岁，人生阅历和经验比较多，但是那些都是我过去的经历。这就像我随身背着一个背囊，背囊里装满了我这么多年的东西，其中夹杂着命运的安排、时代机遇所造就的成功、社会集体意识和原生家庭的影响。此外，还有生存的恐惧、不安全感、低价值感、单一的成功

归因，成就自恋以及耿耿于怀的未了心愿……很多家长可能跟我一样，背负着装满沉重过去的行囊，在和孩子说话时很容易就拐到岔道上："你学这个专业以后怎么找工作啊？""你这样能挣钱养活自己吗？"……

然而，孩子是在与我们完全不同的环境中长大的，孩子是属于未来的。

未来的变化和不确定性不能仅依靠过去的经验来做指引，这个世界对我们来说可能会越来越陌生。我不认为父母的经验在这个时代真的那么有用，毕竟，每代人都有自己不同的目标追求和实现路径。我相信我的孩子的心智会比当年的我更成熟，也更有能力面对未来。父母未必能真正指引孩子什么，我们只能帮助他们发现属于他们自己的东西。而孩子一旦意识到，他们要为自己的选择负责任，自然就会走向成熟。

孩子很纯粹。

他们喜欢什么、擅长什么、想干什么、能干什么，他们其实很小就知道了。他们自然会在他们"熟悉"的领域，或者喜欢的地方使劲儿，展现出一种毫不费力的专注和轻松胜出的自如。

但是，主流社会看待成功的标准单一且僵化，这深深地影响着几代家长们。我们在不知不觉中认同了这些标准并将其施加给孩子，一旦看到孩子偏离了自己认为的"正道"，爱之切的我们就按捺不住怒火，急忙跳出来想要纠正孩子的"错误"。

每个孩子都深爱着父母，忠诚于父母，想让父母高兴，想让父母为他们骄傲，甚至很多人终其一生，都在执着地追求让父母对自己满意。

如果孩子自己想做的事、想选的专业、想走的路，想爱的人，父母不认可甚至不同意，孩子就会陷入深深的纠结中，仿佛心里有两个小人儿在打架，一个代表自己的需求，想做真实的自己，另一个代表父母的权威和强势意愿。

是遵从我的内心，还是顺从父母的意思？

积极养育：培养自驱、坚韧、有爱的孩子

孩子很爱父母，知道不顺从父母之意，就等于冒犯了父母，可能会激起父母惊涛骇浪般的暴躁情绪，这让孩子倍感恐惧，这可不是他们希望看到的场景。但是，扪心自问，父母指的那条正道，孩子实在没多大兴趣，他们感觉委屈、为难，甚至觉得自己是在牺牲。父母传递给孩子的焦虑也让孩子倍感压力，让孩子苦恼不已。

于是，孩子便陷入了内心的挣扎之中，耗损着生命力，这会导致孩子的精力分散，无法聚焦于学习。他们迷茫、纠结、焦虑、痛苦，学习成绩自然会受到影响。

更令人揪心的是，身边很多中学生和大学生患上了不同程度的焦虑症、抑郁症，甚至无法正常上学，给父母和家庭带来了沉重的精神压力和负担。他们中有我儿子的好朋友，有我亲戚和同事的孩子，我是看着他们长大的，他们本身是多才多艺、聪慧可人的。

在与他们深入交谈时，我才惊讶地意识到，原来对孩子伤害最大的莫过于父母的强势控制。此外，家长还可能漠视或者根本"看不见"孩子，或者在日常生活中对孩子做出大量的批评、指责和评判。特别是冤枉、蔑视和讥讽，这三个行为的杀伤力排在前三位。即使时隔多年，当孩子说到那一桩桩具体事件时，他们仍然能清楚地描述父母当时的表情、神态、语气，甚至腔调，能快速联结到他们当时的身体感受。他们依然会情绪激动，即使努力克制，也会难掩泪水。

我们这些成年人又何尝不是？当我们回顾父母对我们说得最多的话时，我们可能也会发现，记忆深处有不少来自父母的贬损和打击。

父母（以及父母的父母）看似无意、张口就来的责备和贬损、不顾孩子颜面的粗暴行径，就像慢性毒药一样，给孩子的心灵注入了"我不够好"的羞耻感，足以摧毁孩子的自尊。那些话也会逐渐内化到孩子的心里，最终导致孩子在思想上、情感上和行为上自我嫌弃、自我否定，甚至自我放弃，这种负面影响是巨大而深刻的。

试想一下，当一个灵性比我们高、心如明镜的孩童，面对的"施虐方"竟是自己深爱又无法离开的父母，是自己在人世间不得不依靠的"天与地"时，在没得选择的情况下，他们只能被迫生活在自我攻击的不健康状态中。此时孩子的内心该有多么痛苦！作为妈妈，我不舍得让我的孩子左右为难、身心俱疲。

有时，我甚至瞎想，也许患抑郁症是孩子为保护自尊而做的最"坏"努力。他们知道父母最在意的是什么。只有用学习成绩下滑、不上学、向内攻击自己的方法，才能"治得住"父母的强势掌控、漠视和高期待，才能叫停他们不当的管教方式，提醒父母用更适合的方式关心自己、陪伴自己。孩子渴望获得的，是真正的父母之爱。

还有些孩子，从小"听话"，直接选择顺从或屈从于父母的权威。他们很辛苦，不得不调动自己的意志力，消耗更多的能量努力朝着父母期待的方向奔跑，力争胜任父母为他们设计的角色。

我在周围人身上也看到了这一点，那些一直为了满足父母期待而努力的人，一旦自己有了孩子，成了父母，也更容易倾向复制父辈的管教方式去控制孩子。因此，这个世界又多了很多总希望孩子按照自己的规划来发展的父母。

在我看来，父母最好的做法，是"舍得"放下自我，相信自己的孩子一定青出于蓝而胜于蓝，支持孩子走自己的路，让他自己去体验这个世界，而不是让孩子成为父母期待的孩子。

在我 30 年的工作经历中，我深刻体会到：喜欢的事，自然可以坚持；不喜欢的，怎么也长久不了。

当我更深入地了解自己，懂得遵从自己的内心做事情，并富有激情地投入其中时，我的创造力就会喷涌而出，我的工作成果就会很好，我的生命状态也会更加鲜活。

只要是我真心想做的事情，我愿意迎难而上，也乐此不疲。此时，我通常能感受到心流欢腾的好感觉。这种好感觉一定是契合了我"这个人"的动机，让我从中获得了满足感，拥有了自我效能感和成就感。我相信财富往往会随着这种好感觉而来。

相反，如果因为种种原因迫使自己在不喜欢的公司工作或勉强做着不喜欢的任务，即使有成果，这背后必然是加倍的能量消耗，靠意志力的坚持或者靠头脑说服自己的每一天。这些都会严重影响自己的身体健康、消耗自己的内在能量、降低自我价值感，因为你的心知道，你并不开心。

没有哪个孩子会朝着自己讨厌或者不喜欢的目标奋勇前进，也没有哪个孩子会努力奔向自己不想抵达的目的地。

在轩溢身上，我见证了：在朝着自己真正想要的目标和愿景努力时，"身心一致"的状态一直在帮助他卓有成效地达成目标。我们始终鼓励他"follow your heart"，跟随自己的本心和直觉，那里一定藏着宇宙给予的启示、召唤和安排。

积极养育：培养自驱、坚韧、有爱的孩子

去做自己真心喜欢、感兴趣，能给自己带来好感受和好体验的事情，我认为这就是一个人此生使命的正确方向。

人们通常不会为自己走过的道路感到后悔，只会为没有响应心之召唤而后悔。

我相信，只要带着真挚的热情，跟随自己的直觉指引去纵深探索，"热爱"就会一直在你的生命中滋养着你。开心就是你的指南针。

开心就是你的指南针。

选专业的"看见"计划三部曲

"鱼儿不会把神圣的海水盛在杯中，它们在无边的自由里畅游。"

——鲁米

"看见"计划 1

我申请本科专业时坚定地选择了人类学与心理学专业，申请研究生专业时果断地选择了教育学。很多家长看到我的求学经历后，会认为我对自己的未来规划一直都这么明确清晰。但实际上，在高中的后两年准备申请大学时，我也经历过迷茫期。与很多同学一样，我不知道该如何选择适合自己的大学和专业，不清楚未来的追求和心中的向往。人们都说，只有找到自己热爱的方向，才能做出有效的努力。但对我来说，那时似乎连心头那团热爱的火种都还没完全点燃，更别提找到一个方向去探索和深耕了。

上高中时，我选择的科目都偏理科，比如微积分、物理、化学等，各科成绩在班级里名列前茅，还获得过国际数学比赛大奖，成绩单非常漂亮。高一、高二的暑假期间，我还参加了美国大学的暑期夏校项目。我在哥伦比亚大学体验了暑期夏校的心理学课程，在哈佛大学体验了暑期夏校的化学课程，亲身感受和体验了海外留学生活。

可是，当申请季的前半年临近时，尽管有着优异的成绩和海外学习经历，我还是没有确定自己未来想选的学校和专业。当时我对化学比较感兴趣，我曾想是不是应该选择化学专业？但又觉得好像哪里不太对，总感觉还没找到那个让我非常心动、想要立刻行动起来的目标。奈何时间不等人，在我没有丝毫头绪时，申请的压力已经到来，我必须开展各项准备工作了。

据我所知，在这种情况下，许多同学的父母会建议，如果拿不定主意，就选择当下社会上流行的热门专业，或者通常被认为职业比较稳定、容易赚钱的专业，比如计算机科学、商科之类的。我也曾动摇过，是否应该随大流。既然数理化成绩好，也还没有想清楚，那不如选一个大众认为吃香的专业。

有一天，我和爸爸妈妈谈到了申请大学该选择什么专业的话题。他们非常了解我的性格特点和喜好，他们向我反馈了一条很重要的意见：热门的理科和商科专业与我的个性、成长经历、兴趣爱好似乎并不契合。即使毕业后有好的机会从事相关工作，但如果志不在此，未必能获得职业幸福感和满足感，也得不到内心的正向反馈，而且连四年大学都不一定能坚持下来，更别提未来长期从事相关的工作了。

爸爸妈妈希望我大学所学的和未来做的事情是我自己真心喜欢的，是契合自己的天赋和才华的，就像热衷自己喜爱的游戏一样，谈起它时会眼睛放光、神采奕奕，做起来时会全神贯注。哪怕面对过程中的困难和挑战，也自信乐观、充满斗志。

与其他父母相似，我的父母也对我抱有期待，希望我未来在某个领域能够做出一番成绩，有更大的贡献，反哺社会。但与一些家长不同的是，他们让我感受到这份期待更多的是对我的信任，他们相信我能行，甚至妈妈相信我能肩负改变世界的使命。而这个期待恰好符合我对自己的期待，我所感受到的是三位一体形成的强大合力与动力，而不是压力。

当然，我的父母也坦诚地承认，对于海外留学以及从当下琳琅满目的专业中做出选择，他们完全没有经验，也不能用他们过往的经历和视角指导我走哪条路。他们认为的方向未必真的适合我。即使有专业的升学辅导老师协助，人生的路还得我自己去体验。

在一筹莫展之时，妈妈突然冒出来一个创意。

她提议说，与其我们坐在这里干巴巴地讨论，用想象力思考着各种可能性，不如行动起来，在现实中去拜访身边的专业人士，跟他们面对面地交流，感受一下我们所欣赏的专业人士身上所具有的精神和特质，同时还能身临其境，体验一下各个行业真实的工作氛围，了解他们当年选择该专业的原因、当下的生活状态和行业未来的发展方向。或许，在这种交流和体验的过程中，我能够发现自己真正感兴趣的方向，然后再考虑自己的专业选择。毕竟，现实和想象是有很大差距的，不近距离体验一番，我怎么知道这个行业是不是自己真心喜欢的呢？

听完妈妈的提议，我一下子就来了兴趣。仔细思考后，我认为这的确是个很好的思路和方法，与其闭门造车，不如出门磨刀！于是，我们立刻行动起来，准备实施这个计划。妈妈给这个计划取了个名字，叫"看见"计划。顾名思义，希望我"看见"世界、"看见"专业、"看见"自己。

"看见"计划 2

"看见"计划开始了，首先行动起来的是妈妈。她联系了自己比较欣赏和亲近的朋友，跟对方沟通了我们的想法和计划，约定了前去拜访的时间。

我们拜访的第一位行业前辈是深圳大学光电子科学与技术学院院长徐平博士，他是妈妈当年在华为工作时的主管。到了约定的这一天，我们来到了学院，见到了院长和在他手下做研究的博士生。简单的寒暄之后，博士生带着我们去参观他平时做研究的实验室。

对于首次的参观体验，我是抱有极大的好奇心的。毕竟"实验室"这3个字听起来就带着一股尖端科技的味道，而且平日各种电影和电视剧的渲染让我平添了不少幻想。然而没想到的是，进入实验室后不到10分钟，我的所有好奇心就被现实中的实验室环境和氛围给磨灭了。

在参观的过程中，我一直在观察这位年轻博士生的言行举止。他给我的第一印象就是"适合研究"。他在自我介绍时表现得比较腼腆，但一提到正在做的实验和过往的科研结果，他的眼里立刻有了光芒，神采飞扬。在实验室里，他兴奋地为我介绍了各种先进的仪器和他们所取得的最新研究突破，讲解了他们平日如何做实验、如何取得数据以及如何分析这些数据等细节。

能近距离接触这些精密仪器和高新技术，我想任何一个业内人士都一定会两眼放光、心潮澎湃吧。只是对于我这么一个门外汉来说，这些讲解听起来有些枯燥。我仿佛上了一节非常单调无聊的科学课，昏昏欲睡的同时还要强打起精神给出礼貌认真的回应，以表示我的尊重和感谢。

需要纵深挖掘的科研专业似乎不适合我……

这位博士生很有激情，让人能够直接感受到他对自己所从事专业的热爱。他向我介绍了他的日常生活，主要是在"宿舍—食堂—实验室"这三点一线中循环往复，基本上一年四季都是如此，简单、

固定。对于我来说，这样的生活非常单调，但他习以为常，且非常享受这样的生活节奏。

他说，有时进入实验室后，由于全神贯注地操作仪器、记录数据，他会完全忘记外面的世界。对他来说，8个小时、10个小时仿佛不过是一眨眼的工夫，甚至连吃饭和睡觉都会忘记，更别提看剧、逛街、刷手机了。他的生活几乎不需要探店找美食、逛街唱歌，也不需要与朋友聚会，玩什么新奇的游戏。他只想待在实验室里，按部就班地完成实验，获取每一个实验数据，最终推导出实验结果。即使是一个小小的突破，也能给他带来极大的满足感，因为那就是他的热爱所在。

说实话，我打心底真的非常敬佩他对自己事业的追求和对生活的理解。无论是对事业的追求、对专业的热爱，还是对生活的简朴态度，都让我打心底敬佩。我看到的，正是所谓"生活极简，精神丰盈"。

在参观完他工作的实验室并经过了这样的交流后，我内心坚定地明确了一件事：这绝对不是我想要的生活。

我很清楚自己不是一个能够守在实验室甘于寂寞、专注于研究的人。比起"三点一线"的生活、朝九晚五地与实验设备、机器打交道，我更需要的是去追求生活的丰富性，去体验人生的多姿多彩。

在告别这位博士生之后，我走出实验室，来到了徐平院长的办公室，进行了一番简短的交流。没想到的是，短短的对话让我受益匪浅。它不仅为我提供了全新的角度来思考如何选择大学专业，还让我开始仔细斟酌未来自己真正想要从事的行业特质。

徐平院长告诉我，高中毕业后如何选择大学专业，是每个高中生都会面临的问题。大体上，大家的选择可以归为两大类。第一类选择是"纵深挖掘"。我们可以把这个选择比喻成专注地挖一口深井，选定一个位置后，就不断地朝下挖掘。这样做的好处是，你的这口井可以挖得特别深，也就是说，你能够在所选择的领域中钻研得特别深入和透彻，形成专业能力优势。不过，它的不足之处在于，你可能没有时间和精力去挖第二口井，没有很多机会去探索其他领域，从而无法领略其他行业的"风光"，探寻其他领域的宝藏。

第二类选择可以称为"广泛涉猎"。同样以挖井作为比喻，它相当于你打了很多口井，每一口井都只是向下挖掘了一段。也就是说，你对多个专业领域有兴趣，会在更多的行业里投入一定的时间和精力。这种情况下，你钻研的程度不深，只是稍有涉猎而已。所以整体来说，虽然你没有挖出一口深井，但你胜在数量多、覆盖面广。尽管没有在某个细分的专业领域有非常深的造诣，但是你的灵活性很强，就像万金油一样，能够胜任多种岗位的工作，未来的职业选择也会变得更加广泛。

总体来说，两种选择各有千秋、不分优劣。具体走哪条路，需要结合个人的性格特点和未来想要的生活方式做出决定。

我是谁？我未来想要成为一个什么样的人？我想要选择什么样的生活方式？这3个问题第一次"重重地"冲入我的脑海，帮助我开始梳理一直以来混乱的思绪。

这次体验让我进一步"看见"了自己，我并不是一个能够像那位博士生一样静下心来做科学研究的人。整天待在实验室，与仪器设备和实验数据打交道的生活并不适合我。我更喜欢和各种各样的人打交道，对人更感兴趣，也更在意日常生活中的每一份体验，希望兼顾工作和生活，在两者之间保持平衡。不过，我的这些想法还比较空泛、模糊。具体要如何将这些想法落地，究竟要选择哪一所大学、哪个专业呢？我的方向依然不明确。

不久后，第二次"看见"计划再次启动。妈妈带着我去拜访了她的一位好朋友，也是她非常欣赏的同事——建筑师曾冠生。曾叔叔本科毕业于深圳大学，研究生毕业于哈佛大学。他在深圳成立了自己的设计工作室，名为墨照。

在曾叔叔的工作室里参观时，我看到墙上陈列了许多他获得的荣誉奖项，还有他作为主创参与设计的建筑和项目简介。在他的言语之间，我能明确地感受到，只要对一个行业真心热爱，他自然会主动投入非常多的激情与能量。晚餐时，曾叔叔向我详细讲述了他从高中以来的求学经历、事业发展的过程以及他一路走来的心路历程。他分享了自己是如何接触到建筑学，选择它作为大学专业的故事，讲述了发现自己对这个行业的喜爱，并最终决定成为一名建筑设计师，拥有了自己的独立工作室的过程。

他的讲述中有一点让我深受触动。他说，高中毕业后选择大学专业时，一定要选择自己真正喜欢和热爱的，因为它很可能决定你未来的工作方向。工作在我们的一生中占据了特别重要的部分，所以一定要选择发自内心喜欢和热爱的领域，这样才能专注地投入工作中，最大限度地释放自己的潜力和优势，有勇气去面对任何压力、挫折和挑战。如果随意选择一个当下看起来很有前景但自己并不感兴趣的专业，即使短时间内可以说服自己勉强接受，但是从长远来看，是很难有毅力坚持下来的，毕竟那不是自己真正的志向和兴趣所在。

当我表达对选择什么样的大学和专业的困惑时，曾叔叔问了我两个问题："在选择大学这件事上，你真正看重的是什么？是你所选的专业在全球名列前茅，还是这所大学是世人眼中的名校？"也就是说，我到底看重的是专业排名还是学校的综合排名。此外，还要考虑，学校的地理位置、当地的气候、饮食习惯、安全等因素是否会影响我的选择。于我而言这些因素是否比专业排名和学校的综合排名更重要？

在选择大学时，你真正看重的是什么？

划重点
一定要选择自己真正喜欢和热爱的。

世人眼中的名校
专业排名
气候
安全
饮食习惯
……

听了这些话，我一下子愣住了，因为此前我从未系统性地思考过这些问题。直到他提出来，我才发现，原来选择大学和专业的背后要考虑的因素如此之多，并不局限于学校和专业本身。毕竟，大学一读就是4年，除了学习，生活也是非常重要的。这次拜访让我坚定了要找到自己喜欢的方向的想法，让我"看见"了自己此前在择校思考和认知上的局限性与不足。

那天谈话结束回到家后，我立刻坐到计算机前，把当下需要思考的问题一一列了出来，并回顾和梳理了执行"看见"计划以来自己的收获、思考和反馈。梳理并回看自己走过的路时，我忽然有个新的重要发现：自己从小到大的成长过程中，有一个比较突出的共同点，那就是对心理学领域一直保持着特殊的兴趣。这可能和我的成长经历有关。因为从小多次生病住院、经历了大大小小的生死考验，所以我对人类情感背后的底层逻辑与本质充满了好奇，想去探究影响人类情感与行为的相关心理机制。

有初步的认知是件好事，哪怕还模模糊糊、不够清晰，但至少为继续探索提供了方向。

"看见"计划3

虽然我感觉心理学方面的专业可能比较适合我，但我对心理学领域的具体分支仍然不太了解。幸运的是，不久后，妈妈恰好要与一位香港大学场景设计专业的好友羽翔老师见面，她就顺便带我一起去见面。妈妈和她约了一次下午茶，地点定在附近的星巴克。

正是这次交谈，彻底刷新了我对心理学的看法和认知。

当时，我们坐在星巴克店内，羽翔老师就以星巴克门店作为案例，给我讲解了场景设计和心理学之间的关系。比如，如果现在我们要为一个咖啡店做场景设计，需要从哪些维度进行考量？首先，从顾客的角度来看，咖啡店的门该如何设计才能吸引他们走进来？顾客进门之后，店内的桌椅要怎么摆放才更容易让顾客感到赏心悦目？座位的疏密怎么设置？哪些座位靠角落、哪些靠窗，才能让顾客愿意坐下来？点单台应该放在店内哪个位置？菜单要怎么设置，以及菜单上的产品要怎么排列？哪些产品应该作为主推，吸引顾客并促成交易？此外，店内的装饰该如何陈列才能给人一种舒适、放松的感觉？

这些问题看似微小，却能决定顾客对咖啡馆的第一观感，进而影响咖啡馆的客流量和营业额。场景设计师的工作就是通过揣测与分析顾客的心理来调整场景中的设计元素，为顾客提供足够的动机和能力，并提供诱因促使他们采取行动。因此，场景设计师听起来和室内设计、艺术设计等设计师差不多，但实际上场景设计师除了要懂得设计图纸，还要懂得消费者心理学、行为经济学、用户研究分析等方面的知识，以真正洞察客户的心理，做出符合预期的设计。

听完羽翔老师的讲解，我真的有一种耳目一新的感觉——原来心理学在生活中的运用是如此广泛。我们每天都在使用的手机里，每一个软件的设计都包含了心理学方面的知识，而我爱玩的游戏里，得分机制和每一个关卡都经过了独特的设计。它们不仅能够精准地抓住我们的需求，还能吸引我们不断地玩下去。这一切的背后都可以用心理学的底层逻辑去解释。我的思路一下子打开了，原来心理学这一大类还包含了无数个分支，我仿佛看到了未来各种发展的可能性。

巧合的是，正好妈妈公司的总工程师傅学怡爷爷邀请我们去他家做客。我小学和中学时期的很多衣服都是傅爷爷的老伴孙奶奶送给我的。我还特别爱吃他家小区会所的牛仔骨，所以就非常开心地去了。傅爷爷是大师级的人物，他是中国建筑设计行业知名的结构大师，有着很高的学术地位，也有很多名震天下的作品。傅爷爷精神抖擞，谈兴很浓。作为结构领域的大师级人物，他向我讲述了他最近做的一些项目，兴致勃勃地描述了在前所未有的挑战面前团队是怎么创新性地找到解决办法的，又是如何通过艰苦的努力实现目标的。交谈中，我能感觉到他特别享受他的事业，就像年轻人一样充满活力。他从战胜每一次的艰难挑战中获得了巨大的成就感和满足感，这应该就是人们常说的"累并快乐着"的工作状态吧。

我很好奇地问他："爷爷，您都七十多岁了，已经功成名就，为什么还要拼命工作，跟年轻人一样加班熬夜做项目？"傅爷爷没有立刻回答我，他吸了一口烟，慢慢地吐出烟雾。然后他看着我的眼睛，一字一句地跟我说："孩子，正因为我已经取得了一些成就，站在了一定的高度上，所以我认为我可以为这个世界做更大的贡献。"

这句话深深地触动了我，它仿佛远处传来的击鼓声，击打着我的心灵。我不确定我能理解多少，但是我开始思考，我要学习的专业、未来要从事的工作，是要为这个世界带来独特价值和贡献的。我希望由于我的存在，这个世界和人类会变得更好。

如果说以上经历让我确定了心理学的专业方向，那么"看见"计划的最后一位老师给我带来的启发让我认识并热切地选择了我最终的专业——人类学。

说来也是机缘巧合。有一天妈妈从台湾出差回来后，和我分享了一段录音。这段录音是牛津大学人类学博士、中国台湾人类学家翁玲玲老师在妈妈组织的"优秀经理人澄心之旅"台湾游学中的一堂讲座。

一开始，当妈妈把这段录音推荐给我时，我有些不屑一顾。人类学对我来说是一个非常冷门、小众的专业，我几乎没有听说过身边有人在学习人类学，而且单从这个专业名称上看，我也无法想象人类学专业的学生毕业后能从事什么样的工作。去做博物馆管理员？还是研究人类史？

妈妈难掩兴奋又故作平静地跟我说："这绝对是个很有意思的讲座。给妈妈一个面子，就听 5 分钟，就当是满足一下妈妈的审美吧。讲座太有趣了。如果听了 5 分钟，你感兴趣，那你就继续听。如果没兴趣，就不用再听了。"为了不扫妈妈的兴，我点点头，点开了那段录音。没想到的是，听了不到 5 分钟，我就对人类学这门学科产生了强烈的兴趣，并且隐隐约约地将它和心理学联系了起来。

在讲座的开始，翁老师就从人类学的视角解读了一些当前社会中普遍存在的现象。比如，为什么大众认为女性更爱购物？为什么男性和女性的购物习惯会有这么大的差异？我们经常发现，大多数女性都喜欢逛街，她们慢慢逛、慢慢选，一逛几个小时都不觉得累。男性则恰恰相反，他们需要购买什么时，大多是直奔目标，买完就走，绝不多逛。在处理人际关系方面，男性与女性有时往往会因为购物习惯的不同而爆发冲突。对于这个现象，翁老师从人类学的角度给出了她的解读。简而言之，这是由人类早期的社会分工进化而来的，它决定了男性和女性在"逛街"行为上的习惯差异。

尽管人类进化到今天大约有 1400 万年了，但远古时期的人类行为模式并没有完全消失，而是一直被保留下来，至今还在影响我们的生活习性和行为习惯。远古时期，人类是在洞穴和部落中生存的，周围是茂密的丛林，丛林中还有猛兽环伺。为了生存，人类必须解决温饱问题，这就需要有人进入危机四伏的丛林中打猎。男性和女性在生理结构上的不同决定了他们具有不同的生理特性，也导致了男女分工不同。

男性的身体通常具有较强的爆发力，力量和速度也更胜一筹，因此在丛林中遇到危险情况时，他们有更大的概率成功逃脱，更能胜任打猎的职责。当男性外出狩猎时，他们往往会事先设定一个目标，计划如何以最便捷的路径找到猎物，迅速果断地捕杀猎物并将其带回家。如果不能做到"快、准、狠"，他们很可能会因为引来其他猛兽或遭遇别的部落抢夺食物而丧命。慢慢地，为了适应这种生存条件，男性逐渐进化得更有力气、更加敏捷、更追求效率，以帮助他们更精准、更快速地捕获猎物。

光靠打猎作为食物来源并不能很好地保证整体的生存，需要有人看守驻地，哺育后代。在这方面，女性的作用不可替代。除了抚养婴儿，当男性外出打猎时，女性会三五成群，挎着篮子，在附近的森林和田野里采摘蔬果。女性的耐力普遍比男性好。在采摘前，人们无法预测这一天出门到底能采摘到什么，所以女性只能尽可能多地去部落周围寻找安全无毒的食物、清洁的饮用水和可用于治病的药材等资源。这样的工作需要丰富的知识、很强的记忆力和关注细节的能力。随着慢慢地进化到现代社会，大多数女性的记忆力和注重细节的能力要比男性强。远古社会的采集技巧深深地烙印在了女性的基因里。当她们出门时，或许并没有明确的目标，但是只要出门，她们一定会给家里带点儿什么回来。逛的时间越久，"采集"的物品就越丰富。

翁老师的讲座让我一下子想到了我家的一个例子。如果炒菜时发现酱油不够了，我爸爸会立刻冲到楼下的华润超市买一瓶酱油。他雷厉风行，不到 5 分钟就买回来了——他买回来的只有酱油，没有别的东西。可是，如果让我妈妈去超市买一瓶酱油，一个小时都不见她回来。最后她会带回来大包小包、各色各样的商品，却很可能唯独没有酱油。

在这个案例的最后，翁老师总结说，当今社会中还有很多男女分工和行为习惯可以追溯到远古时期。既然这些习性经过千万年的进化仍然被保留下来，就说明它们有保留的价值。在生活中，我们要学会理解这些行为差异背后的原因，接纳人与人之间的不同，而不必强求对方来顺应自己的行动轨迹和生活规律。包容来自对规律的洞悉。

比如，喜欢逛街的女生不必强求伴侣陪同，毕竟对男性来说，5 分钟能解决的事情，非要花上两三个小时慢悠悠地闲逛，无形中"违背"了男性基因里的"快、准、狠"。女生何不约上自己的闺蜜或姐妹一起去逛呢？一起挑挑选选，逛得开心，也能买得舒心。如果双方都能尊重彼此的习性，或许能避免生活中的很多冲突，促进关系的改善。

听完翁老师的讲座，我的内心感到难以抑制的兴奋。一方面，我被翁老师的讲解所打动。她讲得非常有趣，我实在没有想到，人类学这么一个冷门的专业竟然也可以用这么风趣幽默的语言来解读；另一方面，从翁老师的讲解中，我感受到了人类学的魅力。它可以为我们提供一种全新的视角去解释生活中的各种现象。

那一刻，我长久以来不知选什么专业的困惑好像一下子被消除了。原来这就是我一直以来想要做的事——用自己独特的视角去解读生活中的普遍现象，提供全新的思路来帮助大家解除成长中可能会遇到的一些困惑。

像人类学家一样思考！

选专业时的困惑
一下子消除了！

我当即请求妈妈帮我联系翁老师。翁老师立即向我推荐了一本英文原版的人类学入门书籍。虽然我从小到大除了玄幻小说，一直都不爱阅读其他书籍，特别是具有学术性质的英文原版书籍，但是这次不同，这是我第一次如此急切地想要品味这样一本书，并以最快的速度将它读完了，因为我实在太好奇了，我迫切地想要了解更多人类学的相关知识。

那本书的名字是《像人类学家一样思考》，作者是美国一位杰出的人类学教授，他在书中通过记录和分享自己的田野调查经历，并结合自己的心路历程和研究心得，为读者展现了诸多人类学家所面对的核心概念与问题，也给了我一种全新的观察、探索和体验世界的视角。

就这样，经过一系列的"看见"计划后，我终于在申请大学之前接触到了人类学，并通过阅读和研究一些入门书籍，对这门学科有了更深入的了解，同时也初步了解到自己真正热爱的发展方向。到这里，"看见"计划可以说是成功了。

整个"看见"计划从启动到完成大约历时半年。

在"看见"计划启动之前，在长达一年的时间里，我都处于一种迷茫的状态，找不到自己感兴趣的专业，对未来职业也毫无计划可言。幸运的是，我的父母并没有着急催促，也没有向我强推他们的意见，而是允许我在迷茫中慢慢摸索。

在执行"看见"计划之后，在与不同行业、不同领域的专业人士见面和深度交流中，我慢慢地明确了自己内心的想法，逐渐找到了自己热爱的方向。

积极养育：培养自驱、坚韧、有爱的孩子

在执行"看见"计划的过程中，无论是爸爸妈妈还是我自己，都齐心协力，朝着一个目标进发。

根据我的需求，妈妈为我联系她身边的资源，而我也珍惜每一次谈话和交流的机会，认真地向每一位行业前辈请教、学习，尽可能多地了解他们所从事的领域。每一次谈话后，我会及时地复盘总结，并反馈我的想法。爸爸妈妈通常不发表看法，而是耐心地听我分享，偶尔向我提出几个具有启发性的问题，推动我进一步深入思考，帮助我"看见"自己，了解真实的自己。然后，他们再根据我的想法，和我一起制订下一步的计划。

我很想向各位家长推荐这个方法，也希望家长能够允许孩子追寻自己的热爱。有句话说得好，"唯有热爱可抵岁月漫长"。

如果你的孩子此刻也正处于关键性抉择的路口，不知道该走向何方，你可以尝试和孩子一起制订一个"看见"计划。它简单实用且有价值，能够帮助你的孩子去探索自己的内心、明确自己的想法，最终找到自己想要的未来发展方向。

> **妈妈的话**
>
> 在孩子选专业、选大学这件事上，我们交给他自己去探索。
>
> 这是基于两个出发点：一是，一个人如果能早早地在自己的人生大事上"follow my heart"（随自己心意）并做出选择，那么将来当他回望人生路的时候，至少不会后悔，

也不会怪罪谁；二是，父母不是万能的，我们确实不知道他该选什么专业，但我们有个明确的主张，无论孩子选择什么专业方向，我们都无条件地支持。

在选专业、选大学这件事上，把决定权交给 17 岁的轩溢看似冒险，但其实是让他学着对自己的选择负责，承担自己选择的结果。我们心里有个底：人生很长，即使大学的专业方向选错了，未来也还有很多机会纠错和转换。当然，我们也不做甩手掌柜，任由他一个人扑腾，而是以我们的方式陪伴他、支持他。我们会让孩子知道他不是在孤军作战，让他感受到父母始终就在他的身后，随时能够提供有力的支持，而他只管勇敢地往前冲。

任何一个专业或职业，对于一个高中生来说，都距离遥远，因为他没有什么相关经历和体验。我一直在思考，如何在现有的条件下帮助孩子拓展体验。我们并没有什么高大上的人脉圈，但是在我所在的公司有不少令我非常欣赏的前辈和同事，尤其是他们对专业、职业、事业的追求、他们展现的价值观和人文情怀，以及他们对社会的贡献令我非常钦佩和感动，他们就是我心中的榜样。我想，如果轩溢能走到他们身边，近距离地感受他们的真实生活，聆听他们关于生命成长和事业发展的所思所想，那么他们的生动体验可能会深刻地感染他、影响他，丰富他的体验。于是，"看见"计划就诞生了。

回顾探索专业方向的过程，"看见"计划的第一站就非常有意思。

令人印象深刻的一幕是，我们当晚从深圳大学电子科学与技术学院回来后，轩溢按照约定写了一篇日记并与我分享。读完日记，我的第一反应是："哇，我做了一个多么正确的决策。对他的积极影响真大啊！"他的日记通篇充满着正能量，就像学校里的"三好生"带有套路的发言——什么被人工智能的发展深深震撼、对探索科学的精神深感钦佩、被博士生无休无眠的勤奋刻苦所激励……他们是自己的学习榜样，自己也要勇攀高峰……貌似这是一次很成功的"看见"。

可是，沾沾自喜不到两分钟，我忽然感觉哪里不太对劲。

我在脑海里回放了参观时的现场片段，我感觉轩溢在前半程还显得有些新奇，但到了后半程几乎就是出于礼貌在敷衍应付，身体语言完全没有显示出半点儿兴趣。身体不会骗人，这篇日记可能没有表达出他的真心实意。

当时已经是晚上10点了，轩溢准备上床睡觉了，但我还是决定跟他谈谈，因为我觉得这件事情非常重要。

我对轩溢说："日记不是写给别人看的，而是记录自我探索的体悟。从日记里可以看见你心里真正想要的是什么，而且它只跟你自己有关。妈妈感觉你当时的状态好像并不像你在日记里描述的那样，你确定这是你的真实感受吗？今天是"看见"计划的第一站，我们做这件事的出发点是找到你未来的专业方向。既然这件事跟你自己有关，那就要为自己而做，需要诚实地面对自己。"

轩溢没说话，想了想，然后他为自己做了一个决定：关上房门，挑灯夜战，立即重写。

结果，重写出来的日记内容是这样的："他们热情又充满骄傲地向我介绍墙上挂的许多院士的照片，让我看各种人工智能设备、人脸识别系统，并讲述那些研究过程……可是，我发现我对这些并没有感到兴奋，兴致不高。我心里有个声音在嘀咕：'我可不要每天跟一堆冰冷的机器打交道。'而且，最让我不能接受的是，博士哥哥跟我说，他每天的生活就是'三点一线'——宿舍—食堂—实验室；他已经有 3 个寒暑假没有回老家看望父母了，也没有谈女朋友，因为研究任务重、时间紧，他没有心思想别的。我可不要过这样的生活，每天只有工作，没有任何娱乐和休闲时间。"

看完这篇真实的体会，我和轩溢都躺倒在床上哈哈大笑，放松了心情。这完全和他当时的身体语言对上了。然后，我们基于这份真实体验，开始交流他的"看见"。

就在这个"看见"里，他有了 3 个关于自己的重要发现。

第一，他乐于跟人打交道而不是物（尤其是机器）。他对人感到好奇，对研究人很有兴趣。

第二，他的学习和工作都需要兼顾生活，包括他个人的内在需求、兴趣爱好、社交娱乐、情感交流等。用他的话说，就是"要拥有平衡学习与生活的自由"。如果这个条件不满足，会严重干扰他的学习状态。

第三，他对科学技术类的学术型研究不太感兴趣，缺乏学习动力，对探索生命真理更感兴趣。

正是这 3 个发现让他看到了巨大的价值，他开始更有兴趣地诚实、深入地探索自己。

果然，体验让我们感受到生命的真谛，自我认知就像指路明灯。

也是这 3 个发现，打破了我们自以为很了解他的偏见，让我们更清醒地重新认识了他，帮助我们及时调整了对他的支持策略。

比如，当了解到他是由"生活型"动机主导的人时，我们就理解了他对学业与生活的平衡以及对个人情感的需求要求比较高。他在大二到大四的3年间，每周五下课后会搭晚班机从芝加哥飞往波士顿跟女朋友团聚过周末，从未间断。用他的话说，"作业都是在飞机上写的"。因为理解他的底层动机特点，作为父母，我们从没对此事评价过一句，也从来没有"八卦地"过问过女朋友的信息。我们只做了一件事：为每月的生活费额外增加一笔差旅费。我们愿意力所能及地满足他的需求，也相信他是个明理懂事的好孩子，会用心学习，并身心健康地成长。要相信，每个孩子心里都有数。果然，在本科毕业时，他以GPA（平均学分绩点）近满分的优异成绩获得芝加哥大学"荣誉毕业生"称号。

再回看一下我自己的经历。

我18岁离开家，开始独自生活，经历了很多艰难困苦。我的父母在我就业、置业、婚姻、孕产、养娃等人生大事的选择上，基本上不表态、不回应，一切全由我自己决定和应对。我曾经心生埋怨，感到委屈。直到有一天，我对父母有了新的认识。那天，我83岁的老母亲在录给我儿子看的视频。在视频的最后，她理直气壮地对着镜头高声叮嘱："阳阳（轩溢的小名）啊，你要自由自在地过好自己

积极养育：培养自驱、坚韧、有爱的孩子

（的生活），不要被任何人的想法绑架！"听到这话，我非常意外，也感到惊讶和感动。那一刻，我突然扭转了对父母的某些偏见，消除了对他们的一些误解。原来，他们对我的放手与放任包含着对我的信任和尊重，因为他们相信我能行。

我的个人经历给我释放了一个明确的信号——自己的路自己选，对自己负责就好。那时年纪轻轻的我，凭着直觉"一意孤行"，但做出的每一个选择在今天看来，没有哪一个特别糟糕，也都各自开出了不错的花，结出了不错的果。由此，我更笃定地相信，我的孩子是站在我们的肩膀上成长起来的，必定青出于蓝而胜于蓝。

在选大学、选专业这件事上，有时，恰恰是我们自己的焦虑和控制欲，遮住了孩子探索天赋、发现"热爱"的眼睛。

第二节

言传身教的榜样力量

"教育不是为生活做准备；教育就是生活本身。"

——杜威

我从小到大的成长过程中，妈妈主要负责我的学业和心灵成长，而爸爸扮演着挣钱养家和照料我生活的重要角色，特别注重培养我的健康生活习惯和生活自理能力。爸爸认为这是未来成就事业和家庭幸福的基础，是家庭教育非常重要的组成部分。

越是长大，我越觉得爸爸是我人生中最好的榜样。

如果要我回答，做最好的爸爸有什么标准，我的回答就是：充满深情地无条件地爱孩子。

爸爸一生积极努力，尽己所能为我提供资源、支持我的成长，他从不要求我长成他认为的样子。他给予我极大的宽容，允许我做我自己，还一直坚定地相信我肯定能长得特别好、运气特别好。他总会在我需要帮助的时候，以我需要的方式无条件地给予和付出。

他对我说的最多的一句话就是："儿子儿子老爸爱！"

在我的心里，爸爸性情温和仁慈、充满智慧，工作上追求出类拔萃、讲求效率，生活上很会过日子、懂得享受生活，还善于理财，尤其是他对音乐和篮球的热爱与激情，深深地影响着我。

在我的印象中，爸爸工作一直很忙，在我上初中之前，他几乎是每周一出差周六回家，和我待在一起的时间其实并不多。但是，他只要不出差，就会早早地起床送我上学，或上篮球课。如果路途远，他会开车送我；如果路程近，他就牵着我的手走过去。高中三年期间，爸爸出差少了，我们单独相处的时间增多了。可能是因为我长大了，两个男人之间的话题就更多了。每周我们都会去我家后门附近的"一粥馆"单独"约会"。妈妈通常很识趣，不会要求参加。这样的"约会"让我和爸爸之间的感情迅速升华，彼此之间的了解也更加深入。

我越大，就越能感受到我与爸爸之间有一种无须言说的、默契的情感流动，它充满温暖，有着生命的活力与激情。这种情感流动让我的内心在大多数时候都能保持一种松弛的状态以投入学习，并且成为我追求出类拔萃的强劲动力。

在我眼里，爸爸对事业很有追求。他在公司里承担的责任和压力一直很大，而我最佩服的是，他永远坚毅而积极地前进，不断突破舒适区，不断超越自我。他展现出的那种自身"进化"的能力很强、速度很快，哪怕五六十岁了依然保持进取的活力。我们总能听到他分享自己的进步。对我影响深刻的，还有不论现实状况如何、不管自身条件有什么限制，他始终保持着争取"赢"的那股劲儿，我特别欣赏这种精神。即使已经五六十岁，他在职场或篮球场上展现的活力、勇气、毅力和斗志依然充沛、旺盛，始终让我感受到一股强大的力量。

记得我高一时有一次妈妈问我："你觉得我们家谁说了算？"我毫不犹豫地回答："当然是爸爸。"爸爸就是我们家的"宇宙中心"，非常稳定，为我提供了充足的安全感。之前每当我想到爸爸，我的脑海中总会出现一个高大的身影。爸爸稳稳地撑起一把大伞，始终为我遮风、挡雨、避暑，任我纵横千里、踏遍世界。他以一己之力托举着我们这个家。实事求是地说，如果没有爸爸无私的爱和稳固的经济实力，我们不会有现在的样子。夸张点儿说，如果没有爸爸，恐怕我和妈妈不一定能健康地活到今天，更不可能活成我们现在的模样。

在养育我这件事情上，我的父母分工合作、非常默契：学业方面由妈妈费心，生活方面由爸爸操心。他们的价值观趋同，很容易在原则性问题上快速达成共识。在处理与我相关的事情上，他们会以各自擅长的方式协作，彼此不轻易越界，也不会随意评判或指责对方，保持着对彼此的充分信任和对边界感的尊重。他们还会力所能及地默默地支持对方，为对方补台或者打圆场，使得互补优势体现得十分明显。这让我心里感到非常轻松。虽然我的父母也跟别人家的父母一样，生活中不时会拌个嘴、生个气，有时我还会根据事态发展情况出面调解一下，但我从来不会夹在父母不同意见的中间而感到左右为难，更不会被要求明确表态或选择站队。我认为我拥有一个和谐幸福的家庭，这对于我的学业进步和身心健康起到了积极的作用。

妈妈总是夸爸爸是"生活的能手"，这话绝无夸张之意。可以说，在生活能力的培养上，我几乎完全得益于爸爸的言传身教。"言传"听起来简单，也好理解，指的是口头上的信息传授，也就是用语言去教导，这也是很多父母喜欢采用的一种方式，毕竟它最便捷、最省事。父母只需将自己的想法和期待用语言表达出来就可以了。相比"言传"，"身教"要难得多，它要求父母要以自己的实际行动来教导孩子。父母希望孩子做到的，自己要先做到，起到表率作用。

　　现在，很多父母都会念叨，孩子应该早睡早起、多学习少玩游戏，但这种念叨让大人小孩都很烦，还没什么效果。为什么？因为很多父母在生活的点点滴滴中没有给孩子树立一个好榜样。"说"当然比"做"容易多了，但如果只说不做，那么孩子很可能不会用心地把你的话听进去。比如，希望孩子专心吃饭，那么自己就要先做到吃饭时不看电视、不看手机；希望孩子多看书，那么自己就不能往沙发上一躺，刷视频。有些父母的"心口不一""言行不一致"恰好是反面教材。

　　我的父母对我也会有诸多要求。在我家，唠叨更多的一直是我爸爸。

　　"儿子，早上起来先喝一杯温开水啊！"

　　"儿子，要多吃蔬菜，营养均衡，别光吃爱吃的。"

　　"儿子，别一个姿势太久了，放下手机休息一下眼睛，站起来活动活动。"

　　还有其他的叮嘱，诸如"要早点儿睡""房间要保持整洁""降温了，要记得穿秋裤，别着凉了"……

估计天下父母唠叨的内容都差不多，我也听得耳朵起茧。

但是，不同的是，爸爸的提醒不仅仅是口头上的，他也不是说一套做一套。他把对我的要求首先落实在他自己的行动上，以身作则，潜移默化地一天一天影响着我。

我一直记得爸爸强调的一个教育观点：健全的心智存在于健康的体魄之中。他坚持认为，比主流教育更重要的是，从小就教会一个孩子懂得怎么照料自己，怎么身心健康地生活。

我的爸爸一直是一个注重饮食健康的人。他的一日三餐十分规律，不仅注重荤素搭配、营养均衡，还会定时定量，从不暴饮暴食。每天，他会大量喝水，家中最常见的场景莫过于早上起床时，他在桌子上摆放 3 个保温杯，轮番饮用温水或茶水。爸爸是天津人，继承了会做饭爱下厨的家族传统，能在家做一桌子菜招待好朋友。他还有个绝招，对时间的把控能力非常强。他说好几点开饭，就会准时到一分不差。他每次都会得意地指着墙上的挂钟说："看，正好 6 点半吧。"

我的爸爸始终保持着良好的运动习惯。一周 7 天，他至少有 4 天会专门安排时间做运动。即使现在年过 60，他仍然坚持着自己的运动计划：每周至少去两次健身房。每周六雷打不动地去打篮球，即使不像年轻时打满全场，他也会打足 3 场半，且每场投篮都能独得 10 分以上。最近两年，父亲爱上了慢跑，每个月保持跑 100 千米。来美国波士顿看我时，他还特意指导我跑步，教授跑步要领。以前周末放假在家时，我经常看到他吃完午饭后，先睡个午觉，醒来之后会喝茶、吃水果补充维生素，然后出去开始运动。爸爸非常爱看体育频道，经常跟我交流 NBA 球赛和战术打法。受爸爸的影响，我在高中时慢慢地爱上了篮球，到了大学和研究生阶段也保持着有规律的健身习惯，现在又跟随爸爸的脚步开始跑步了。

爸爸的生活作息极其规律。他几乎从不熬夜，生物钟十分稳定，每晚 10 点前就会关灯睡觉，早上 6 点左右就会起床，坚持早睡早起，几十年如一日。最近几年，线上的国际会议增多，一周有两三个晚上需要跟美国总部开会到夜里 12 点。即便如此，他也会晚餐后在书房中小憩一会儿养养精神。等醒来后，仍然可以保持很好的精神状态开会。这个习惯深深地影响了我。从初中到高中，我基本上也保持着晚上 10 点半准时睡觉的习惯。读大学本科时，尽管学业压力很大，无法早睡，但我仍然会下意识地尽快完成功课，尽量让自己早点儿睡，以保证充足的睡眠和良好的精神状态。

以上这些都是我通过观察逐渐发现和总结的生活智慧。

在我更小的时候，爸爸不会用过多的言语来教导我如何生活、如何保持身体健康，也从未强迫我去做任何运动，他只是在认真地过他自己的生活，默默地、一如既往地用自己的实际行动践行着每一条他想要教给我的道理。他所说的，他都做到了。所以，还没等他对我提出要求，我已经从他的实际行动中学习了该如何做。

不过，在没有离开家出国留学之前，我并没有意识到爸爸对我的影响竟然这么深刻。

我第一次离开家独立生活是前往美国读大一的时候。一开始，我的内心充满了忐忑和担心，毕竟我在深圳长大，此前从来没有这么长时间离开过家，也没有体验过住校生活。以前，生活上除了父母帮助打理，还有住家阿姨悉心照顾，完全不需要自己操心。然而，现在我要前往一个完全陌生的地方学习，还要在比沈阳还冷的气候条件下独自处理生活上的各种琐事，再加上学校周边治安差、风险高，我的心里不由得地打鼓："我真的能做好吗？"

没想到，我在异国他乡的求学生活开始得非常顺利。这一切都要归功于我的爸爸。虽然他并没有陪在我的身边，帮我应对生活琐事，但是，当我遇到各种生活场景时，脑海中总会自然而然地闪现爸爸的言行。于是，我立刻就知道该如何做才合适。

每日，我的耳边总会响起爸爸亲切的叮咛。早晨，当闹钟响起，我睁开眼时，好像听到了爸爸站在卧室门外的声音："儿子，该起床啦！洗漱完记得先喝一杯温水哟！"于是，我从留学的第一天开始，就模仿着爸爸的样子，每晚睡前用保温杯装一杯开水。第二天早上喝的时候，水正好是温的。爸爸说喝完这杯温水，会排掉一晚上的"废气"，让人由内到外都感到无比通畅。

平常，我整理房间、打扫卫生的时候，眼前也仿佛浮现了爸爸的身影。他是如何整理床铺的、如何打扫卫生的、如何收拾行李的……

积极养育：培养自驱、坚韧、有爱的孩子

他的每一个行动似乎都历历在目。于是，我也模仿着他的一举一动，将自己的住所收拾得井井有条、一尘不染。每当我环顾整洁的房间时，仿佛看见了爸爸赞许的目光。他曾说过："房间干净了，心就敞亮了。"当我心绪烦乱时，我会先抽出时间清理房间，在清理的过程中，心情就会逐渐平静安定下来。

到了冬天，气温下降时，爸爸的声音就会在我的脑海里响起："哎，今天气温有点低呀，要不要穿上秋裤，或加一件外套呢？小心着凉啊！"然后，我就会默默地给自己添加衣服。这些往日的叮嘱帮助我解决了在芝加哥的生活饮食和气候方面的水土不服问题。

通过耳濡目染，孩子会形成自己的行为方式。虽然爸爸不在我身边，但他又仿佛时时刻刻陪伴在我左右。爸爸对我的影响不在于某个重大的选择或者某段语重心长的话语，而在于日复一日、潜移默化的行动熏陶。这样培养起来的生活习惯，将会跟随我的一生，使我终生受益。

人们都说"父母是孩子的第一任老师"，因为孩子是经由父母来到这个世界上的，从出生那天起，孩子就和父母朝夕相处。在孩童的成长过程中，一种重要的学习方式就是模仿和通过身体感受进行学习。在孩子学会表达之前，他们就在观察和体验这个世界。父母的一言一行都被孩子看在眼里、记在心上，他们通过观察理解并学习着各种言行举止。

如果这时，父母一边嘴上说着大道理，一边做出的行为却与这些道理背道而驰，那么就可能给孩子带来观念和认知上的冲突，孩子会不知道自己到底该如何选择才是正确合适的。比如，父母希望孩子能够早睡早起，养成良好的生活作息。但是，如果孩子每天都看到父母熬夜，他就会产生质疑："熬夜到底是对的还是错的？爸爸妈妈不让我熬夜，但为什么他们自己从来不早睡？那我到底是该听他们嘴里说的，还是学习他们实际做的呢？"

父母向前的背影就是影响孩子的最好榜样。

父母在催促孩子努力前进的同时，请记得低头看看自己的脚步，是否也一直勇往直前地在路上奔跑。父母是孩子心中的英雄，父母向前的背影就是影响孩子的最好榜样。

在家庭中，所有的行为都是沟通，所有的行为都是教育。

我想与你分享一个别人家孩子的故事。

2023 年的暑假，轩溢与一个小名叫"又又"的 11 岁男孩进行了一次交谈。

他们在约定的茶馆里见面，那个男孩的手里拿着一本书。

轩溢问："你喜欢看书？"

男孩回答："嗯，我妈妈特别喜欢看书，她整天都在看书，所以我和姐姐也爱看书。我们出去吃饭等位子的时候都在看书。我们习惯了带本书出门。"

聊得兴起时，又又告诉轩溢，他在班里被同学叫作"威信哥"，因为他在同学中间有威望、学习好。他很喜欢这个外号。他希望将来长大，能像爸爸一样，在社会上做一个有作为、有威望、被大家信任和佩服的人。轩溢回来问我又又的爸爸是个什么样的人，我说他的爸爸确实在行业里很有威望和成就，为人谦逊，很有领导力。

又又还给轩溢绘声绘色地描述了他妈妈如何在川流不息的车道上，拯救了一只流浪猫的"壮举"，言语中充满对妈妈的钦佩。他又生动地描述了后续送流浪猫去宠物医院治疗的过程，以及妈妈多年来关爱流浪小动物的点滴细节。话语间，他很为妈妈骄傲。轩溢感慨地跟我说："这是个好妈妈。"这些美好的种子，就这样种在了孩子的心田。

从这个"别人家孩子"的身上，我们会看到，父母讲给孩子听的那些观点和道理，其实并不能左右孩子的行为结果，但是父母在生活中展现出来的行为会被孩子看见，孩子对此耳濡目染，进而有选择地内化成父母的样子，而父母的样子就会成为孩子的行为结果。

曾听过一句话：对孩子来说，父母本身的状态就是一个催眠，它决定了孩子的状态。

　　　　　积极养育：培养自驱、坚韧、有爱的孩子

04

聆听就是
爱与赋能

> 耳朵是通向心灵
> 的道路。
> ——伏尔泰

每年寒暑假，我爸妈的一些同事或朋友都会送他们的孩子来跟我做个小交流。

　　在每次与孩子进行单独交谈之前，他们的父母会先提供孩子的一些基本信息、性格特点，以及想要解决的问题和对孩子的期待。在接触了不少家长和孩子后，我渐渐发现了一个共同点：父母"自以为的"想法和孩子"实际的"想法之间很容易出现不一致，从而产生对彼此的误解，而且父母并没有意识到，正是这些"误解"才让他们觉得孩子"有问题"。大多数时候，父母的描述充满了成人所擅长的"效率视角"，急于给孩子表现出来的行为下定论、贴标签，偶尔会以偏概全地忽视孩子行为背后的深层动机和诉求，结果他们不仅无法触及孩子内心的真实需求，在某种程度上阻碍了孩子发挥天赋、探索兴趣，而且还引发了误会，埋下亲子冲突的种子。

积极养育：培养自驱、坚韧、有爱的孩子

第一节

消融误解，洞察天赋

> *"每个人都身怀天赋，但如果用会不会爬树的能力来评判一只鱼，它会终其一生以为自己愚蠢。"*
>
> ——爱因斯坦

2023 年 6 月的一天，我跟妈妈同事的孩子面谈，他是一个六年级的男孩。

他跟我说他很喜欢用乐高积木来建构作品。可是，说到这里的时候，我清楚地看见他眼中的"兴奋之光"逐渐黯淡，并低下头小声地说："这是我的爱好，我非常喜欢玩乐高，可是我的爸爸妈妈都觉得这个爱好很幼稚，说马上要上中学的人了还在天天玩乐高。"

我问他："那你自己怎么看待这个事情？你觉得玩乐高幼稚吗？"

他快速地抬起头，看着我，语气坚定地摇摇头说："不，我觉得完全不幼稚。"

我又问他："那玩乐高对你来说意味着什么？你为什么这么喜欢它呢？"

这个孩子开始向我描述起他平时玩乐高积木的状态和心路历程。

他告诉我，乐高积木有很多不同的系列，每一个系列都有其独特的乐趣。很多人玩乐高积木，纯粹是为了收集各种不同的套装，按照说明书一次性拼完后，就放在那里观赏。但他不喜欢纯粹为了"收集"而花大价钱购买多款套装，也不满足于只按照说明书一次性完成即可。他热衷于利用发散性思维，凭着自己的想象把同一款套装玩出不同的花样。

乐高积木的设计采用的是标准化模块设计，同一个系列中的每一块积木部件都是按照一定的尺寸和比例制造而成的，所以不同的部件可以轻松地组合在一起。但按照说明书的指导完成作品后，这个男孩利用部件的特点会将所有的部件重新拆分和整合，进行二次甚至三次创作。尽管每次使用的都是同一批部件，连部件的数量都是固定的，但他总是能利用自己的创意搭建出各种各样、截然不同的场景。正是在这个拼了拆、拆了拼的过程中，他感受到自己大脑中的创意被激发，并体验到每一次创作完成时的乐趣。

见我很感兴趣，他就详细地跟我讲述了搭建过程。比如，在拿到一堆部件之后，他不会立马就开始动手搭建，而是先仔细地将这些部件进行分类。在分类的过程中，他开始构思，利用这些有限的素材可以创建一个什么样的主题场景、这个场景能够传达什么样的立意。在心里有了场景的大概轮廓后，他就会根据手中的部件认真考虑并规划具体的搭建步骤：是先搭建建筑的地基，还是先搭建周围的装饰？是先完成结构再增加细节，还是先完成各个部分再依次拼接？

在搭建的过程中也会遇到困难与挑战。他跟我分享了一次让他记忆犹新的搭建经历。当时，他想搭建的场景是一个人翻山越岭、攀登到山顶的画面。像往常一样，在对各个步骤有了初步规划后，他就开始动手搭建了。没想到，在搭建完山的底座后，他突然发现部件不够用了，继续做下去的话将无法按照预期完成一座山峰的搭建。这可怎么办？面对这一难题，他没有选择放弃，没有知难而退，而是重新评估了整个场景可能需要用到的部件数量，并再次盘点了自己已经使用和还没用到的部件。他决定在具体结构上做一些调整和改动，换一个方式完成这个场景的搭建。

我到现在还清晰地记得，这个男孩一边用手比划，一边兴高采烈地向我讲述的画面，他说："我想到一个绝妙的点子，我可以只保留这座山的外形，它的坡度和高度还是保持不变，然后把它的内部掏空，只留下几根最主要的支撑柱，这样就不会消耗太多的部件。因为它的底座十分稳固，所以不搭建成实心的山体还是可以非常稳定地直立起来，同时还能承受得住这个小人的重量。"最后，他按照修改后的计划，成功地创作出了这个场景。

听完他的讲述后，我的第一个反应是无比赞叹。如果不是面对面地听他说，我很难想象，这样充满想象力的创意、缜密的逻辑思维、独立的思考能力、高效且富有弹性的计划执行能力，竟然出自一个6年级的小学生。在我的记忆里，我在小学这个年纪时，还在和同学讲着笑话，大声傻笑着追跑打闹，何曾有过这样的思考和创作！

谁说 11 岁的孩子玩乐高积木幼稚？

此时，我非常确定，这个孩子本身并不幼稚。他的思维敏捷、清晰，充满了想象力和创造力，并且拥有超过很多同龄人的执行能力和动手能力，这些都显露出他的天赋与对事物的热爱。

然而，可能因为他身边的人并没有跟他进行过这样的对话，也没有坐下来用喝一壶茶的时间仔细聆听他的想法，所以无论是他的父母还是他的同学或朋友，对他的理解只局限于在生活中观察到的"喜欢摆弄乐高积木"，并简单地得出他还没有长大、比较幼稚，把时间浪费在小孩子才玩的没有成长意义的娱乐活动上的结论。他们没有看到"玩乐高"这件事情背后所体现出来的孩子的综合能力、创意天赋、敢于创新和勇于尝试的冒险精神，以及独立思考的宝贵价值。

后来我和他的妈妈单独交流了一番。我向她转述了男孩跟我讲的话。听完后，他的妈妈颇感诧异。她没有想到即使亲子关系一向挺好，也有误解孩子的时候。

对成长中的孩子来说，在不同的年龄阶段，孩子的思想与内心都在不断地重塑着对自我身份和自我价值的理解与追求。从孩子的视角来看，如果连朝夕相处、最了解自己的爸爸妈妈都误认为自己"就知道玩、不务正业、还不学习"，哪怕这样的误解是无意的，也会否定孩子内心对事物的热爱、孩子的价值感和意义感。当孩子感受到没有人理解，尤其是他们最亲最爱的人都无法理解自己真正的意图和动机时，他们可能就会感到委屈，情感和自尊心就会受到伤害，由此埋下父母与青春期的孩子产生冲突的导火索。

回看我在自己的成长过程中与父母的相处方式，我发现了以下规律。

在我父母的家庭教育理念中，在处理与孩子相关的任何问题时，父母多数时候不会仅凭一时看到的事实和涌上的情绪而急于下结论；相反，他们会选择以询问和聆听为开头，引导孩子说出行为背后的动机和真实的诉求，设身处地地从孩子的视角，理解孩子的思考方式和做事逻辑，了解孩子真正的目的，以避免不必要的误解。

长期的误解与"冤枉"可能会压制孩子的独立思考能力和创造

力的发挥，影响亲子之间的信任关系。这一层面的心灵创伤是难以用物质及其他精神层面的满足来抚慰的。这种情况不局限于亲子关系，在任何亲密关系乃至日常的社交场景中都会发生。

在本章中，我将分享一些我们家曾经出现过的误解和冲突，以及我和我的父母是如何化解和处理的。核心理念在于营造一个有同理心、包容的家庭氛围和环境，尽可能多地理解孩子是有自己的独立思维和行为逻辑的，而不要以父母的身份、从成人的视角去断言、做评判，进而误解孩子。

有时，少说一句话，多听一刻钟，彼此就能更多地理解对方的真实想法，融化因误解结成的"冰"，建立起深度的联结、信任和爱。

轩溢在十二三岁时，每周总有那么一两个晚上，写完作业后，便会大声嚷嚷"饿了"，叫我陪他去麦当劳吃夜宵。有时是在寒冷的冬天，我已经早早地钻进被窝了，但听到他的召唤，我二话不说，爬起来换上衣服，就出发了，和他一起步行30分钟左右，来到离家最近的麦当劳。

也许别的家长会觉得我太宠孩子了。其实，我非常了解我的孩子。

随着他进入青春期，我明显感到，一方面，他展现出想跟成年人平等相处的独立姿态，可心里又不得不承认现在的他还无法离开我们独立生活，对父母依然有强烈的依赖感。另一方面，他认为自己已经长大，应该有自己的秘密，却又常常忍不住想跟所信任的人分享。

我知道，孩子开口约我出门，就一定是他此刻需要我：要么是他当天遇到了什么糟心事儿，感到气愤、挫败或委屈，无法自己化解，要么是他最近有些让他自鸣得意的小成就，想要"嘚瑟"一番。又或者是他有憋不住的早恋小秘密，想和大人私下聊一聊。

那时，他的个头跟我差不多高了。在寂静无人的小路上，他挽着我的胳膊边走边聊，就像关系要好的朋友。他会分享很多学校发生的事情、同学之间的故事，其中既有令他兴奋和开心的事情，也有让他愤怒、沮丧的经历，还有关于价值观、人生观等值得思考的深刻话题……其实在我看来，孩子真正分享的是他认为重要的情绪体验。每次，他就像个话匣子，一路说个不停，还越说越起劲儿。

后来我才明白，原来他提出去吃夜宵不是他真正的目的，他真正需要的是一个安全的氛围和一个可靠的朋友来倾诉自己的心声。他的焦虑情绪需要表达，沉重的压力需要释放，孤独感需要排解，分享欲需要满足。"说出来"本身就是一种放松和减压的方式。

我发现这个"说出来"的过程对于青春期的孩子来说尤其必要，其价值超出我们的想象。

在如此"卷"的教育环境中，孩子所承受的学习压力、时间管理压力、人际关系压力等远超我们的想象。这些压力会给孩子带来烦躁、愤怒、悲伤等情绪反应，给他们造成困扰。而每个孩子的焦虑点不太一样，但焦虑的情绪或多或少都会存在，所以，找到和创造合适的途径、渠道和出口供他们宣泄就显得尤为重要。

青春期的孩子需要渠道宣泄情绪、减压放松。

积极养育：培养自驱、坚韧、有爱的孩子

我听过不少妈妈倾诉，看到孩子一焦虑就习惯性地在自己身上找原因。我经常宽慰她们，孩子焦虑并不意味着一定是妈妈哪里做得不够好，焦虑情绪也与孩子先天的气质和秉性有关。如果我们发现孩子有焦虑情绪，先不要忙着自责，而是要予以重视，做我们能做的就好。很多时候，焦虑只是孩子的一种行为反应，并不意味着孩子真的存在心理问题，家长的过度紧张反而容易给孩子增加更多的压力。如果评估孩子的焦虑程度超出了自己的能力范围，建议家长以开放的心态，积极寻找周围的支持资源，包括心理咨询师或医院专科的专家等，集多方力量帮助孩子度过艰难阶段。

　　在如何安抚孩子的焦虑情绪方面，我有两个实践经验。

　　一是如果孩子有一个可以及时地进行口头宣泄的渠道，那么利用这个渠道相对是最简单、最有用，也是成本最低的方法。让孩子在值得信赖的关系中表达自己，敞开心扉说出自己的焦虑，更多地展现自己真实和脆弱的一面，是能够及时地减轻一些事件对他造成的负面影响，让他的精神得以放松的。如此一来，孩子就不太可能长时间地陷入痛苦和抑郁的情绪中，这有利于他的身心健康。当然，这需要建立在长期"和睦友好"的亲子关系基础之上的，否则孩子可能不愿意向父母开口。

如果孩子有一两个知心好朋友，那么他们也是非常重要的"渠道"。不只是在中学阶段，在读大学时，轩溢不一定愿意跟父母分享很多事情，但是他的情绪和情感又确实需要发泄和倾诉。这时，他的好兄弟明祺就成了最值得信任的"耳朵"。同龄同频，分享的深度也不一样。

　　每次在和轩溢去麦当劳的路途中，他说、我听，我很少插话，也没有什么"借机引导教育他"的动机。我偶尔问几个问题只是为了引导他打开话匣子。大多数时候，我就安静地陪着他，保持兴趣盎然的姿态，认真地听着。此时，孩子并不需要什么高屋建瓴的点评或中肯的建议，他只需要你短暂地将注意力放在"听他、听他说、听他说完"上。

　　让孩子感受到"我说话，别人会感兴趣"，也是培养孩子高自我价值感的方式之一。这些良好的体验会帮助他积极地建立一种独特且有意义的与他人联结的方式。这种交流方式不仅加深了我们的母子关系，也为长大后的他在恋爱中创造良好的亲密关系奠定了基础。

　　每一个这样的夜晚都是轻快且温馨的。对我而言，也从中收获颇丰。这种"不动声色"也不费力气的方式让我对孩子有了全方位的深入了解，从而有的放矢地精准定位到他需要父母支持的地方，事半功倍。

二是帮助孩子找到更多"适合他的、他认为有用的"放松方式。

我观察到轩溢的放松方式包括：洗澡时高声歌唱、跟毛绒玩具对话、坐在蒲团上冥想、跟家里的猫猫狗狗玩耍、去超级猩猩健身房上一节TRX团课、打游戏、看小说、跟同学出去吃饭看电影、跟爸爸一起看球赛、享受下午茶聊聊天、每周末睡个懒觉，等等。他会根据不同的压力等级选择不同的减压放松方式。他的放松方式大多跟我的完全不同。作为家长，你是否知道哪些放松方式对自己的孩子最有效呢？最好不要以自己的偏好来要求孩子，只要放松方式对他有效就行。

孩子的兴趣爱好越广泛，他用来放松自己的方式就越多，精力和状态的"回弹"速度就越快。越懂得放松的孩子，面对压力的调整能力就越强，就越能抗压，更容易保持积极的精神状态和韧劲儿。到了初高中阶段，家长更应该关注孩子的情绪状态，既要允许孩子按照自己的方式放松，也要帮助孩子找到更多放松身体和心情的方式。

我认为，所有的帮助都是建立在对孩子的理解之上的，而不是先入为主的否定和评判。

　　后来，轩溢在自己的公众号上发文，分享了他跟妈妈晚上去麦当劳的感受："从麦当劳回到家，躺在床上睡觉时，我感到整个人非常轻松，像经历了一次大大的释放，心中顿时非常敞亮，也很开心。这种感觉太好了，对我很重要。"

　　聆听就是爱的体现；聆听就是在赋能。

积极养育：培养自驱、坚韧、有爱的孩子

第二节

打破父母的"灾难化认知"

> "你担心什么，什么就控制你。"
>
> ——约翰·洛克

我们经常会听到或看到下面这样的桥段。

爸爸妈妈下班回家，打开家门，正好看到孩子在打游戏。家长脸色一变，勃然大怒："你怎么又在打游戏？天天就知道打游戏，怎么又不学习？作业写完了吗？"孩子一听，就不乐意了，梗着脖子争辩说："我哪里有天天打！我刚写完作业，想玩一会儿游戏，碰巧你们就回来了。"

这样的说辞，父母多半是不会相信的。他们心想："这孩子真是不让人省心，只要大人不在家，就没有一点儿自控能力，偷偷在家打游戏，而且被抓现行还学会狡辩和撒谎了！这可怎么得了？天天就知道打游戏，玩物丧志，学习怎么办？完了完了，这样下去这孩子就完蛋了！"

而孩子呢？被父母冤枉、误解不说，还被扣上一顶大帽子，心里肯定不服气，小的时候可能还会委屈得直哭，倘若大一点了，可能索性直接闷在心里，懒得争辩了。他们觉得，反正父母已经形成了一个惯性逻辑，固执地认为，只要看到孩子在做跟娱乐沾边的事情就是没在学习，学习成绩就会受到影响。家长把学习与娱乐放松活动对立起来，反而让孩子容易对学习产生抵触情绪。

我曾经开玩笑地跟妈妈说，只有被父母看见的学习才算是"在学习"。这种情景在很多家庭生活中是真实存在的，其共同点在于，父母对孩子的某些行为有着"灾难化"的解读、推测和认知，认为行为 A 就会导致结果 B，而且只会一直往坏的方向发展，因此必须进行干预和管束。

就拿打游戏为例，实际上，打游戏与学习成绩的好坏并不构成因果关系，起决定性作用的只是在时间和精力投放上的平衡问题。

我的经历就是一个最好的证明。

单从我的履历看，很多人以为我从小一定是个"学霸"，学习非常努力，一定不会利用大块的时间玩游戏。

然而，身边熟悉我的同学和朋友都知道，我是个不折不扣的游戏忠实玩家。我的父母就是最好的见证人。

我是一位有着 9 年《王者荣耀》游戏经验的老玩家。在高中三年，几乎每天晚上我的房间里都会传来打游戏的声音。爸爸妈妈只要推开我的房门，就能看到我正拿着手机打游戏，唯一不同的就是我打游戏的姿势：坐着、躺着、窝着、靠着、站着。爸爸妈妈也曾疑惑：在我每天放学回家后，似乎也没见我花多少时间写作业、温习功课，感觉吃完晚饭后，我就回房间开始打游戏，直到洗澡睡觉。那我到底是在什么时间写作业的呢？又是如何兼顾学业的呢？

实话实说，在高中时期，有段时间我的确挺沉迷打游戏的。除了上学，但凡有课外的休闲时间，我几乎都会用来玩游戏。"争分夺秒"和"认真努力"这两个词似乎在打游戏这件事情上体现得淋漓尽致。爸爸妈妈自然感到担忧，怕我过于沉迷游戏，甚至产生网瘾，身心健康和学业受到影响。但同时，他们也观察到，尽管我花了很多时间在游戏上，但学习效率并没有受到影响，成绩保持得还不错，这侧面说明了我并没有一味地沉迷游戏而忽视了学业，我是有能力兼顾好学习和娱乐的。于是，他们选择先不插手，继续观望，给我足够的自由。他们心里想，随着学业压力增大、申请季的逼近，我或许就不会花大量的时间玩游戏了。

谁知直到高三，我每天仍然会花不少时间在打游戏上，并且所用时间毫无减少的迹象。这时，爸爸妈妈开始变得有些着急了。游戏确实需要消耗大量的时间和精力，加上高三阶段的学业压力很大，我还要准备申请大学，所以日程安排得满满当当、非常紧张，恨不得一分钟当成两分钟用。看到我还要挤出那么多的时间去打游戏，任谁看了都得忧心忡忡。

爸爸妈妈终于坐不住了，开始采取行动。

不过，他们没有直截了当地跟我说"以后不准玩游戏了"，或是简单粗暴地没收我的游戏设备，而是决定先跟我谈一谈。

爸爸妈妈认为，管得了一时，管不了一世。他们的出发点是，在解决当下问题的同时，教会我作为独立个体，要完全对自己的生活负责。他们希望我以自己的思考为起点，意识到应该如何调整自己的时间规划，适当控制和减少打游戏的时间。

他们采取的第一步是，了解我的真实想法。

在担心我的同时，爸爸妈妈也非常好奇，并带有不小的疑惑：我玩的到底是什么游戏？玩游戏的动机是什么？为什么我能如此执着地坚持每天都玩，还一玩就能专注地玩两三个小时？他们能感受到我从游戏中收获的快乐和满足感是巨大的，这种愉悦的情绪甚至能感染到他们。那么，这种快乐和满足感到底是来自游戏本身，还是来自游戏之外的其他因素呢？

读到这里的家长们，如果你们在孩子玩游戏这件事情上也有担忧，或是已经开始干预和管控，不妨花些时间问问自己，对于前述问题，你们知道答案吗？你们对自己的孩子了解多少呢？

一个周日的下午，我们一家三口坐在沙发上，边喝茶边吃水果，在轻松但比较正式的氛围中，我们开始讨论打游戏这件事。爸爸妈妈先是诚恳、真实地表达了他们对我的现状的担忧。一方面是考虑我的学习，另一方面是担心我的身体。妈妈首先表态，她和爸爸并不是要阻止我玩游戏，而是想更深入地了解我的想法，想知道打游戏这件事情到底能给我带来什么样的体验，以及它的意义和重要性何在。

听完妈妈的话，我先对她的担忧表示理解。同时，我的大脑自然而然地进入了回顾和反思模式，跟随着爸爸妈妈的视角去理解他们的观察和忧虑。从他人的视角来看，我确实有时候玩起游戏来有点儿不管不顾，以至于吃饭、睡觉和学习都被我抛到脑后。

接着，我向爸爸妈妈简单介绍了一下自己在玩的游戏《王者荣耀》：它是一个什么类型的游戏，采取的是什么玩法，有哪些特殊规则，每次玩大概要花多少时间，等等。介绍完毕，我就开始步入正题，告诉他们我为什么如此喜欢玩这款游戏。

当年出于对身体的考虑，我从公立中学转到现在就读的这所私立国际学校。同时，我也经历了搬家，跟之前经常一起玩的好兄弟、好同学分开了。我们各自进入不同的高中，平日里大家不在一个学校，没有机会交流。在学业压力日益增加的高中阶段，我们更没有时间组织线下的聚会，而线上游戏恰好可以把大家隔空聚集到一起。每天一有空，我们就一起上线组队，一边在游戏里过关斩将，一边交流一下感情，聊聊彼此的生活、学习和未来计划。在吐槽和开玩笑的同时，我们顺便释放了压力。吸引我的不是游戏的玩法或游戏设计有多么高端，而是我可以通过这个游戏和昔日的那些好友相聚在一起，仿佛找回了小学时一起玩耍所带来的那种纯粹的快乐。这是我如此热爱这款游戏的第一大原因——我渴望与我信任的同龄人联结。

第二个原因是，我在这款游戏里收获了一种实现个人追求的成就感。《王者荣耀》是一款多人在线竞技类游戏，里面的玩法以竞技对战为主，每一个赛季都会有角色的战力数值和段位的排名，它们是玩家实力的证明。当时高中的我打这个游戏算是小有天赋，有几个角色我甚至玩到了能拿市级排名的水平，其中有两个角色甚至在广东省有排名。

这种通过自己的努力和公平竞争取得的成绩让我感到非常自豪，而这种荣誉所带来的成就感，跟学习上取得了好成绩的成就感相比是非常不同的。

但是，在打游戏的过程中，我也不是每次都能顺利地取得好成绩。在打某个阶段的时候，我也会遇到瓶颈与挑战。尽管绞尽脑汁、想尽各种办法，我也无法突破和提升，这时也会陷入迷茫和焦虑中，不知道该怎么操作才能让自己的表现更好。但是，这样的困境并不会让我就此放弃，因为有伙伴的支持，我们一起讨论战术，不断尝试，最终战胜了困难。随着实力和段位的提升，看到自己的名次在排行榜上一点点地提升，我感受到的那种快乐真的无法用言语表达。从这个角度看，这款游戏能够极大地满足我内心的某种渴望，这是生活中的其他方面难以轻易取代的。

听到这里，妈妈立即补充说："明白了，它契合了你的挑战动机。"

之后，爸爸妈妈追问了一些他们内心深处感到疑惑的问题。比如，为什么一局游戏的过程中不能暂停？有时突然喊我做某件事，我嘴上说着"等一会儿、等一会儿"，结果等了十几分钟，也不见人影。就不能先暂停一下，然后继续打吗？我相信很多父母都对这个问题感到好奇，很多的孩子也被问过这样的问题。那么为什么正在打的游戏不能暂停？

我回答道："首先，不打游戏的人可能永远无法理解，正在和队友'开黑'①时突然掉线会有多么可怕。不光是自己的积分和排名会受影响，连队友的积分和排名也会受影响。在《王者荣耀》这个游戏里，每一局有 10 个人参与对战，双方各 5 人。如果我在中途退出，那就违背了基本的'契约精神'，对剩下的 9 个人是非常不公平的，所以我需要顾及我的队友。"

"其次，与我一起玩游戏的通常都是我熟悉的朋友和同学。一旦我这边掉线，就会影响小队的战绩。他们就会问：'你怎么掉线了？怎么突然抛下我们不管了？'偶尔一两次因为网络问题或者突发急事掉线，还可以被理解，但如果经常这样，就会影响我在社交群里的形象。他们会认为我是一个言而无信的人，跟我打游戏只会拖他们后腿。明明能赢的游戏，最后却因为少了一个人输了，以后他们就不愿意再找我玩游戏了，那对我而言损失就太大了！"

或许很多父母都没有想到，玩个游戏而已，还能和孩子的朋友圈、社交圈产生紧密联系。或许孩子平时也没有找到一个合适的机会，向父母解释这背后的种种关系。其实，我们需要的仅仅是一个契机——父母和孩子都放下担子，坐下来进行一次坦诚的交流，开启一场不带有任何针对性情绪的谈话，说说各自关心的问题，给予彼此解释的机会，同时，为找到解决方案提供足够的空间。

---

① 开黑是一个游戏用语，是指多人玩联机游戏时，和队友进行语音交流。——编者注

听了我的解释，爸爸妈妈的脸上有了释然的表情，因为他们明白了孩子为什么不能随意退出游戏了。既然父母那么尊重我，我也需要照顾他们的感受。毕竟我已经步入高三，他们的顾虑和担心也不无道理。于是，我们决定，针对玩游戏这个事情，共同商讨出一个双方都能接受的方案，让我在不影响学习和休息的前提下，享受游戏带来的乐趣。

我们约定，每天完成当日的学习任务后，我就可以自由支配剩余的时间。无论是听音乐、看书还是打游戏，父母都不会干涉。同时，我要保证在每一次的考试中，考试成绩保持稳定，不会波动太大。为了保证我有充足的休息时间，这段自由支配的时间也是有限制的——晚上10点半必须结束游戏，关灯上床休息。方案制定好后，我们就开始正式执行了。此后很长一段时间中，我们再也没有因为游戏发生争执和冲突，每个人都遵守着约定。

直到有天晚上，我写完作业时已经是9点半了，看到距离睡觉时间还有一个小时，我就迫不及待地约上朋友玩了几局游戏。临近10点半，本以为最后这局很快就能结束，却不料战况十分焦灼，竟然打了许久还没打完，以至于妈妈来敲门时，我都无暇给她开门，只能叫妈妈自己开门进来，等我一下。看到妈妈进来，我就知道约定的休息时间到了，我该放下手机去睡觉了。但这局游戏已经打了这么久，每个人都很不容易，眼看胜利近在咫尺，就剩下最后几分钟了。如果这个时候，让我丢下队友去睡觉，害得队员的整场努力都白费，不得不"吞下"一场失败，对我而言，实在是难以做到。

这个时候，我也来不及跟妈妈详细解释，头也没抬地直接说："我打完这局就去睡觉！"说话间，我手上的操作依然没停。妈妈见状，什么也没说，只是默默地站在一边看着我打完这局游戏。

　　过了几分钟，游戏终于结束了，我们赢了，大家开心极了。我飞快地关掉手机，将它扔到一旁，态度特别诚恳又难掩内心喜悦地向妈妈承认错误："妈妈，我今天没有遵守约定，准时上床睡觉。这是个意外，我确实没有料到这局游戏会进行这么久，超过了平时预期的时间。我知道这样不对，违反了契约，我下次一定注意。"

　　说完之后，我心里有些忐忑，害怕妈妈借机"毁约"，不让我晚上继续打游戏了。然而，妈妈只是笑了笑，轻描淡写地说："哦，祝贺你们赢了，一群小朋友还挺能耐的嘛！没关系，上次你跟妈妈讲过，群体游戏一旦开始了，中途就不好退出了，所以你肯定要跟你的朋友打完这一局的。妈妈知道的，中途退出对大家的影响都非常大，而且你说了只需要几分钟，妈妈相信你办事心里有数。所以，就等着你结束游戏。那现在可以睡觉了吗？"

　　听完妈妈的话，我的心里涌上一股感激之情，同时也感到有些内疚。接着，妈妈又说："其实像这种情况，下一次完全可以避免。你可以做出更好的时间规划，早点儿写完作业，早一点儿和朋友们打游戏，这样就能非常从容地享受玩游戏的时光。如果确实当天功课比较多，时间比较晚了，那就见好就收，快到 10 点就不要开新游戏了。可以和朋友们聊聊天，切磋下游戏技术，然后到时间就准备睡觉，这样就不会发生中途退出的情况。你既能和朋友保持联络、交流感情，又不会影响你的休息。你觉得是不是更合适呢？"

这时我发现，妈妈的考虑不仅顾及了我的朋友的感受，也照顾了我的身体和学习，但她又不是一味地强调学习。我很痛快地接受了她的建议。第二天，我就按照妈妈的建议主动调整了时间规划。在之后的日子里，每次遇到类似的情况，我都会尽可能地提前做好规划，把学习、娱乐和休息安排得更加有条理，不为自己"制造"匆忙和混乱。多次实践之后，我发现自己的时间管理和规划能力有了极大的提升，这不局限于打游戏这件事，还体现在生活的方方面面，特别是进入大学以后，平衡繁重的学业和个人生活需要这样的能力。

以上就是发生在我和父母之间的真实故事。通过这个故事，我想表达以下 3 点。

第一，当父母在生活中观察到孩子的一些行为不符合自己的预期，或者违背了自己的要求时，应当有意识地避免陷入"灾难化认知"。孩子的行为"不符合期待"不等于孩子一定会"往坏的方向发展"。

家长通常会自定义一连串的反应，比如，孩子打了两个小时的游戏，就可能导致考试成绩不好，成绩不好就会影响升学；如果没有考上理想的大学就会影响找工作，孩子将来可能就不能养活自己，过上有品质的生活，甚至没法获得幸福……家长如同施展催眠术一样，把这样的信念和认知，通过一次、两次、三次的唠叨，灌输给了孩子。

积极养育：培养自驱、坚韧、有爱的孩子

家长如催眠般的"碎碎念"

但是，打游戏并不代表学习就肯定搞不好，事情的逻辑不是这样的。这种"灾难化认知"反而容易给孩子带来焦虑和恐惧，使其丧失理性和自信心，与父母的距离越来越远。他们的行为举止也会更加"躲躲藏藏"，生怕被父母看见并被"善意地揣测"。越是得不到的东西，孩子就越想得到，就会把大量的心思花在跟父母斗智斗勇、争取更多打游戏的机会上。如此一来，孩子的心思才真的是被游戏"牵"走了。

第二，不要仅凭一次偶然事件或一个表面现象，就草率地下结论。

比如，本节前面的那个故事中，父母回家看到孩子在打游戏，就认定孩子一直在打游戏，于是不分青红皂白，劈头盖脸地一顿责备，但实际上孩子可能已经完成了作业。明明在学习的时候很认真，却被父母误会，并且上纲上线地批评为"光知道玩，不知道学习"，这种不被信任和对人格的贬损，会给孩子带来很大的伤害，甚至可能激发过激的行为，比如出于报复心理，孩子可能不爱学习或不想好好学习了。这就是将学习放在了玩耍和快乐的对立面。

第三，任何好的关系，都离不开良好的沟通。

亲子关系更是如此。如果父母对孩子的某些行为确实非常担忧，那就和孩子坦诚地谈一谈，把自己的顾虑和担心说出来，做一个能真实表达自己的家长。当父母愿意坦诚地和孩子沟通自己的想法时，孩子自然会更愿意向父母展露自己的内心。

这里有个关键点是，沟通的动机不是为了按照父母的意思改造孩子，而是为了更了解孩子，更妥当地支持孩子。

最后，我还有几句话想对所有的孩子说。

积极养育：培养自驱、坚韧、有爱的孩子

我坚信天下没有不爱孩子的父母，只是他们表达爱的方式未必正确，或者未必"中你下怀"。尽量不要因为父母不够恰当的表达方式，就连同他们的爱子之心一并否定。父母望子成龙的心情并没有错，有时需要我们反思：我们有没有做出让父母感到不安心的行为？如果有，我们可以做怎样的调整呢？如果孩子能多体谅父母的担忧，父母自然会更多地理解孩子。

> **妈妈的话**
>
> 关于孩子打游戏这件事，众多家长谈虎色变。
>
> 我有个"忘年交"，他才 14 岁，酷爱打游戏，甚至可以说有些沉迷游戏。
>
> 有一天，他到我家做客。我准备了很多他喜欢的饮料和零食，和他轻松地聊起天来。
>
> 他坐在我侧面，看上去白白净净、举止斯文、有礼貌。他有着天然的栗色卷发，时不时会害羞地低下头微笑，露出洁白的牙齿，是一个很文艺的帅男孩。
>
> "你为什么那么喜欢玩《我的世界》（一款电子游戏）呢？"我出于好奇问他。
>
> "它给我一种归属感。"他的回答干净利索，一下子就直接翻出底牌，坦坦荡荡、明明白白。我没有什么心理准备，不禁愣了一下。

"在一片荒芜之地，建造一个房子，那个地方就类似一个家。所有的活动发生在那里，进进出出、朝朝暮暮，不知不觉就对它产生了很深的感情。无论是旧款游戏还是新款游戏，只要进入'我的世界'就感觉回到了自己的家。在那里没有约束，过得很开心，度过了很多美好时光，留下了很多印迹，各种情感都在里面。回头看时，发现自己还有很多成长。这种感觉真的很好。"他面带微笑，娓娓道来。停顿了一下后，他轻声细语地说："老师，虽然我跟父母生活在一起，但其实我从小挺缺家的感觉的。"说到这里，他的眼圈有点儿红。

孩子把头转向窗外以掩饰自己的情绪，然后小声地继续说："老师，我跟你说一件事。那时，我还比较小，想在外面多玩一会儿，我爸爸不同意，他一言不发，当着很多人的面，强行把我从人行道一直拖进电梯，我的手都磨破了。路上有好多行人，电梯里还有好几个人，大家都诧异地看着我。"说到这里，他的声音哽咽了，低下了头："我感觉……很丢脸！"这时，眼泪悄悄地在他的脸颊滑落下来，他快速地用手抹去。

"不过，我妈妈很理解我。"过了一会儿，孩子扬起头，提高嗓门看着我说。

"嗯，我知道你有个好妈妈。"我笑着摸了摸他的头。

"有一回，我跟我爸闹矛盾，离家出走。后来很晚了，实在没地方去，我才胆怯地回家了。我敲开门，是妈妈开的门，她竟然没有骂我，而是一把就把我抱在怀里。我很惊讶，也很感动，那一刻我真的特别感谢她。"

"那你哭了没有？"我故意追问了一句。

"呵呵，我不记得了，好像哭了吧。"他用手挠了挠头，左右晃了晃脑袋，害羞地笑了起来。

"其实，你的爸爸妈妈和这个世界都爱着你。"我轻声地对他说。

很多家长将电子游戏视为洪水猛兽，拼尽全力阻拦孩子玩游戏，剥夺孩子玩游戏的机会，但是，他们不知道孩子为什么被游戏所吸引，为什么沉迷其中难以自拔。

电子游戏给了孩子太多的满足感。除了轩溢提到的痴迷游戏的原因，玩游戏的理由数不胜数。

孩子迷恋的可能不是游戏本身，而是"贪图"那种虽然面临着挑战，但在公平的环境中，能被看见，获得即时的认可，能展现能力、体验成功、找回自信、交到朋友的感觉。他们迷恋那种开心、温暖、放松、自我效能感高的体验。每个孩子的特质和天赋不同，不一定全是善于学习的知识型"选手"，可是学校的评价维度单一，主要以学习成绩为考量标准，有些孩子在学习学校知识上无法安放的独特才干，在游戏世界中可能就能大放异彩。这让孩子怎么能不爱上游戏？怎么能不爱上游戏世界中那个精彩的自己？

除此之外，陪伴的缺失也会把孩子更多地推向手机和游戏。

然而，更需要我们关注的是，当孩子一遍遍地呼唤我们时，他们需要的是我们的陪伴，哪怕只是全心全意地陪伴他们 10 分钟。孩子渴望的是与人联结、受到关注、感受到爱。家长的确承受着巨大的工作压力，他们要应对生存问题，想要实现自我价值、追求成功。他们多数时候会以"忙"或者简单敷衍的方式回应孩子，这就向孩子发送了无数令他们失望的信号——"我的工作比你重要，我的时间比你重要，我的感受比你重要，这个世界上有很多东西比你重要。"在这种情况下，孩子怎么能不去寻找另一个能够抚慰心灵的虚拟世界呢？我们要意识到，青春期的孩子展现出的好多问题，多是家庭缺乏爱的阴影。

值得欣喜的是，我也看到不少家庭很好地利用了爱打游戏的共同兴趣——父子同打游戏的亲子时光拉近了父子关系，成了爸爸与 9~14 岁孩子紧密联结的纽带。父子或父女关系好，孩子就会更喜欢爸爸，而爸爸也会觉得孩子非常好。因为有了良好的关系，彼此都会"松弛"下来，就像土松了以后，水才容易灌进去。同样，在双方松弛的情况下，家长说的话孩子才更愿意听进去。当一个孩子感受到爱的联结，有很强的归属感时，他的行为就会更加得体和自律。"听话"的孩子通常是因为有开明的父母。

对于孩子沉迷游戏的问题，我不是心理治疗师，给不出更专业的治疗意见或办法来解决。我只是朴素地想，如果能让孩子的现实生活充满更多的自主性、温暖和开心，是不是可以在一定程度上缓解这个问题呢？

如果我们能让孩子在现实生活中获得足够的关注和关爱，在自己感兴趣的任何领域获得小小的成就感（不一定是优秀的学习成绩），感受到自己有被需要的价值，找到能表达自己、展现自己的小舞台，在犯正常的错误时能得到父母的包容和谅解，并以保护自尊心的方式被对待，那么打游戏真的只是一种玩耍方式而已。它可以调剂生活，带来益智和交友的快乐。不过，不能把全部的情感寄托于游戏的虚拟世界中。如果真的是那样，在现实世界中，这样的孩子的内心该承载着怎样的孤独感啊！

"孩子病了。"——这是他们在呐喊，希望父母能看见他。

第三节

家庭复盘会增进理解

"大多数人不是带着理解的意图去听，而是带着回复的意图去听。"

——斯蒂芬·科维

在一家人相处的生活中，经常会遇到一些表面上很小的事情，它似乎不足挂齿，但实际上会在心里形成一个小疙瘩。如果不及时地说出来并将问题解决，这些小疙瘩就容易越攒越多，最终"堵塞"心灵、影响彼此之间的关系。我们家会不定时地举办"复盘会"，通常会选择周末的下午茶时间。我们会针对近期发生的某件事情，或者家庭成员的某个决定或需要改进的行为习惯，进行回顾和交流。

在复盘的过程中，我们一家三口会分别从各自的角度出发，将自己所看到的、感受到的坦诚地表达出来。当一个人分享的时候，另外两个人会专注地倾听，不发表任何评价、不做反驳、不展露情绪，当然也不看手机。当三个人都完成各自的表述后，我们再一起从全局出发，复盘和审视整件事情或整个问题，最终达成一个三方都相对认可的方案。

"复盘会"帮助我们顺利化解了一次我在青春期发生的冲突。

在我高二那年，突然有段时间，我每天傍晚放学回家后，都摆着一张臭脸，没什么表情，眉宇间写满了不爽。用妈妈的话说，就好像有人欠了我一大笔钱似的。尽管爸爸妈妈看到我回家，通常会放下手头的事情，非常热情地跑到门口来跟我打招呼，欢迎我回家，但是我不仅对他们的热情视而不见，一声招呼都不打，而且还避开他们的拥抱，默默地换上拖鞋，径直走进自己的房间，关上了房门。这样的情形持续了两三个月。爸爸后来形容说："我们是拿热脸贴你的冷屁股啊！"不过"只缘身在此山中"，当时的我沉浸在那样的状态里，完全没有意识到自己的问题，也没觉得自己有那样大的变化。

爸爸妈妈的热脸贴了我的冷屁股……

儿子，放学啦~

看我每天回家后总没有给他们好脸色，爸爸妈妈没有直接就这件事情劈头盖脸地批评我，甚至责骂我。他们暗自猜测，我是不是在学校遇到了什么事情，或许近期学业的压力太大了，在学校里没法释放，也没有一个合适的渠道去表达自己，所以只有在放学回家后才能彻底展露出这种疲惫感，情绪自然难以高涨。可能因为爸爸妈妈在他们的青春期也有过类似的经历，所以他们没有急于纠正我，而是打算等到合适的时机再跟我好好谈谈。

周末的一天，天气晴朗，大概是头天夜里睡眠质量不错，我的心情比较轻松愉快。妈妈趁机提出，一家人好久没有坐下来喝喝茶、聊聊天、谈谈心了。于是，我们就愉快地坐了下来，借此机会进行复盘，聊了聊这段时间以来发生的事情和各自的感受。

首先，爸爸妈妈向我表达了他们这一段时间的感受。妈妈稍带委屈地说："这段时间公司的事务让人焦头烂额，一天下来身心俱疲。但是一想到下班回家后能见到你，工作中的疲惫都烟消云散了，脚步也变得轻快起来。可是最近两三个月，每天看到你放学后蔫蔫的样子、冷冰冰的表情，说实话，我感受到了一种冷漠、疏远。我感觉咱家的气氛变得有点儿压抑，我也不知道问题出在哪里，我都有点儿不知所措。"妈妈说完，我看到她的眼里闪过一丝泪光，感觉到妈妈在努力克制自己的情绪。

接着，爸爸说了他的想法。他说："其实爸爸妈妈很想更多地去了解你、理解你。我们知道青春期的孩子肯定有很多烦恼，我们也是从那个阶段过来的。可能学校里的有些人和事让你不太开心，或是学习的压力太大，让你感到疲惫，所以你的情绪可能比较复杂，这些都好理解。只是我们不免有些担心，是不是你在学校遇到了什么棘手的事情？所以，我们想跟你好好沟通一下，看看到底发生了什么，有什么是我们能够帮上忙的。或者，如果你觉得自己长大了，不喜欢爸爸妈妈每天都那么热情地迎接你回家，我们也可以做出调整。"说到这里，爸爸停顿了一下，清了清嗓子，然后比较严肃地说："但是，爸爸需要你清楚地认识到，我们的心也是肉长的，爸爸妈妈对你的爱同样需要你来爱护。你也不是小孩子了，不能这样没头脑地、不礼貌地对待父母，这样的行为会让我们伤心，尤其是你妈妈。"

爸爸妈妈的话让我愣了一下。我原本以为隐藏得很深的那些负面情绪竟然早就被爸爸妈妈感知到了。那一刻，我感觉人一下子放松了下来，不用伪装也不用扛着了。我感受到自己是被接纳和关怀的。于是，我开始尝试打开自己的内心，表达我的真实想法。

我告诉爸爸妈妈，过去这段时间，我之所以表现得很反常，是因为每天上学太累了。白天在学校，除了上课，还要参加很多课外活动，这些活动非常消耗时间和精力。为了不影响学习，我希望自己在每项活动之前都先把作业写完。而且，除了学习和课外活动，还有同学和朋友约我课后一起打篮球，这让我在学校的一天中几乎没有一点儿休息的间隙。到放学那会儿，我的精力已经快要枯竭了，回到家时几乎精疲力竭，没有一点儿力气，进了门就只想赶紧进房间，躺下休息一会儿。

我继续解释道，之所以自己在外面举止得体，而回到家后有时显得"无礼"，并不是因为真的不尊重爸爸妈妈，或不想跟他们说话，而是因为那个时候我实在太累了，已经没有力气像面对外面的世界那样戴上面具、强颜欢笑。

家对我来说就是一个安全和温暖的港湾，是一个可以完全包容我、接纳我的地方。在这里，我不需要任何伪装，也无须再强撑，而是可以展现自己最真实的状态。

所以，面对爸爸妈妈的热情拥抱，我没能给出相应的回应，不是因为我不在乎他们，而是因为那时是我最疲惫的时候，无法给出更好的回应。那个时候我最需要的，就是回到房间休息一会儿，直到体力和精神状态有所恢复。如果他们回想一下，会发现通常到了晚饭时间，我就恢复了常态，可以和家人在餐桌旁谈笑风生，分享当天在学校中的所见所闻。

听完我的话之后，爸爸妈妈的神情明显放松了下来。妈妈说，她像我这么大时，一样也有各种压力、挑战和烦恼。尽管在大人眼里，这些烦恼可能显得很幼稚，但对孩子来说，那些就是他们在真实世界里正在体验和感受的东西。妈妈也有过类似的经历，还因此跟父母产生过争吵，有着不愉快的经历，那些冲突和争执的画面很长一段时间里在她的心里都挥之不去，而且现在回想起来仍然感到后悔、遗憾。所以，如今自己成了母亲，当自己的孩子也进入这个阶段时，她不想让孩子像自己所经历的那样被粗暴地对待，而是希望能够通过坦诚的沟通走进我的内心。爸爸说，当听到我说"家对我来说就是一个安全和温暖的港湾，是一个可以完全包容我、接纳我的地方"时，他感到非常欣慰，他一直以来所做的所有努力都是

　　　　　　　积极养育：培养自驱、坚韧、有爱的孩子

为了让我和妈妈感受到家的温暖。

就这样，在大家都讲出了自己心底的想法后，彼此之间的理解和联结更加深入和紧密了，心也更近了。我们开始讨论，面对这种情况时，我们应该如何更好地去应对。

比如，爸爸妈妈知道我每天放学回家后感觉很累，那么在我进门后，先简单地互相打个招呼，然后我回房间"回血""充电"。等恢复得差不多了，我再出来迎接他们热情的拥抱，这样既能满足他们想与孩子亲近的需求，也照顾到了我想休息的需要。而我，虽然很累，但回家后，还是应该向爸爸妈妈打个招呼，这是可以做到的，而不能完全不理人，这显得非常不礼貌。我们一致约定，彼此都要稍作妥协和让步，更用心地与家人相处，一起营造一个和谐、充满爱意的家庭氛围。这样的氛围也能赋予我们更多的能量，让关系得到"滋养"。

通过这一次的家庭复盘会，我们还统一了价值观，达成了一个共识：世事无常，明天和意外，你永远不知道哪个会先来，所以我们更要珍惜在一起的每一刻。只有珍惜在一起的每一段时光，我们才能避免在不可预知的意外降临时留下遗憾，比如，"如果昨天我热情回应了跟我打招呼的爸爸妈妈，紧紧地拥抱了他们就好了。"

总而言之，当父母观察到孩子的行为出现异常时，应尽量避免立即就以居高临下的权威态度去指责和批评孩子。相反，可以挑选一个父母和孩子的状态都比较好、情绪都比较稳定的恰当时机，各自坦诚地说出内心的真实感受，表达出内心的需求和期望，然后共同讨论出一个更好的解决方案。

带有脾气和强烈情绪的对话，往往容易导致意气用事，不但无法解决问题，还可能进一步激化矛盾、破坏关系。在复盘过程中，父母和孩子应该始终被视为平等的参与者，无论是哪一方的需求和期望，都是正当且必要的，都应该得到充分的表达。心与心的交流能让一家人的心拧成一股绳，齐心协力，真正营造出互相支持、让爱流动的家庭氛围。

这就是我们家的复盘会。

当时，我的父母是为了应对我的青春期这个特殊时期，歪打正着创造的一种有仪式感的沟通方式。如今，当我重新审视这个复盘会时，我意识到复盘会本质上是一个教会我不断关注他人的需求、同他人合作并最终达成一致意见的过程。

妈妈的话

青春期的孩子，情绪极不稳定，就像坐过山车一般。前一秒像个大人，后一秒就变宝宝。

我很想替孩子们说句话：青春期的孩子承受的压力确实大，确实需要给予他们包容和理解。

他们每天不仅要承受"卷"到无底线的繁重的学业压力，还要应对校园和家庭中复杂的人际关系，而他们还是个孩子，心智并没有成熟到像个成年人一样能得体地应对和处理各种事务。很多时候，他们感到不知所措、患得患失、内心苦恼甚至痛苦。而家，至少是一个安全、能够保护他的地方，可以让他更加"肆意"、放松。所以，孩子在最亲的人面前摆个臭脸，释放一些不良情绪，有时可以理解为孩子的另类"撒娇"。

当然，如果孩子的行为过头了，父母也无须一味迁就，可以直接告诉孩子："你的行为让我们感到受伤了，我们不能接受你的这种行为。"父母要让孩子知道，他与父母或他人之间是有界限的，各自都要守分寸，行为要得体。

据我观察，孩子发泄情绪通常有两种方式：要么向外发火，要么向内自我攻击。

如果父母比较强势，孩子很可能会借着青春期"力大无穷"的劲儿，与父母对抗。再加上父母工作一天后也有一堆烦心事儿，双方的怒火很容易一触即发，引发冲突，家里就会充满了火药味。曾经有个老师开玩笑地说："'君子报仇，十年不晚。'青春期的孩子跟父母的激烈冲突，很多时候是童年时期种下的'因'，是10年前挨父母打骂攒下来的'仇'。等到身体足够强壮时，孩子就要'复仇'了。"老师说的话可能有一定道理，毕竟哪里有压迫，哪里必有反抗，只是时候没到。

还有一些孩子由于性格原因，不一定会选择直接跟父母"杠"，他们不愿意向外表达情绪，而是放弃了抗争。他们很可能会向内攻击自己，容易陷入自卑、抑郁或放任自流、自暴自弃的状态。

当孩子的情绪大起大落、呼啸而至的时候，正是考验妈妈定力的时候！

所谓定力，我理解就是在孩子的感受里，妈妈对孩子的爱、接纳以及支持，始终保持比较高的一致性、稳定性。打个比喻，妈妈就像一只牢固的、带纱网的大碗，既能装下青春期的孩子瞬息万变的喜怒哀乐，又能巧妙地过滤掉不利于孩子心智成长的非营养杂质。同时，结实的大碗还能扛住青春期孩子本能的生命活力与攻击性。在这样的养育环境中长大的孩子，更容易形成较高的自我稳定性。

如果妈妈能够在孩子情绪激动时保持克制和耐心，不被孩子带入不良情绪中跟他们较劲，而是理解并"接住"孩子的感受，让孩子第一时间从妈妈这里得到理解和安抚，那么，当这种不良情绪释放后，孩子就会觉得放松，情感需求就会得到满足，他能够感受到爱、有安全感，接下来通常会表现得比较温顺、懂事和体贴，因为他清楚地感知到他是安全的，不至于受罚，也掂量得出来妈妈不会因为他的情绪过于强烈而感到有压力，或者背负情感负担。这样反复经历几次后，孩子就能够体验到妈妈的情绪和支持是比较稳定的，那么当他有需要的时候，他自然愿意"回家跟妈妈说说"。这对孩子来说非常重要！

回顾自己的青春期，我有太多激烈的内心戏和私房话，而我只能跟班里的好朋友说说，她们与我同龄，并不能提供太多实质性的帮助，有时甚至会带偏了我。那我为什么不愿意跟父母说说呢？因为我有太多感受到挫败的经历，但凡跟父母说了，换来的不是安抚，而是劈头盖脸的否定和评判，甚至伴随着上纲上线的指责，这简直无异于"自己讨骂"。此外，我的父亲平时老喜欢给我提一些我当时并不需要的建议，但等我真的需要帮助时，我根本不想向他寻求任何建议。

我常想，如果有一天我的孩子进入了青春期，当他感到困惑，或者遇到棘手问题时愿意向我倾诉，那么，我能起到的作用可能比他的同学更"可靠"。所以，我一直希望成为值得孩子信任的伙伴，成为孩子一个战壕的战友，让我们的良好关系在携手共克难关的过程中不断深化、升华。

"跟妈妈说说，怎么了？"这句开场白，是我遇到孩子"炸毛"时最常用的一句话，它具有镇静剂的作用。我认为，这是家长能帮到孩子的"起点"。

青春期是个非常特殊的阶段，无论是家长还是孩子，都处于各自的困境中。每个家庭、每个孩子、每位家长都不一样，没有解决问题的标准答案，只能靠家长和孩子共同摸索，走出一条独属于自己家的"和平发展之路"。谈到有什么可供参考的解题窍门，我想分享 3 点实践中的体会。

第一，出现问题时，千万不要一股脑儿地认为问题全都出在孩子身上。要控制自己不要以带着自恋色彩的"权威腔调"数落孩子（比如，"你看看，我早就说过多少遍了……"）。父母应该抽离出来，先审视一下与孩子之间的关系，而解决问题的答案往往就藏在这里。

第二，出现问题时，要给孩子充分表达的机会。在我们自己什么都没有做之前，不应该对孩子提出要求。至少，我们要先收集信息，了解事情背后的信息，厘清孩子的现状、困境、内在的需求以及孩子对自身的期待。父母要用心去感受孩子心底的渴望，因为事情的真实面貌往往跟我们以为的不一样。

第三，出现问题时，要与孩子进行正式的沟通。既然是沟通，就意味着平等对话。所以，父母不要以居高临下的姿态去指责孩子的行为。取而代之的，应该是坦诚、真实、直接地表达自己的感受，包括对孩子的担心、自己的焦虑、紧张、压力，等等，因为只有表达真实的感受才是真正的沟通。母子连心，启动心与心的连接，是触发孩子愿意沟通的开关。

毕竟，家可不是"讲理"的地方，一家人追求的是相互理解。

05

超越限制性信念

> 你有一条水渠，通向海洋，你却向一个小水塘求水。
>
> ——鲁米

在心理学领域有一个名词，叫作"限制性信念"。这个词是什么意思呢？

简单来说，一个人在一生中不可能真的经历所有的事情，所以在我们的思维系统中，并非每一个信念都来自于真实的体验，有相当一部分信念是由某一类特定情境产生的，并且这种信念可能只适用于这类特定情境。但是，现实生活是不断变化和发展的，如果我们没能及时调整，那么这些信念就会给自己带来困扰，甚至限制我们的思考，成为限制性信念。

比如，当我们第一次遇到某些事情时，父母和老师是这么教我们应对的，我们也认为这样做是正确的。但是，随着时间的推移，我们长大了，情况也发生了变化。这时，如果我们仍然坚持过去的想法和做法，那就会使自己的思维和行动受到限制，无法适应新的情况。

在现实生活中，存在着许多限制性信念。它有时是自己的一个念头，有时是来自父母和其他权威人士的负面评价。比如，在还没做某件事时，我们就在心里告诉自己："这件事太难了，太有挑战性了，我肯定做不到！"有的父母常常会在外人面前这样点评自己的孩子："我家孩子就是嘴笨，不会表达！""我家的孩子很调皮，让人头疼！""我家的孩子很幼稚，不知道什么时候能长大懂点事儿！"

我和爸爸妈妈经常在小区的电梯里遇到别的父母带着孩子出门。我的妈妈有时看到别的小孩可爱，就会夸奖道："哇，这小宝宝长得多Q啊，眼睛骨碌碌地转！""哟，看这小朋友多懂礼貌，知道让我们先进电梯！""看这孩子多聪明，懂得把小车倒着开进来！"每次她一夸，孩子的父母就立刻"谦虚"地回应道："哪里哪里，平时可淘气了！""哎呀，你可不知道，在家他脾气大得很，可不听话了！""玩的事儿从来不用教，无师自通，就是一学习就打蔫儿，愁死我了！"

有一次，我妈妈在电梯里说："看这孩子小小年纪，一下子就记住了我们哪些人去哪个楼层，全都按对了，很机灵啊！"而大人呢，有时偏要反着说："这算个啥啊，他平时笨手笨脚的，哪像你儿子那么聪明，我们可没指望他有多大出息。"

我想，很多人在成长过程中可能不止一次地听到过这类话语。如果父母总是用这些负面的限制性信念来描述孩子，那孩子确实很难像父母内心期待的那样有所成就。

一旦我们在潜意识中认同了这些话语，那么它们就会像枷锁一样牢牢地束缚和限制我们的思维，改变我们的行为习惯，并让我们最终形成行为的惯性模式。慢慢地，我们就会发现，那些话真的成了预言。

在我看来，当父母在助力孩子探索人生道路的方向时，要给孩子一定的空间，允许他们去碰壁和试错。父母无法代替孩子走完他们的人生旅程，但可以为孩子的试错和尝试兜底。只有拥有充足的底气和勇气去面对碰壁和失败，孩子才有可能推翻重来。这种推翻重来的勇气并不是源自盲目的自信或自大，而是建立在持续的正向反馈和阶段性的思考与复盘之上的，这意味着孩子能够在这个过程中更充分地认识自己、明确自己的目标。

除了不用限制性信念去评价和约束孩子，父母还要有意识地打破对孩子的限制性信念。比如，要尝试接受孩子和自己的不同，要认识到他所拥有的能力和天赋跟你是不一样的，但这并不妨碍他活出自己的精彩人生。

同样，孩子也要学会有意识地打破自己的限制性信念。在面对同一件事时，是认为"我就是不行"还是觉得"我还有很大的提升空间"，这看似是一念之差，但个中的差别会对一个人的思维和心理产生极大的影响。

那么如何打破限制性信念呢？最简单的方法就是从日常交流入手——换个角度看问题、换种方式来表达。有时，只是言语上的一些改变，就可能转变一个人的信念，赋予孩子在逆境中坚持下去的勇气和继续前进的力量。

心理学研究也证实，语言的力量非常强大，语言也具有魔力。善意的表达和正向的反馈，能够影响一个人的思维方式，帮助他更好地应对人生道路上的挫折和失败。哪怕只是一个微小的夸赞，也能带给人无穷的自信和源源不断的力量，从而帮助他越挫越勇，不断进步。

妈妈的话

轩溢 10 岁生病休学那年，恰好我在担任行业首家企业大学筹备工作的负责人。我的工作非常忙碌，每个月要出差两三次，通常是周一乘早班机出发，周五晚上赶到家。

积极养育：培养自驱、坚韧、有爱的孩子

当时，轩溢在心理上很依赖我，尤其在治疗方面很信任我，认为我比医生还专业，能保护好他、照顾好他，为他做出最正确的治疗选择。因此，最初一看到我收拾行李准备出差时，他就会感到紧张。

有一次，他蹲在我的行李箱旁看我收拾行李。他低声问我："妈妈，如果你不在家，我又发烧了怎么办？"

我想了想，停下了手里的活儿，捧起他的脸，和他对视着。我一字一句地认真又笃定地对他说："儿子，你放心，只要你看见妈妈拉着行李箱出门，那就说明这段时间你一定是安全的。"轩溢一下子就舒展了眉头，笑了。他晃动着胖胖的身体，轻盈且乐颠颠地回自己屋了。从那以后，即使在我出差期间他发烧了，或者出现了其他症状，他也没有像过去那么害怕，因为他知道妈妈对病情心里有数，他不会有事、会平安的。

然而，他并不知道，我出差时接到他发烧的电话后，在仓促地奔赴机场的途中，我的内心有多么慌乱。我紧张到不由自主地浑身发抖，心里也在千百遍地祈祷！

记得有一次，我请孩子帮我回答一个关于自我认知的课程问题。

问题是："你在遇到什么情况时，会想到找我？"

11 岁的轩溢回答道："在我做决策、犹豫不决的时候，我会想到找你。因为我有选择困难症，而你做决策通常又快又准，结果都很好。"

我惊讶地反问道："我以为你会回答，在生病的时候想到找我呢。"

他笑了，深情地对我说："不，如果我有事了，不用等我开口，你早就守在我身边了。"

轩溢6岁那年，不慎滑倒受伤，头上开了一个大口子，伤口处不得不缝了十几针，落下了一块不长头发的疤。等到他长大一些，看着那显眼的白色斑块落在自己黑黑的板寸头上，他很不乐意，费尽心思想要遮盖住它。

有一天晚上临睡前，我故作神秘地对他说："儿子，妈妈告诉你一个大秘密。你知道那个疤是怎么回事吗？"轩溢本来躺在床上，一听到这话，眼睛顿时亮了起来，忽地坐起身来。

我故意停顿不说，卖了个关子，然后才慢悠悠地说："如果你每晚开心地入睡了，宇宙就会向你的大脑传输信息，而且还会把你一天所学到的所有知识像刻录光盘一样刻录在你的脑子里，这样第二天醒来，你就会牢牢记住它们，不会忘记了。你那个疤就是用来接收宇宙信息的接口。"

看他半信半疑，我把脸凑近他的脸，用略带兴奋的口吻"启发"他："你回想一下，你上初中后记忆力是不是比之前更厉害了？"轩溢皱着眉，歪着脑袋想了好一会儿，

积极养育：培养自驱、坚韧、有爱的孩子

然后抿着嘴笑了一下。他没有多问，也没有多说什么，就重新躺下闭上眼睛睡觉了。

之后，我就再也没有看见他为那块疤纠结过，而且他还不断地和我分享他发现自己的记忆力超群的证据。（其实我猜，他可能压根没有相信过我编的瞎话，但他读懂了妈妈的善意，他选择配合。）

一进入初三阶段，轩溢对自我形象的关注度明显提高了很多。他开始花心思、花时间打理头发和鞋子，照镜子的时间也多了起来。他尤其在意自己的身高，在意自己与班里其他同学的身高差异，很担心自己长不高，因为当年为了治病，他不得不长期使用大剂量激素。医生曾提示，使用激素的明显副作用之一就是影响身高。这个说法，轩溢记在了心上。

对于每个人来说，影响其自信心的压力源不同。我敏锐地觉察到"身高"是轩溢 13 岁以后的压力源，这影响了青春期孩子的自信心。

我每次打开家门，要出差的时候，轩溢总会从屋里跑出来送我，我决定上个"小手段"。我每次按完电梯上的按钮，又折回到家门口，轻轻地点着他的小鼻尖，故意压低声音，神神秘秘地跟他说："你要答应我，千万不要趁我出差看不见你的时候，你就偷偷地长个子哟。"无一例外，每次他都会嘎嘎地笑出声来，带着一脸"坏笑"跟我挥手告别。

一周后，等我出差回来，一打开家门，就看到轩溢兴冲冲地从里面跑出来，把我堵在门口，挺胸昂头地要跟我比个子。我每次都故意弯曲膝盖，让自己显得矮一截，然后夸张地仰着头说："天哪，你怎么又偷偷长高了！"听到这话，轩溢就会无比高兴，傲娇地蹦跶着回屋了。轩溢的爸爸告诉我，在我出差期间，凡是之前我跟孩子探讨过的关于怎么能长高的方法，他都非常认真地执行了，包括均衡饮食、多多睡觉、持续锻炼、保持心情愉快，等等。

天哪，你怎么又偷偷长高了！

积极养育：培养自驱、坚韧、有爱的孩子

一次又一次，一年又一年，我们就这样不厌其烦地玩着这个游戏。

有一次，我出差回来，轩溢兴奋地告诉我，他的身高突破 1.7 米了。（头天量身高的时候，身高已经达到 1.72 米了。）

后来又有一次，轩溢在美国大学宿舍里通过视频跟我聊天时，美滋滋地告诉我，他前几天量了身高，好像突破 1.8 米了。

有时，妈妈口中的"童话"，仿佛被上帝施了魔法，变成了现实。

挫败是积极的否定

> "除了通过黑夜的道路，人们不能到达黎明。"
>
> ——纪伯伦

我从小到大都不是什么"学霸"。尤其是在初二时转入私立国际学校后，无论是在高中、大学，还是在暑期的科研项目中，每当我进入一个全新的环境时，我通常都算不上优等生，甚至是班上学业排名垫底的那一个。

在公立中学就读时，虽然因病请过不少假、缺过不少课，学习成绩普普通通，但唯有英语成绩还算不错。每次英语考试，我的成绩都能在班级里排到前 10 名。但是，公立学校的英语教学大部分局限于英语课本中的课文、词汇和语法知识，较少涉及真正需要在实际生活中运用的英语口语和其他学科中的英语专业术语。而在国际学校，英语就不只是一门要学习、要考试的科目，而是在日常学习、生活以及师生交流中必须用到的语言工具。所有科目都是采用英语来授课的。

这样的全英文教学环境直接导致我在入学后的第一次数学考试

中，连蒙带猜地只考了六十几分，因为我对有关数学的英语词汇一概不知，甚至连加减乘除的英文都不知道。在其他学科的入学测试中，我的成绩也同样非常差劲。受此打击后，我忍不住陷入了自我怀疑的情绪之中。我开始反复思考，这个分数对我而言意味着什么。它是说明我确实没有掌握数学这个学科的相关知识，还是说我只是因为不认识那些数学中的英语词汇，才答错了那些题目？

开学后，老师的讲解让我明白了问题所在。我之所以会做错那些题目，并不是题目本身涉及的数学知识有多难，而是因为我没有读懂它的英文表达，无法理解题目的意思。一旦明白了问题出在哪里，找方法去解决就会变得简单、直接且有成效。既然自己的弱项是英语，那就去重点攻克这个难题。虽然现在我是班里表现最差的，但并不代表我一直都是最差的。

于是，针对自己的弱项，我制订了一系列的计划。比如，课后我会把自己不懂的词汇、思考与疑问整理出来，向数学老师请教。我用一个小本子记录遇到的数学名词和概念，回家后查词典，搞清楚它们的中英文含义。我先从这些单词开始记忆，逐步提升词汇量。就这样，差不多两个月后，课本上那些原本我觉得陌生的英语词汇终于变得熟悉起来。这时，我发现，原来课堂上所讲的知识并不复杂，成绩不佳只是因为之前我一直没有掌握它们的英文表达。从那之后，我的数学成绩开始慢慢提高，从六七十分提高到100分，有时甚至能够完成附加题，入学时的挫败感慢慢转变成了自信。

如今回过头看，我并不认为低谷期和自我怀疑是没有价值的；

恰恰相反，这段经历对我而言可以称作一种"积极的否定"。正是因为我带着积极的态度去审视自己的不足，才能以螺旋上升的姿态扭转最初的局面。

"否定"这个词从字面上看是带有负面含义的。但对于我来说，它指的并不是否定自己的全部，更不是否定自己的价值，而是有意识地洞察、拥抱和接纳自己的不足。这种"否定"具有客观性，能够帮助我更清晰地分析和评估自己目前的能力，认清自己所处的阶段和面临的形势，从而对下一步的行动计划和决定做出更加准确的判断。

"积极"代表了一种正面的心态，它是一种对自身能力水平的主观认知与"打不死小强"的坚韧不拔的心态的结合。这会造就强大的抗压能力，其本质是，在"否定"的同时相信自己有潜力、有能力可以提升，并能够更好地面对挫折和失败。

"积极的否定"，虽然看似前后矛盾，但实际上体现了一种有韧性的自我觉察。

我可以清晰地认识到自己的不足，也接受这些不足给自己带来的挫折、失败等种种负面情绪。勇敢地正视自己的不足是一种自洽的能力，它能够让人避免沉溺在自我怀疑和自我否定的情绪中不断内耗自己。它让人始终坚信，眼前的不足只是暂时的，只要不断地调整自己、完善自己，最终就能战胜眼前的挫折，实现自己的目标。

积极养育：培养自驱、坚韧、有爱的孩子

在我刚进入芝加哥大学读大一时，这样的"积极的否定"又上演了一遍。

在开学之前，我充满自信，认为自己非常优秀，甚至有点儿小骄傲，毕竟没点儿能耐，怎么会被芝加哥大学录取？要知道芝加哥大学的学术水平和录取难度，可不是随便一所"藤校"能比的。

谁知道开学后，在跟周围的同学交流时，我才发现高手如林。都说中国同学非常擅长应试，确实如此。在芝加哥大学，我身边的中国同学几乎个个都是真正的顶尖"学霸"，他们的标准化考试、托福、SAT 成绩几乎接近满分。与他们的成绩相比，我的成绩属于垫底的水平，勉强跨过了这所大学的录取线而已。想想自己在高中时期曾有一种"天之骄子"的感觉——考试得满分、绩点满分对我来说都是轻而易举的事情。但现在，强烈的对比让我突然有了一种力不从心的恐慌感。

在芝加哥大学，每位新生在第一学年都要参加一门人文类的必修课程。这门课采取的是小班制研讨会的形式。每节课的课前，我们需要完成大量的阅读。课堂上，教授会抛出当天要讨论的话题或问题，然后大家就开始自由发言，发表自己对阅读材料的理解和观点。在课堂上，发言的主体是学生，而教授的角色更多是在课堂开始时提出话题，在讨论中见缝插针地引导大家更深入地思考，并在课堂结束时进行总结陈述。

坦白说，开学后的前两周我感到非常痛苦。

以前我觉得自己的英语水平还可以，没想到在这门课上遭遇了全方位的碰壁：听、说、读、写 4 个方面无一幸免，我感到极度挫败。从初中到高中，我一直不太喜欢英文阅读，除了应付学校的要求，我几乎从没有主动读过英文原版书。所以，除了老师布置的作业，我在课外英文阅读方面几乎是一片空白。进入大学后，我在阅读方面的短板就暴露出来了。无论是阅读速度还是对文章的理解深度，都远远不如其他同学。因为阅读速度慢，每次的课前阅读对我而言都是非常沉重的负担，往往别人已经轻松地看完了，我才只读了一点点。我甚至找不到一种能让自己放松舒适的方法来完成课前阅读，以至于我根本无法正常加入课堂讨论，只能默默地坐在角落，一言不发。

慢慢地，自我怀疑的情绪开始蔓延，逐渐影响我的日常生活和情绪状态。

临近期中考试的一天凌晨，我发自内心地跟室友说道："我开始有点儿怀疑自己了，我到底适不适合这个地方啊？这里的课业压力那么大，我的英语学术水平又实在不高，现在才开学就已经这么艰难了，未来4年我能坚持下来吗？"我当时甚至跟他说，如果实在坚持不下去，我干脆退学算了。

除了阅读，在口语方面，我与其他人相比，也存在着较大的差距。

教授鼓励学生在课堂上畅所欲言，大家的积极性都很高，很多时候一个同学刚阐述完自己的观点，马上就有另一个同学直接开始表达自己的观点。总之课堂上就没有冷场的时候。就这样，一个接一个，大家都争先恐后地输出自己的想法，根本不存在发言之前要举手等教授点名这种情况。而我，战战兢兢地坐在角落里，一边羡慕地看着那些滔滔不绝的同学，一边绞尽脑汁地组织自己的语言。在我之前的上学经历里，没有太多这种研讨式的学习经验，这导致我需要花很长的时间去准备一段发言。首先，我要先在脑子里梳理清楚自己的想法，再想出对应的英文表达与措辞，然后在脑海里反复排练几番，直到将这段英文记熟为止。这样，才算做好在大家面前发言的准备，才能将自己的观点在教授和同学们面前完整地表达出来。

那时，担心和焦虑总会不断地袭来：自己会不会忘词？同学们能不能听懂自己的口音？他们会不会嘲笑我？我能不能完整地表达我想到的内容？……等我好不容易做完心理建设，调整好自己的状态，准备要发言的时候，大家早已讨论到下一个话题了。我只能把好不容易准备好的话咽进肚子里。那一刻，内心的失落、憋屈几乎要把我淹没，仿佛自己就是个局外人，始终跟不上大家的节奏，也无法融入课堂讨论中。

芝加哥大学的学期比较短，第 3 周就迎来了期中考试。教授布置了一篇论文作为期中测试，而我写的论文拿到的成绩是 B。

从高中到大学，这是我第一次看到 B 出现在我的考试成绩单上。当时的我如同被人当头浇下了一盆凉水，心情一下子跌到了谷底。这个成绩和教授的评语显得格外刺眼。天外有天、人外有人，我之前还一直觉得自己挺优秀的，但现在看到自己的成绩，还有来自芝加哥大学这种世界知名学府的权威教授给出的差评，我才清楚地认识到自己的真实能力和水平——我简直就是一只井底之蛙。那一刻，我感到前所未有的迷茫、无助和挫败，甚至看不到未来的希望。

"学霸"被碾压成"学渣"。

期中考试后，我着实消沉了一段时间，灰心丧气了好几天。我开始回想自己一路走来的经历。无论是儿时的多病期间，还是后来转学后充满重重困难的经历，起初我都是最弱、最不起眼的那一个。但是经过一段时间后，我总能从低谷中爬起来，一点点地变得优秀起来，最终逆风翻盘、迎风而立。

于是，我开始转换视角，给自己加油打气。

我就想，芝加哥大学当年在 U.S. News 美国最佳大学排名榜上排名第 3，它的招生官一年要阅读数万份申请者的简历，可谓"阅人无数"。招生官既然决定录取我，说明我符合芝加哥大学的招生要

积极养育：培养自驱、坚韧、有爱的孩子

求，学校也相信我有潜力，能够完成这里的学业，也值得培养。既然芝加哥大学都相信我、认可我，我有什么理由不相信自己呢？

就这样，我每天不断地给自己打气、加油，使自己一点一点地从消沉的情绪中挣脱出来，开始寻找努力的方向去弥补自己的短板。

既然我在英语阅读方面的问题已经暴露，我决定首先花时间和精力去解决这个问题。有句话说得好："出来混，迟早要还的。"学习上也是如此，以前偷过的懒，现在都要加倍地还回去。原本不爱阅读的我，现在就得付出比别人多几倍的时间。别人两个小时能完成的阅读任务，我花 5 个小时去完成。同时，我还会主动向那些学习优秀、阅读速度快的同学请教，学习他们的阅读方法。课后，我也会积极地跟老师沟通，寻求提高自己的思维敏捷度和更准确地表达想法的方法，从而战胜"发言困难症"，积极参与到大家的讨论中去。虽然过程充满了艰辛，但我慢慢地找到了自己的阅读节奏，逐渐养成了自己的阅读习惯。我的理解能力和表达能力也得到了稳步提升，最终我能够顺利地跟上课堂的节奏。

熬过最煎熬的最初阶段，后面就会顺利很多。所有的付出不会白费，努力才是硬道理。逐渐累积的正向反馈也给了我更大的动力。江湖上传说芝加哥大学是最难毕业的大学，而我通过努力挑战成功，毕业时以优异的成绩和表现荣获芝加哥大学"荣誉毕业生"称号。

可能很多人觉得，我有这样的转变，是因为我的心态好，懂得变通地去解决问题。有家长问我，我是怎么做到在逆境中还能给自己信心和动力的？这种转换视角的思维方式是如何养成的？

我必须客观地说，如今不只是国内工作竞争压力很大，孩子们在学校同样需要承受极大的学业压力。如果独自在异乡求学，孩子还要应对生活中的许多困难，比如不适应地理气候和饮食习惯等。面对困难和挑战时，任何人都难免会产生畏难情绪，且抗压能力也不是一两天就能提升的，所以我们应该给孩子一些时间去调整和适应。

至于如何培养抗压能力和积极的心态，我借鉴了蜻蜓的做法。

如果把自己看作一只蜻蜓，那么自然界的狂风暴雨就是我们在人生路途中可能会遇到的困难和挫折。不知道你有没有观察过野外的蜻蜓？在暴风雨来临前，蜻蜓会飞得很低，它会找到一个安全的地方，以躲避即将到来的狂风暴雨。但是，蜻蜓不会因为有风雨就放弃飞翔，它只是在积蓄能量，待雨过天晴，又会振翅飞向更高的天空。

人亦是如此。在面对学习、工作和生活中的挫折与困难时，我们需要学会审时度势，认清形势，看到自己当下的弱小和不足，接纳眼前的失败。越快接纳现实，就越能快速聚焦在问题的解决办法上。同时，这些"否定"和挫败，可以视为自身无限潜力的体现。通过不放弃的努力来锻炼和提升自己，我们最终能够冲破瓶颈、战胜困难，实现更高阶的个人成长和超越。

　　　　　　　积极养育：培养自驱、坚韧、有爱的孩子

从来就没有容易的生活。

有时候，生活中的很多经历，我们只是"经历过"而已，并没有影响或塑造我们的思维，成为有意义的经验。而对其他一些人而言，独特的生活经历和经验，会逐渐形成这些人的独特思维、行为模式和心智模式。

在我看来，轩溢10岁罹患重病休学、治疗的经历，恰恰转化成了他成长过程中的"可迁移能力"，成了"有意义的经验"，这塑造着他的思维方式和心智模式，也影响了他处事的决策能力和行为。

如何将挫败转化为积极的力量，并形成螺旋式上升的成长？根据我对轩溢的观察，可以总结为3点。

一是拥有积极思维，快速接受现实。（这是最关键且有效的一步。）

诚实地认识自己，接受当下的现实情况，停止自责和抱怨，这是减少内耗的最佳策略。

轩溢相信爸爸妈妈说的"一切的发生，背后自有上天的美意"。他会建立起"一切都是对生命成长有价值的"积极思维，会给自己更多的耐心和信心。

二是争上游，摆脱由落后带来的"病床感"，重获自主和自由。

一旦学业上落后，轩溢会自动陷入一种"病床感"，像是又回到了医院病床，不得不听命于医生的指令，被动地应对各种要求，也不得不让渡一部分自我掌控的权利。他对这种状态再熟悉不过了，也极度讨厌这种感觉。正是这种反感激发了他奋起直追、争上游的本能动力。在我看来，打赢每一场仗以获得自己想要的自主感和自由，已经嵌入轩溢自己编导的人生故事中。无论剧情怎么变化，人物故事都会围绕"自由"这个主线。

三是具有"赢家脚本"信念。

轩溢曾说："我很想赢，但也不怕输。"

在骨子里，他是相信自己能赢的，不管仗会打得多艰难、多惨烈。

他太有打胜仗的体验和经验了。

他在妈妈的肚子里时，就已经有了打赢生死大仗、平安出生的经历；

在他一两岁时，就已经有了作为一名发育严重迟缓的

"落后生"奋起直追、跨越及格线的经历；

在童年时期和青春期，他有过战胜重疾痊愈的经历，也有过"冲刺梦校"如愿以偿的经历；

甚至在大一时在腾讯公司实习期间，在公司的组队游戏比赛中，他在队友"覆没"的情况下以一己之力大杀四方而一战成名。公司的人都说"有个叫张轩溢的实习生打游戏很厉害……"

还有太多次，每进入一个强者如林的团体，他都是以末位入局开场，以拔得头筹结束。

然而，即便有再多的好运加持，通往冠军之路从来都不易行，必须经历失败的淬炼。恰恰是这些淬炼，让一个人的心智变得愈发成熟。

这些失败经历转化成了克服困难的有意义的经验，并升华成特别强大的可迁移能力，赋予了轩溢足够的底气和自信去迎接生活的新挑战。

他敢于相信：无论摸到一把什么样的烂牌，都有机会打出"王炸"，成为赢家。而每一次重大事件的发生，都让他最终创造了奇迹。于是，"绝不放弃""破局杀出重围拼到底""我一定能赢"的信念，不断地得到了强化。

我非常相信，每个孩子都有独一无二的天赋和异禀，那不是靠父母报兴趣班培养出来的。孩子未来能取得什么样的成就，也不是父母能决定的。

年纪轻轻就出征打仗的常胜小将军。

有时，我觉得轩溢就像一名年纪轻轻就出征打仗的常胜小将军。他骁勇善战、超越自我的能力，不是我们作为他的父母通过家庭教育所能造就的。

只要允许孩子"自然生长"，他本来是谁，他就会成为谁。

第二节

父母和孩子互换角色

"你若希望你的孩子总是脚踏实地，就要让他们负些责任。"

——班扬

之前在举办家长交流会时，大家经常讨论这样的话题："父母在孩子面前应该扮演什么样的角色？应该展现一种什么样的形象？"常见的角色分配模式是"严父慈母"或者"猫爸虎妈"。但这并不是说，做不了"严父""慈母""猫爸""虎妈"，你就不是一个好家长。毕竟，没有条文规定父母的标准是什么，好爸爸好妈妈应该是什么样子。

既然人与人之间千差万别，那么不同家庭的父母也可以是千姿百态的。同样，也没有人规定孩子必须是什么样子的。在亲子关系中，孩子并不一定始终是弱势的，或是被保护的一方；他们偶尔可以和父母互换一下角色，像成年人那样沉着稳重，理智冷静地承担一些责任。

或许有人会觉得这样的说法很荒谬：孩子那么小，什么都不懂，能承担什么责任？又怎么可能做到和父母互换角色呢？

确实，无论是在体力上还是在智力上，孩子都无法和成人相比。在普遍的认知和观念中，孩子是需要成人保护的。但这种观念并不是在所有情况下都适用，这其实无形中形成了一种限制性信念，让父母习惯性地认为孩子什么都不懂。但是，如果你尝试打破常规，让孩子和父母的身份调换，那么可能会收获意想不到的惊喜，甚至为家庭关系和家庭教育带来一些新鲜的体验与别样的转机。

举个例子。在孩子小的时候，父母会教导他们说："在马路上要注意安全，遵守交通规则""过马路一定要牵着大人的手""红灯停、绿灯行，不要追逐打闹。"但是，这些话孩子往往不会真的放在心上，还是会兴奋地在马路上东张西望，而不会老老实实地牵着大人的手过马路。他们总喜欢跑来跑去，一刻也不停歇。这时，作为父母，你会怎么做？

大多数父母一想到这样的场景恐怕就会开始着急："马路上多危险啊，我好声好气地教你过马路、跟你讲道理，你偏不听，还故意跟我对着干，这是存心惹我生气吗？"于是，为了孩子的安全，父母往往会采取强制性的措施，要不大声吼叫或责骂，要不就是直接强硬地拽住孩子，拉拉扯扯，甚至骂骂咧咧。原本大家开开心心地出门，结果却搞得孩子哭哭啼啼，大人生了一肚子气。

如果换个处理方式，可能结局会不一样。我的小姨就跟我分享过她和孩子的一段真实经历。

有一次，小姨和孩子一起过马路，孩子淘气，一直前后来回跑，小姨苦口婆心地劝导了很久，让孩子不要乱跑，一起牵着手过马路，但是孩子压根不听。这时，小姨换了一个招数，一改大人掌控一切的派头，故意装作无助的样子，伸出手，对 5 岁的孩子说："哎呀，这个路口好多车好多人啊，妈妈有点儿害怕，万一一会儿跟你走散了怎么办？你能不能牵着妈妈的手，带着妈妈过马路呢？有你的保护，妈妈会觉得很安全！"

正在撒欢跑的孩子回头一看，妈妈需要保护，立马就感受到了自己肩上的责任，像个小大人一样，主动走过去牵着妈妈的手，还温柔地说："妈妈，别怕，我会牵着你过马路，人多车多也不怕，我会保护你！"而且，他还非常认真地教妈妈过马路："妈妈，你要注意，红灯停、绿灯行，我们要遵守交通规则，过马路的时候一定要左右看看，没车了再走。"就这样，当妈妈把自己变成孩子的时候，孩子自然而然就扮演起了大人的角色，主动承担起了保护妈妈的责任，细心地提醒妈妈要注意安全，还能灵活地运用平时所学的那些交通安全知识。小姨一听，原来平时对孩子说的那些道理孩子竟然全都记下了。

看，并不是孩子没有能力承担责任，而是很多时候父母没有给他们这样的机会。

在我家也多次发生过角色转换的故事，每个家庭成员都可以在"父母"和"孩子"之间切换角色。

我的妈妈其实挺任性的，生活中许多时候仍然保留着孩子气，而这也正是她最真实、最有趣的地方。

还记得我刚上高中时，学校举行家长会，是妈妈去参加的。会后，我和妈妈跟着老师到一间空教室单独聊。老师看了我一眼，用责备的口气跟妈妈告状说："最近张轩溢爱在课堂上讲小话，还喜欢跟同学一起起哄，虽然他的学习成绩不错，但是这个上课交头接耳的习惯可不好，有必要提醒一下，建议回去后要好好教育一下。"

我听了，默默地低下了头，做好了被妈妈训斥的准备。

然而，妈妈听完老师的这番话，并没有转头训斥我，而是表情既诚恳又夸张地对老师说："哎呀，老师，你狠狠地批评我吧！这种事情不怪轩溢，都怪我。我上学的时候，上课就爱跟同学交头接耳讲小话，这完全是遗传我啊。"老师听完，噗嗤一下笑了。我妈妈的这几句话直接把老师整不会了，而我也在谈笑间，接受了体面的批评教育。

　　积极养育：培养自驱、坚韧、有爱的孩子

类似的桥段还有不少。

在高二那年开完家长会后，老师告状说，我在课堂上跟着其他同学一起质疑讲课的老师说得不对，跟学习差的坏同学一起调侃老师。

我记得很清楚，我妈妈是这样硬气地回应的："老师，这就是我为什么愿意把孩子送到这里来，而不去其他学校的原因啊。这恰恰说明学校的校风开放，老师开明又爱孩子们呀，不然凭轩溢那么小的胆子，他哪敢公开挑衅老师呢？我们要给这样开明包容的老师点赞。

"退一万步说，轩溢在您眼里是个好学生，在我们眼里他是个好孩子。一个孩子，如果在老师和家长面前一直做得毫无瑕疵，那这个孩子得多累呀。所以，他偶尔坏一点儿，干点坏事儿也算让自己内心平衡一下，我们是不是可以给他一点儿这样的许可呢？

"再说，老师的话也不一定句句都是英明正确的真理。同学们敢挑战、质疑老师，既说明这个老师平时跟同学们的关系是平等融洽的，他们才有胆量敢这样做，也说明同学们在积极思考，有自己独立的见解，这也是值得鼓励的。

"还有，我也不认为成绩差就是坏学生，可能他们调皮些，或者还没到爱学习的阶段，但不应该给成绩不好的他们贴上'坏学生'的标签。轩溢是个孩子，他需要一帮同学和朋友一起玩。有时，他也需要融入班级。

"而且，以我对轩溢的了解，他心里是非常爱咱们学校、爱这些老师的，也很尊敬老师。当然，他的言行肯定还有需要改进的地方，他也需要在班上发挥更积极的带头作用。我回家后也会好好跟他谈谈。"

我本来垂着头在旁边等着挨批评，听到妈妈这么说，忽然感觉腰板硬了一些。但同时，心里也觉得非常惭愧，想想那样对待老师确实不够礼貌，让老师下不来台也是不合适的。回家后，妈妈严肃认真地跟我谈了这个问题，之后我就有意识地注意自己的课堂纪律了，并调整了跟老师互动的分寸。

反正从小到大，每当老师在我妈妈面前指出我的任何缺点和问题时，她总能站在我的立场为我找到这么做的理由并驳回。但是回家后，她会找合适的时间单独跟我谈话，帮我分析利弊、纠正我。

就这样，几次下来，妈妈搞得老师既惊讶又无语，简直是哭笑不得。后来，老师都熟悉我妈妈的套路了。在开家长会前，老师会提前问我："张轩溢，这次家长会你爸爸有空来参加吗？"如果我回答"爸爸没空，妈妈可以来"，老师一般会急忙摆摆手说："那没事儿了，你学习挺好的，有几个地方我再简单跟你提一下，你以后注意就行了，妈妈就不用特意跑一趟了。"

其实在生活中，我妈妈也是很有脾气的东北小女人，尤其是在我爸爸面前容易耍点小性子。我爸爸曾说，一物降一物，无论我有什么情绪或状态，我妈妈总能面带微笑、不急、不躁、不怒，把一生的所有耐心全都给了我。我想，可能是因为生我太不易，妈妈倍加珍惜吧。

有一回，妈妈跟爸爸因为一点小事儿"杠"上了。为了平息"战火"，我不得不出面把她拽离"战场"，拉到另一个房间里。看她一脸不开心的样子，我就用跟好朋友说悄悄话的方式对她说，"多大点儿事儿啊，你那么年轻，为啥跟一个老年人较劲啊？"一句玩笑，

积极养育：培养自驱、坚韧、有爱的孩子

妈妈忍不住大笑起来。从此，这句玩笑就成了我家的一个梗，无论是谁惹恼了对方，我爸妈都会用这样的自嘲方式来化解冲突、包容对方。所以，虽然我是他们的孩子，但有时遇到父母有情绪、像个孩子时，我也能秒变成情绪稳定的大人，安抚他们的情绪，也会耐着性子跟妈妈讲道理，就像她之前对我一样。

而我非常欣赏妈妈的一点恰恰是她的这个神奇本领——在家庭中能够在"母亲""女人"（有时甚至是顶天立地的大男人）"儿童"这三种状态中自由切换。她的灵活度和弹性都很高，无论家庭遇到什么状况，她多数时候都能应景地快速调整自己，切换到恰当有效的角色上，用富有创意的方式解决问题。后来我开玩笑说："原来我的戏剧表演天赋，不只是来自天津人会说相声的基因，也是遗传我的'戏精'妈妈呀。"

还记得我高中时，在一次端午节小长假来临的头一天，我放学回家后，怒气冲冲地把书包往沙发上一扔，重重地坐了下来。妈妈一看情形不对，立刻凑过来温柔地问："儿子，咋了？"我气哼哼地说："布置那么多作业，还让不让人休息？就多放一天假，作业量却是平常周末的好几倍，一点儿玩的时间都没留。"我刚说完，气还没喘匀，也还没来得及继续宣泄我的不满和委屈，我的妈妈就以迅雷不及掩耳之速，腾地一下就从沙发上跳起来，开始收拾出门用的挎包，边收拾边大声嚷嚷说："我现在就去学校，找校长投诉。这是什么做法？怎么能给我儿子布置这么多作业？难道他们不知道我儿子放假就想玩，不想写作业、不想学习吗？"边说边往门口走，一副马上要去学校打架的样子。看着妈妈那滑稽的模样，我忍不住笑了，起身拽住她说:"行了行了,别演了,我这就写作业去,早写完早'超生'。"

每个人的内心深处除了自己,还住着一对父母和一个小孩。

我们每个人都有权利软弱无助,有权利天真任性。所以,不必时时刻刻紧绷着神经,扮演一个成熟稳重的大人。适当放下父母的身份,给自己松松绑,满足一下内心中那个童真的小孩。这既能有创意地解决问题,又能给亲子关系和家庭生活带来一些趣味,让日子更加生动多彩。

妈妈的话

其实,家庭里没有什么可以瞒得住孩子。

孩子最有能力感知事件的真相,并且能用创造性的表达方式与我们共情,即使他们还很小。

我印象很深的一件事发生在轩溢6岁那年。那一年,我的家庭也像电视剧中的情节一样陷入了婚姻危机。表面上看,家庭氛围风平浪静,实则暗流涌动,我甚至心生质疑:这样的日子还要不要继续下去?

记得那一天是周日,我把自己关在卧室里独自伤心哭泣,但出现在儿子面前时,我尽量假装平静以掩饰自己的真实感情。那天,孩子表现出异乎寻常的黏人和对我的关心,时不时地将大半个身子倚靠在我的怀里,把他的小脸

积极养育:培养自驱、坚韧、有爱的孩子

贴在我的脸上，还用他的小手握着我的手。孩子以他的方式表达了对我的亲近和抚慰，还非常自觉地练琴、大口地吃饭，这加剧了我内心的伤感。晚上，一家三口例行在小区会所吃饭，在等菜上席的时候，我们彼此之间无话可说，默默地干坐着，氛围有些压抑，令人尴尬。

突然，轩溢对我俩说："哎呀，我忘记告诉你们一件事儿了，我昨晚做了一个好梦。"

他首先打破了沉默。我们好奇地问，那是个什么样的梦。

他眉飞色舞地说："我昨晚第一次梦到了天堂。"

我们更好奇了，连忙问他："天堂是长什么样子的？"

"天堂的路都是用云铺的，可白可白了。"他认真地说。

接着，他把两只小手掌相对，举过头顶，撑成一个三角形的样子。然后对我们说："天堂里有一个白房子，就像这个样子。房子里面有一个家，家里住着一个长着白胡子的神仙老爷爷。老爷爷可喜欢我了，给我好多好吃的零食，有薯片和可乐。他还告诉我一个秘密。"

"哦，什么秘密啊？"爸爸好奇地追问。

儿子把手从头顶放下，左手拽着爸爸的一只手，右手拉着我的一只手。他的眼睛并没有看向我们，而是把下巴搁在桌子上，盯着桌子上的那杯水，嘴里嘟哝着说："神仙老爷爷说，家是用来爱的。爸爸爱妈妈，妈妈就开心。开心的妈妈就会更爱宝宝，宝宝就能健康长大不生病，一家人就会永远幸福快乐地在一起。”

然后，他小嘴一噘，冲着爸爸说：“对了，神仙老爷爷还说，男人是来保护女人的，男人是不能让女人掉眼泪的。”

我忍不住瞬间泪崩，快速地低下头，任大颗大颗的泪珠滚滚落下，内心如潮水般波涛汹涌……

这时，我的先生伸出了手，紧紧地握住了我的手。

天真烂漫是吾师。6 岁的孩童教给了我们守护婚姻的秘诀。

学得很开心，
玩得有成果

> 玩耍时常被当作一种从严
> 肃学习中解脱的方式，但
> 对孩子来说，玩耍就是严
> 肃的学习。
>
> ——弗雷德·罗杰斯

小学三年级开学前，妈妈跟我讨论这学期的目标，以及如何平衡学业和玩耍时间。谈话快要结束时，妈妈带着些许兴奋，说："我想到一个口号：'玩得很开心，学得有成果。'你觉得怎么样？"听了妈妈的话后，我当时下意识地感到有些别扭，感觉这句话应该反过来说才更符合我的心意。于是，我对妈妈说："我们可不可以改一下这个口号，我觉得应该叫：学得很开心，玩得有成果！"妈妈一听，立即竖起大拇指，说："高，比我的提法高明，就用这个了！"

　　这句话在我后续多年的求学生涯中不断地得到贯彻和印证。

　　从小，我的父母就没有逼我苦学，我们家也不提倡一定要让孩子"赢在起跑线上"的教育理念。在刚上学的头两年，妈妈始终采取的是"降维式教学法"，从不让我超前学习，特别是在数学和英语的学习上。每周日晚上，妈妈会给我留下一周的家庭作业，作业量很少，妈妈的用意就是让我学着自我管理，养成放学回家后先完成作业再去玩的学习习惯。这些额外的家庭作业通常比我在学校所学的内容慢半拍，而且完成语数英这3门科目的作业所需的时间基本不会超过15分钟。

　　这种做法让我收获了两个好处。

　　一是养成了快速完成全部作业的习惯，不拖延、不磨蹭，之后的时间都是自由玩耍的时间。

　　妈妈不会因为我写得快就增加作业量，而是信守承诺，15分钟写完就可以自由玩耍，玩什么、跟谁玩、几点回家，都由我自己决定。

自主让我自律。

我当时练就了一个神奇的本领：没有手表，也不看时钟，但是我承诺晚上 8 点回家，就几乎能分秒不差地在 8 点准时站在家门口。我的家人对我这个能力也感到非常惊奇：小小年纪的我是如何有了这个能耐？其实，我只是早早地建立了管理时间的概念，有意识地分两三次问身边的大人几点了，由此来预判时间，因为我很小就知道，我只有准时守时地回家，才能获得下一次想玩到几点就能玩到几点的自由。

二是建立了自信。

快速完成作业让我觉得自己非常聪明，同时也让我在不经意间学会了提升学习效率，尝到了专注、高效、快速的甜头。

在小学阶段，我总有大把的时间下楼随意玩耍，而这种习惯和前述两大好处一直持续到了高中。因此，在我看来，虽然学习需要付出辛苦的努力，但它和快乐玩耍之间没有本质冲突，也不存在对立关系。

此外，生活中的娱乐和玩耍也不只是单纯的消遣。游戏与玩乐在孩子的教育成长中起着非常重要的作用。每一次玩耍的背后都蕴含着丰富而深刻的自我教育意义，能够显著地帮助孩子塑造人格，培养相关的社会情绪能力和多种技能。

孩童时期的自由玩耍活动，包括团体游戏等，能够充分地锻炼孩子的观察力、思维力、创造力、组织力、领导力，以及制定与遵守规则、谈判与化解冲突、竞争与合作、管理时间与情绪等多种能力。玩耍还有助于培养孩子勇敢、乐于尝试、互助协作等品性。上述这些能力和品性在未来的社交、学习、工作和生活中，都是必不可少的。所以，我非常主张家长给孩子提供更多玩耍的时间。

学习和玩耍之间本来就没有严格的界限，是家长将两者的关系划定成了"玩耍＝不学习"。

其实，玩耍恰恰是孩子天然的学习方式。只有在玩耍中，我们才能真实地知道自己需要学习什么，才能继续跟小伙伴们愉快地做游戏。这个过程包括自己做决定、解决问题、与小伙伴友好相处、克服恐惧、接受失败，等等。在玩耍中，孩子是通过体验来学习的，获得的东西也不是通过上课或其他学习方式由家长或老师教会的，而亲身体验会成为铭刻在孩子身体里的记忆。

玩耍也是最容易发现孩子天赋和爱好的方式。

好奇心是孩子的天性，他们会通过各种游戏去不断尝试新事物，从中发掘自己感兴趣的事情，而兴趣是最好的老师。只有当孩子对某一件事产生发自内心的兴趣，他们内心的热爱才能被激发，并转化成满满的动力。

同时，在玩耍中的孩子可以在一个充满安全感的环境中探索世界、体验世界。在这个过程中，孩子非常快乐且释放了天性，他们有很多机会能够自己做决定。因此，长大后，孩子会有更多的勇气和自信沿着自己选择的道路前行，而不是被动地遵循家长规划好的道路。

在家庭教育中，家长可以尝试找到学与玩的平衡点，在日常生活中培养孩子"学玩结合"的能力。

特别是在小学和初中阶段，父母可以和孩子一起探索、共同创造一些适合孩子的有趣且实用的学习方法。在这一过程中，父母并非完全处于指导地位，而是要将自己放在和孩子平等的位置，最好也能释放自己内心的童真，和孩子一起探索，彼此给予适当的帮助和及时的回馈，达到寓教于乐的目的。

回想我从小到大的成长过程，最令我开心的莫过于爸爸妈妈让我拥有了大量随意玩耍的时光，我充分地体会到了自主、自由、自我导向的快乐。

在我步入学校后，爸爸妈妈与我一起创造了许多充满娱乐性、好玩儿的学习方法。有些是刻意设计的，有些是无意中歪打正着的。

这些方法都给我的学习和生活带来了非常有趣的体验，让学习变得充满吸引力，让我感受到学习不是枯燥无聊的，而是一件非常值得期待、充满趣味性、能获得成就感的有意思的事情。本章中，我将重点分享这方面的经历和体会。

没有人喜欢被迫学习，一旦感到被强迫，人就会本能地想要逃离。

如果家长能够允许孩子拥有更多的时间玩耍，并为学习增加一些自由和快乐的体验，那么我相信，学习将以更友好的方式进入孩子的内心，而孩子就更容易在"学得很开心，玩得有成果"的过程中实现成长的进阶。

妈妈的话

对于轩溢，"学习"一定有很多好玩儿的记忆。

当轩溢 4 岁左右上幼儿园时，他的性格胆怯、容易害羞，身体平衡能力弱，手脚协调性差。他身材瘦小，看起来弱不禁风，仿佛一年到头恨不得有 360 天在感冒吃药，以至于每天只能上半天的幼儿园。那时候不兴"卷"，我们也没有读过什么育儿书，只是依据对孩子性情的观察，发明了一些在家玩耍的游戏。

记得当时玩得比较多的游戏是"森林小帐篷广播站"。

因为家里每天晚上都会固定播放《新闻联播》，轩溢的爸爸也常会说起自己年轻时当过播音员的故事，所以，我们就选了广播作为游戏的主题。晚餐后，我会和轩溢走进书房，关上书房的门（因为他害羞，不想让家里的其他人看见），然后我用椅子背支撑着一条大浴巾，搭成一个帐篷。轩溢会钻进来或蹲或趴，扮演"森林（动物）播音员"。他给自己的角色取名为"蛇蛇"。

我们约定，广播的内容是当天森林幼儿园发生的故事，播放形式跟新闻联播相仿。通常我会扮演记者，拿支笔当话筒提问："今天你发现了什么有意思的事情呀？"他会根据在幼儿园真实发生的事来回答。有时是发生在自己身上的，有时是发生在其他小朋友身上的。然后，他会套在某个动物身上来讲。有时还讲混了，也不分是真人还是动物了。讲得兴奋之处，他还会钻出来模仿一些动作，手舞足蹈。他话多的时候，我就当观众，鼓掌叫好。他话少卡顿的时候，我就一脸好奇地提问："那你是怎么知道的？""假如你是那个小动物遇到这种情况，会有什么感受？心里会怎么想？""如果我们是赤脚医生或者是小老师，我们可以做些什么帮到它们？"……我们玩得很认真，很有代入感。我发现轩溢很小的时候就能真实地还原和表达清楚自己的情绪，也能体察他人的感受。他的内心非常柔软，对弱者充满怜悯，所有这些仿佛是他本身自带的特质。

森林小帐蓬广播站

今天，幼儿园发生了……

最初，我们只是因为这个游戏蛮有趣，玩得很起劲，可玩着玩着，我发现还附带产生了寓教于乐的效果。

首先，孩子很快乐、很放松，笑得嘎嘎的。孩子心情好，胃口就好了很多，也不那么容易感冒了。如果在幼儿园遇到什么不开心的事情，孩子回到家后就能及时获得安抚，心情可以快速复原。游戏中的开心感受仿佛能形成肌肉记忆的一部分，使得孩子每天盼望放学回家。

这类游戏是以孩子为主角的，孩子会有掌控感，所以玩得可认真了。我也从中见识到，孩子果真天生就会玩，而游戏正是孩子发挥创造力的源泉，在游戏中他们常常会闪现很多令人惊喜的创意。

也由此，孩子会自发地留心观察周围的人、事、物，积极收集素材、独立思考和试图理解现象的能力自然就被大大地激发了。

随着游戏内容的扩展，游戏难度和复杂性也水涨船高，而孩子会表现出越来越乐于接受挑战，也不害怕失败，他们的专注力和自我优化能力变强了，看起来似乎变得更加聪明、开朗、勇敢了。

要说对孩子帮助最大的，我认为就是编讲故事。当孩子还很小的时候，为了讲好故事，他会不断练习使用语言来表达自己的感受。等他长大了，我们明显地发现，他能够轻松自如地与人交流自身的各种感受，能让思考与感受协同工作，这个优势非常宝贵。

我们有时也会比赛，你说一句我说一句，比如列举幼儿园好吃的饭菜有哪些，又或者男同学厉害的地方有哪些。总之，可以随便找个话题进行比赛，而比赛结果通常是二八开——十次有两次是我险胜，八次是我故意表现出"词穷"，接不住了，让他赢我。每当这时候，轩溢就很得意，越发觉得自己观察力很强。

作为家长，透过游戏，我认识到了他的很多面，也能大致了解孩子在幼儿园的真实情况，可以有针对性地跟老师互动。有时，通过他编的这些"虽假却真"的故事，我还可以浅浅地植入一些生活小常识或做人做事的大道理，帮助他更好地步入社会。比如，不浪费粮食、掌控好情绪红绿灯、守时守纪律，等等。我也会针对自理能力做拟人化的引导和训练。比如，我会说："上课时尿急，举手告诉老师就是一种勇敢的表现。园丁伯伯每天都等着你的便便去施肥呢。""牙刷小卫士每天晚上都会来敲门，要揪出藏在你嘴里的垃圾害虫。"

从"森林小帐篷广播站"开始，我发现，轩溢展现了非常突出的"泛灵性"特质，他能将生活中所有没有生命的事物视为有生命、有感知、有情感、有人性的东西，并很有兴趣地琢磨它们的共同点和特性。"我能跟万物对话。"在轩溢 17 岁时，他提交给芝加哥大学的自我介绍中有这样一句话。

虽然我不能完全理解这种状况，更谈不上感同身受，但我愿意尊重并接受他与我是如此不同的事实。在家庭教育的方式方法上，我也刻意地慢慢顺应了他的这种特质。

积极养育：培养自驱、坚韧、有爱的孩子

比如，轩溢五六岁时，有一阵子不爱惜玩具，乱扔乱丢。有一次，新买的小手表两天就被摔坏了，我用拟人化的口吻描述小手表的感受，尤其是它不能再陪伴小主人一起下楼玩耍的感受。他深受触动，泪流不止，从此开始学着爱惜物品。我发现，这比说大道理或责备他来得更有效。

轩溢有很多毛绒玩具，它们被摆放在书桌、柜子、床上，到处都是。我们视它们为珍宝，轻拿轻放，温柔清洗晾晒，因为我们知道这些玩具对他很重要。我们也从来不会因为他是男孩子而嫌弃他玩毛绒玩具，因为那些玩具一定藏着他对自己的安抚和疗愈。到了高中阶段，当情绪低落或者压力很大的时候，轩溢自我调节的方法之一就是关上门，跟心爱的毛绒玩具聊聊天。他说，它们都能听得懂他说话，跟它们倾诉能够自我释放，获得舒缓的感觉。这也让轩溢养成了安静和独处的能力，懂得自我排解压力。

轩溢的房间里有一个落地书柜，里面没有一本名著，而是整整齐齐地摆放着一套套玄幻小说，诸如《斗罗大陆》等。从小到大，他喜欢看什么书就看什么书，我们从来没有干涉过，更没有提出读名著的要求。我们做得最多的，就是认真地听他分享书中的故事——那些来自魔幻世界令他感动、影响他的个人英雄故事。记得10年前我在英国的旅途中，接到他的电话。他在电话那头哭着说，他刚看完一本小说，非常感动。我在电话这头能够感受到他饱满的情感在流淌，小说中的人物和故事帮助他塑造了三观。当时国际长途电话的费用挺高的，但我愣是听他说了 40 多分钟……

现在回顾起来，轩溢展现出来的超强的同理心、充满灵性的洞察力、强大的直觉力、创造性的表达能力，等等，大概就是天赋与兴趣爱好结合起来的独特优势，它们一步步推动他走向了人类学、心理学、教育学的专业方向。每个人的使命不同，轩溢走在自己的路径上，没有跑偏也没有绕远。

我看见了，孩子的天赋原来早已在游戏中显露出来。

积极养育：培养自驱、坚韧、有爱的孩子

第一节

娱乐是学习的调味剂

> "在游戏中，孩子的表现总是超过他的实际年龄，超越他在日常生活中的表现；在游戏中，孩子仿佛比他平时'高了一头'。"
>
> ——利维·维果茨基

相比我的同龄人，我接触英语的时间算是比较晚的了。在上小学之前，除了字母表，几乎没有接触过英语。爸爸妈妈也没有给我进行任何英语启蒙。刚进入国际学校时，我和其他同学相比，是毫无英语基础可言的。刚开始学习英语时，我感到有些畏惧，甚至非常反感，总觉得这门课很无聊，天天就是跟读、抄写、背诵，总在不断地重复。

当刚刚接触一个全新、陌生的领域时，任何人都难免会产生畏难情绪，更何况当时我还只是个小学生。因为不喜欢英语，我每天都在想方设法地逃避学习英语，经常是敷衍了事地完成作业，而不愿意花时间去听、读、写。

那时课堂上学习的内容并不复杂，就是简单的日常问候和对话，比如"早上好""下午好""晚上好"等。课本把这些英文对话编成了一首简单的儿歌，这种编排方式比较适合小孩子的学习模式，也让一年级的小朋友能够轻松上手。但是，由于当时的我确实对英语毫无兴趣，所以这首儿歌在我听第一遍时还能让我有些新鲜感，但是到了第 N 遍，新鲜劲儿过去了，我就觉得乏味至极。我连儿歌都觉得单调枯燥，自然更没有什么耐心去背诵课文。我马马虎虎地读了几次之后，还是记不住。我不仅感到无聊，还尝不到学习的甜头，于是内心的挫败感油然而生，就更加讨厌学英语了。

不久，我那"后脑勺长着第三只眼"的妈妈发现了我的厌学苗头，她便"施展魔法"，帮我走出了困境，并让这个"魔法"发展成了我学习英语的"发明专利"——"疯狂英语表演法"。

在一年级开学后的第 3 周的周末，晚上洗完澡后，我和妈妈躺在床上，妈妈提议玩一种新游戏。那周我学的是"Good morning""Good afternoon"这些见面问候、打招呼的内容。我们在床上并排躺下，跷起二郎腿，脚板相对，妈妈先用大脚趾触碰我的大脚趾，同时说"Good morning"，然后让我模仿她，用我的大脚趾去触碰她的，并重复她说的"Good morning"。

积极养育：培养自驱、坚韧、有爱的孩子

用游戏的方式学习。

在最初的几个回合中，我有点儿小兴奋、小紧张，但感觉蛮开心，没有把这个游戏跟讨厌的"英语学习"联系起来，只是觉得妈妈是在用我学过的内容跟我开玩笑、和我玩耍。几轮游戏过后，妈妈提议提高难度，问我敢不敢应战，我兴致勃勃地大声回答："敢！"于是，我们开始各自创造和模仿各种动物或人物的语调来说这些英文单词。这场玩耍过程持续了半小时，我笑得前仰后合，在不知不觉中记住了课程内容。那一天也是我一年级学英语以来最开心的一天。

后来，妈妈跟我约定，每个周末晚上都继续玩这个游戏，提升挑战难度的前提是看谁能在第一轮游戏中模仿的语音、语调更接近录音。为了周末的"疯狂英语大赛"，我每天都特别认真地准备，上英语课时也积极多了，作业的完成质量也很高。

过了一段时间，英语课的难度增加了。有天晚上，妈妈路过我的房间，听到我在懒洋洋地读课文，就推门进来，夸张地说："哎，我发现你读的这个英文儿歌很有节奏感，你觉得像不像楼下万佳超市门口的那个摇摇车？你小时候最爱坐的那个。"听她这么一说，我感觉好像是有那么一点儿像。谁知妈妈来劲儿了，她跳到我的床上，招呼我一起躺下，模拟摇摇车的样子，一边前后摇晃身体，一边跟着音乐一起唱这首儿歌。我又被搞得哈哈大笑，乐个不停。

第二天，当老师在课堂上播放这首歌时，我的脑海里一下子浮现出头天晚上和妈妈玩耍的场景，那种玩耍的快乐一下子包围了我，我的心情变得愉悦起来，英语学习也变得轻松起来。我慢慢地发现，英语课好像也没有那么难了，而且英语学习还挺有趣的。

到了三年级，英语课开始涉及一些语法知识，同时课文中需要背诵的内容也更多了，里面涉及的人物、场景和故事情节也变得更加复杂。小时候的我好动、坐不住、没什么耐心，很难安静地坐下来，也不愿花时间把课文一字一句地反复阅读、背诵下来。

有一天，我正坐在书桌前漫不经心地读着课文。妈妈在一旁整理我的衣柜。隔了一会儿，她凑过来说："把你的课本给我看看。"她翻了翻我的课本，跟我说："我发现课本要求你们背诵的文章都

　　　　　　　　　　积极养育：培养自驱、坚韧、有爱的孩子

会设定一个场景，有的是在学校，有的是在餐厅、商店，还有一些是在虚拟的童话世界里，而且这些文章大多带有故事情节。这样吧，咱们来演戏好不好？以角色扮演的方式把整个场景和故事还原出来。这样就能更好地帮助你理解课文，背诵起来也会更容易一些。怎么样？"

听妈妈这么一说，我一下子就来劲儿了，仿佛"戏精"附体！

课文里讲的故事情节我已经非常熟悉了，我只是没有耐心去逐字逐句地背诵，也没有找到合适的方法帮助我记忆。如果能用更轻松的方式帮助我记住这些课文内容，何乐而不为呢？我立马跳起，开始手舞足蹈地跟妈妈描述课文里讲的故事，比如，"3只小羊过独木桥"是怎么样的情景，"在餐厅点餐"是什么样的情形……几次表演下来，我顺利地记住了课文里的内容。

有了这些成功经验，之后每次学习新课文，我都会有意识地先梳理课文中的人物关系、性格特点和场景细节，因为我回家后要表演给妈妈看。作为一个"戏精"，我必须非常认真地准备，只有全情投入才能让妈妈欣赏到最传神的表演。

随着年级和所学内容的变化，我们不断迭代"疯狂英语表演法"，彻底把学英语变成了我的个人才艺表演。我的妈妈特别能发挥想象力和创造力，不嫌麻烦地把家里的床单、枕巾、浴帽、领带、丝巾等当道具披在我身上或包在我头上来装饰我，由我来扮演各种性格不同的人或动物。我就根据课文内容，一人分饰几角，极尽表演之能事。妈妈则"退居二线"，担任录像师。她举着小录像机录像，等表演结束后让我跟她一起看回放，一起哈哈大笑。回想起来，正是当时的这些游戏，极大地提升了我的学习兴趣和动力，乃至到了我读研究生的时候，这些回忆对我来说依然鲜活、生动、有趣。

比起那种安安静静地坐着背诵课文的方式，这种手脚并用、情境演绎的方法更适合我的性格。尽管它有些夸张，但能大大地提高我对课文的理解，加强我的记忆。此外，其中的一些剧情和场景还原还能更好地帮助我理解故事中的人物性格和人物关系。因为这种方法趣味性较强，所以它调动了我学英语的热情和积极性。我每天都非常兴奋地拉着下班回家的妈妈玩"疯狂英语表演"的游戏。通过这种游戏，我算是真正爱上了学习英语。

"疯狂英语表演"这种游戏式的学习方法是我的真实经历。从中可以总结的是，娱乐并不是学习的天敌。如果利用得好，它反而是非常好的学习调味剂。许多科目的学习强调"投入时间、努力付出"，但对于孩子来说，这种学习方式非常枯燥。日复一日的上课下课、写作业、考试，会让孩子感到"三点一线"的生活十分无聊。这时如果在他们的学习生活中增添些许"趣味调料"，契合孩子在这个年龄段爱玩爱动的特点，那么反而能够激发他们的兴趣，调动他们学习的积极性，将被动完成功课转变为主动探索学习。适合孩子的游戏能缓解孩子的学习压力，同时调节家庭氛围、增进亲子关系，帮助孩子养成积极乐观的学习态度，真正体验到在"游戏中学习"的快乐。

在家长圈中，流传着一条不成文的规律：不写作业母慈子孝，一写作业鸡飞狗跳。

在我小学的时候，我最怕父亲给我辅导数学应用题。

他喜欢用自己的一套解题逻辑讲解，跟老师上课讲得不一样，却比老师还严厉百倍，而且还容易急躁。我常常听得云里雾里，头脑很蒙，最终还是没听懂，依然不会做。几个回合下来，父亲失去耐心，勃然大怒，经常把笔狠狠地一摔，吓得我瑟瑟发抖。他用手指指着我的脑门，气急败坏地大叫："简直笨死了，你这榆木脑袋瓜子……"

我从那时就"立志"：将来有一天我有了孩子，绝不做这样的父母。

虽然立下了"志向"，但我的"智商余额"也只够辅导孩子小学低年级的作业。所以，总结我有限的小学生作业辅导经验，我将它们浓缩成6个字的心得：以孩子为中心。

我父亲虽然也是老师，但是他当年辅导我作业的方式，大概是"以自我为中心"的。他用他自己的思维习惯、教成人学习的逻辑，甚至用教结构力学这门学科的教学方法，来辅导一个小学生写作业，这往往导致问题没解决，亲子关系还被破坏了。

我理解，以孩子为中心，就是将目标和注意力聚焦在孩子身上，从孩子的学习偏好和特点出发，通过观察和摸索，找到适合"我家这个孩子"的切入方式，小心翼翼地呵护好孩子对学习的兴趣，没有什么比"喜欢学习"更有价值了。即使没能帮孩子解决知识上的问题，但底线是，要尽量避免破坏亲子关系。

关于"以孩子为中心"，我总结了3个我认为比较有用的辅导策略。

积极养育：培养自驱、坚韧、有爱的孩子

第一，识别孩子的学习偏好，这一点超级重要。

每个人的学习偏好不一样。孩子的学习偏好不一定跟我们一样，家长要特别注意区分自己的学习偏好与孩子的有哪些差异（当然也有可能是一致的）。

家长首先要摸清孩子与人和事物建立联结的方式，他们天生习惯或善用的是哪种"联结"方式，比如是靠感觉还是靠思维或者行为。利用孩子个性化的学习偏好去创建互动，这会让孩子以自己感觉舒服的方式快速且有兴趣地进入学习状态。在整个过程中，家长也要注意始终契合孩子的学习偏好进行教学讲解，这样孩子才能更轻松地接受知识，学习体验更好。

第二，允许孩子有自在的学习姿态，如果能调动全身参与，事半功倍。

在我家，学习的时候不需要孩子全程正襟危坐，我们允许孩子以放松舒服的方式进行。孩子甚至可以趴着、倒着、歪着、躺着，不限姿势、不限地点。这样一来，家庭学习对孩子来说就是一件相对轻松、自由的事情；有了一定自主权，孩子会感觉愉悦很多，写作业也不再是一件苦差事。家长不必过于担心，我相信每个孩子天生都是非常重视个人的学习能力和学业成绩的，当他的自主权和掌控感得到适度满足后，他们会根据学习内容灵活选择最适合的学习姿态、学习地点。

记得当时我还跟轩溢探讨过这样一个问题："为什么我小时候必须关上门在书房里一个人安静地写作业，而你可以在有着众多干扰的环境中写作业呢？"当时只有9岁的轩溢回答说："你是单体注意力的人，我是多体注意力的人。我们不同。"我问他："这是哪里听来的理论？"他回答说："我编的。"

我提倡，在辅导低年级孩子做作业时，要增添一些趣味性和互动性，让孩子全身参与，以提升学习效率。我们应该想办法让孩子的身体，包括头脑和五官，以及情感都能参与到整个学习过程中，增强他们对当下正在进行的活动的兴趣。如此一来，他们的创造力和专注力就会明显提升，从而实现事半功倍的效果。

第三，帮助孩子扫清知识障碍。

只有识别孩子具体的学习难点或卡点，才能帮到点子上。识别后，要把难点拆分成一个个微小目标，降低学习难度，只有让孩子不踮脚也能够着，才能让他们有继续向前的意愿。不求量多，一次只解决一个点。同时，要对孩子取得的进步给予及时的认可（真诚且不带任何"但是"的认可），让孩子能逐步看见自己的成果和进步，并意识到爸爸妈妈也看到了自己的点滴进步，从而不断获得成功的体验，增强对自己的信心。

坦诚地说，作为家长，我难以靠一己之力改变传统的教育观和学校的教育模式。我能做的，就是在家庭教育的一亩三分地里，尽量不让我的孩子感觉学习是他想要逃避的苦差事，是沉重的负担、压力和麻烦。如果能先让孩子喜欢这个学习的过程，觉得好玩，觉得不难，然后激发他的兴趣，建立他的信心，那么孩子自然就想探索更多的知识。

如果一个孩子在轻松的环境下、怀着愉悦的心态，且拥有一定的自主权和掌控感去学习，那么学习效果才会达到更佳，学习焦虑也会大大减轻。

第二节

迁移"打游戏"的思维能力

"生活即游戏，游戏即生活。"

——杜威

生活中的很多事情都不是孤立存在的，它们之间有着千丝万缕的联系。如果我们能带着觉知去洞察生活，那么即使运用"游戏思维"，也能提升独立思考和应对各种情境的能力。

我自己有一个让我受益匪浅的"世界观"——"游戏人生"。

简单来说，就是把人生当作一场游戏，以打怪通关的方式，去实现自己大大小小的目标。

我在高中时，就是用这样的思维方式，成功地提升了标准化考试成绩，扛过了申请季的压力，顺利申请到了梦想中的学校。

我的这种"用游戏的方式去实现目标"的思维模式来源于动漫。

在我高二那年，有段时间我非常喜欢看动漫，其中一部动漫我特别喜欢，名叫《NO GAME NO LIFE》（《游戏人生》）。在这部动漫里，存在着一个虚构的游戏世界。在这个世界里，禁止一切争斗掠夺。所有的战争和胜负等都是通过游戏来决定的——小到人们的日常生活，大到国王的更换，乃至国界线的划分都是通过游戏决定的。谁能赢得游戏，谁就能掌握话语权。主角们在各个游戏中凭借自己的智慧，思考应对策略，调动有限的资源，力争在一场又一场的游戏中赢得胜利。

看了这部动漫后，我突然有了一个念头：既然我非常喜欢玩游戏，那有没有可能把游戏和我现实中的学习生活联系起来呢？游戏世界里的关卡设定，其实和现实生活中的冒险和挑战相似。如果我把现实生活中要实现的目标设定为要闯过的关卡，那我就可以像在游戏里那样去思考策略、制定方案、攻克难关，最终升级"进化"，战胜大 BOSS！

正好这时，学校要举行校园歌手大赛，我决定尝试运用这个思路去参赛。其实在前一年，我参加过这个比赛，但当时比较心浮气躁，准备得也不充分，在海选阶段就惨遭淘汰。虽然事后也有过复盘，反思自己的问题和不足，但一直没有采取什么行动去改变和提升。所以，如果想要在比赛中取得一定的名次，那我必定与过去一年的自己相比要有显著的改变和提升，否则迎接我的还是相同的结局。

我开始思考：如果是在游戏世界里，面对这样一个关卡，我需要做哪些准备呢？

首先，我得弄清楚游戏的规则。

所有的游戏都会有一个新手教程，好让玩家熟悉一些基本操作和任务线，了解需要完成哪些任务才能得到奖励，最终通关。于是，我带着"新手上路"的心态开始了解这届校园歌手大赛的海选规则。比如，是要求清唱还是可以带伴奏？是否规定了时长？评委会是参考哪些维度来打分的？只有理解了规则和赛制，我才能更有针对性地准备比赛。

弄懂规则之后，就可以开始进入游戏了。在游戏里，玩家要如何快速地变强呢？一方面要熟练掌握角色的技能，这需要持续练习去精进；另一方面，装备也是提升玩家实力的重要因素之一，所以还要不断升级自己的装备。

要想在校园歌手大赛中取得好成绩，唱歌的水平肯定是最重要的。除此之外，表演时的情感表达、着装和台风也非常重要。经过一番自我评估，我发现在这些方面，单靠我个人的能力肯定不够，我需要向专业人士请教、学习，进一步提升。为了精进我的唱功，我找到学校的音乐老师和吉他老师，请他们针对我的情况提一些专业的意见。同时，我还跟爸爸妈妈沟通，听取他们的想法和建议，并整合这些意见，制订了一份专业、完善的训练计划。之后，我就开始按照这个计划去练习，就像在游戏中打怪升级一样，努力积攒足够的经验值，全方位地提升我的实力。

大多数游戏都不止一个关卡，而是有很多小关卡和一个终极大BOSS。玩家从新手村出发，一路升级打怪、不断积攒经验，慢慢修炼成一个熟练的高级玩家。最后，在面对大 BOSS 时，不能凭武力蛮干，而需要巧妙地运用一些游戏策略，有时还需要和其他玩家合作，才能取得最终的胜利。

校园歌手大赛也是如此。从海选到初赛，再到复赛和决赛，选手们需要经过层层的选拔和 PK，才能最终走上决赛的舞台。想要取得决赛的胜利，不仅需要卓越的唱功，还要精心设计舞台布局、排练舞蹈、选择服装、编排灯光效果，等等，这些事情通常一个人很难完成，需要团队的协作。当自己无法搞定所有的事情时，一定要及时地向专业人士或亲朋好友求助。

那一年，通过运用这种"游戏人生"的思维方式，我顺利地过关斩将，获得了校园歌手大赛的冠军。事后，在跟爸爸妈妈复盘这件事时，我对他们说，这种"游戏人生"的思维方式不仅很好地激发了我的兴趣，还让我有了坚持到底的毅力。那么或许，它也能够迁移到提升我的英语标准化考试成绩上。

我的目标是申请美国的大学，申请材料中的一项就是英语标准化考试成绩，比如托福、SAT（学术评估测试）和 ACT（美国大学入学考试）。在此之前，我已经参加好几次托福了，但是都没有考出理想的分数。每次备考，我都花了很多时间和精力，但像遭遇了瓶颈一般，始终无法将分数提高到心中的预期目标。这类考试不仅占据了我的时间和精力，而且因为深圳没有考点，我只能去广州或者香港参加考试，所以交通费、住宿费，再加上考试费，是一笔不小的开销。

这类考试就成了我的一个心结：不考的话无法申请美国大学，考的话又总是达不到理想的分数，而且我越焦虑，成绩就越不理想，结果就形成了一个恶性循环，让我更加畏惧。

在成功夺得校园歌手大赛的冠军后，我决定试着用"游戏人生"的思维方式来应对托福和 ACT。

打游戏的能力怎么迁移到提升标准化考试成绩呢？

阅读
听力
口语
写作

新手教程：摸清规则
进阶训练：刷题升象
师徒系统：老师辅导

　　以托福为例，想要通过考试，取得理想的分数，首先我要详细了解考试规则。托福分为听、说、读、写4个模块，就像游戏里的4个关卡。我需要透彻地理解每个模块考察的能力是什么、有哪些题型、可能会出现哪些变化，等等。同时，我还要弄清楚每个模块的评分标准和题型结构，这样才能真正摸透游戏规则。

　　然后，我要对自己目前的能力进行评估。想要以高分通过这些关卡，我需要具备哪些能力？想要提升这些能力，我需要在哪些方面积攒经验？比如，词汇量不足，我该如何扩充？听力比较弱，我要怎样去提升？口语表达容易卡壳，我要如何练习？只有明确自己的不足，才能有针对性地加强训练。

　　接下来，我需要梳理身边可以利用的资源，包括学校老师的辅导、校外机构的培训以及来自同学和朋友的经验分享，等等。他们就好像游戏里的 NPC（非玩家控制角色），在玩家需要的时候可以为玩家提供必不可少的支持。合理利用这些资源，能够帮助我更快地成长。

梳理好备考的整个逻辑后，我就开始打怪升级了，逐个击破自己的弱项，同时不忘提升装备，以刷真题的方式来检验备考效果。每一次刷题之后，我都会及时复盘，分析自己的时间分配情况、做题思路，并总结哪些地方做得好，可以继续保持，哪些地方还有不足，要进行调整。

带着游戏攻略，经过一段时间有针对性的练习后，我明显地感受到了自己的变化。一方面，对于备考这件事，我开始拥有明确的掌控感。我很清楚自己每天该做哪方面的复习——是背单词还是练口语，每天的日程安排得非常清楚；另一方面，我很清楚自己的每一分努力都能得到回报，就像是游戏里的每一次操作都能让我清楚地看到及时的反馈一样。这种反馈给了我极大的自信和确定感，让我有动力采取更多的行动，而不会陷入挫败的情绪里。连爸爸妈妈都说，我像变了一个人似的，精神焕发、充满斗志，通过一点一点地积攒经验，最终成了一个厉害的"大神"。

到今天，我仍然保留着"游戏人生"的思维习惯。都说会玩的孩子，可能更早懂得与世界的相处之道。当我在学习和生活中遇到困难和挑战时，我就会告诉自己："嘿，又要闯关了！不用紧张，这只是一场新的游戏，只要我努力提升、实力够强、装备够好，最后就一定能通关！"就是通过这样给自己打气，我一步步地闯过了无数个关卡，逐个解决了生活和学习中的诸多难题。

所以，不要忽略生活中的各种体验，应从中提炼有价值的部分，帮助我们培养良好的思维习惯。我们需要做的，就是带着觉知去观察和总结，汲取其中有益的部分，并将之有效地运用起来。取之生活，用之生活。

轩溢爱打游戏，在家打游戏的时间一度超过了学习时间。如何在这两者之间平衡呢？这是他需要面对的问题。

有一天他放学回来，一副心事重重的样子。我们之间有了下面这段对话。

我："怎么了，感觉你好像有点儿心事？"

他："妈妈，你不知道，保住游戏的排名，比保住学校的成绩排名还难。"

我："嗯，那当然，打游戏的人可多了去了，高手太多。是什么让你感觉有压力啊？"

他："我想让排名再往前一点儿。"

我："往前一点儿？那具体是想往前多少啊？"

他："《王者荣耀》冲到深圳第一。"

我："哇，听起来很疯狂啊！我家竟然要产生一个深圳第一！真的假的？"

他："我想试试。"

我："有这么逆天的目标，你有多少把握做成这件事儿？"

他："八成。"

我："哇，那真的值得冲啊！妈妈支持你！我的直觉告诉我有戏，你感觉呢？"

他："其实，我感觉还是有点儿心虚。"

我："那你说说，怎么样才能不心虚？"

他："晚上可不可以让我晚睡一小时，我多打一小时游戏，毕竟这也是很需要投入时间的。"

我："呃，这……让我想想……好像确实有些为难啊！"

沉默了片刻，我们继续对话。

我："我感觉我心里有点儿压力了。有两个声音在争论，一个声音在说：'支持他、支持他！他肯定能赢。'另一个声音很担忧地说：'不可以，不可以！晚睡影响身体，打游戏太多影响学习。'"

他："妈妈，我保证不会影响学习的，就一个月的时间。"

我："现在的问题不在你，而是妈妈放不下自己的担心，你得帮我解决这个担心。如果睡觉时间不能晚，学习成绩也不能受影响，你有没有办法从哪里挤出一个小时？"

他（沉思了好一会儿）："我先回屋想想，晚点再聊吧。"

我："好好好，我也想想有没有什么更好的办法。"

过了半小时，轩溢兴冲冲地从房间跑出来找我。

他："妈妈，我想到 3 个办法，你看看行不行？"

我："哇，这么厉害！一下子就整出 3 个，我一个还没想出来呢。快点儿说来听听！"

他："第一个办法是，我可以上课再认真些，把知识点尽量在课堂上消化掉，节省课后再琢磨和复习的时间。这样能省出一些时间打游戏，你觉得这个办法怎么样？"

我："牛！这绝对是个好主意！感觉你一下子 get（抓住）关键点了！上课听讲绝对赛过课后复习。"

他："别急别急，还有呢。第二个办法是在课间尽量快速完成作业，有问题马上跑去问老师，把问题解决掉，不把问题带回家，这样又可以节省一些时间。"

我："听起来倒也可以，不过课间写作业不休息，会不会影响你下堂课的上课状态呢？"

他："没关系，我只在下午不是主课的课间这样做，不会影响太多。我们放学早，我会抓紧放学后的时间写完作业。"

我："虽然我不太赞同课间不休息，但如果是为了短暂冲刺，也不是不能考虑。"

积极养育：培养自驱、坚韧、有爱的孩子

他："那我还有第三个办法。我看了一下，我这个月可以减少参加两个不太重要的社团活动，省下来时间复习功课、准备考试。"

我："这个办法也不错，社团老师能同意吗？"

他："我明天先去跟老师商量一下。我算了一下，这样做，加起来肯定能省出一个多小时，不用晚睡也可以搞定。"

我："听起来是可以的。那你还需要妈妈帮你做什么吗？"

他："可能还需要妈妈跟社团老师打个招呼，帮我找个正当理由请个假，就说家里有事需要早点放学回家，但请别跟老师说我是为了打游戏，可以吗？"

我："No problem（没问题）！放心，交给我，妥妥的。"

他伸出手跟我击掌，我调皮地对他笑了笑，他便开心地跑进自己的小屋写作业去了。

后来，他果真实现了《王者荣耀》深圳第一的排名，而且他既没有晚睡，学业也没有受到影响。

可能我确实比较宠孩子。每次孩子提出他的需求或渴望，我的第一反应就是想帮他实现。我发自内心想成全孩子的心愿，而且从来不会认为孩子的想法是无稽之谈。我总觉得他一定有他的道理。这种发心，孩子能感受到，他相信妈妈是爱他的、支持他的，是明理的，所以与他的对话往往比较顺畅，即使观点有分歧，他的情绪状态也比较稳定。

有家长会说，我没有学过"教练技术"，我怎么才能和孩子进行有效的对话呢？

在我看来，跟孩子对话，并不一定非要具备什么"教练技术"或者专业对话能力。只要愿意放下手里的事情，花点儿时间安静、专注地听孩子说，看着孩子的眼睛，观察他的身体语言，及时给予反馈，就会让孩子感觉自己说的事情是重要的、是有意义的，父母是认真地把它当回事儿的。

此外，即使掌握了"教练技术"，它也不是万金油，也不一定适用于每个场景。我们还是要见招拆招，分情况看场合。该直接给答案、给指令时，就明确地给出结果，该手把手辅导时就耐心地当师傅，去教徒弟，该使用教练式对话时，我们就努力引导和启发孩子。重要的是，我们要知道在什么情景下用什么风格来回应更适合、更奏效。有用才是硬道理。

通过打游戏这件事，我看见了孩子身上的 3 个方面。

第一，孩子具备兼顾的能力。

接纳孩子爱玩的天性，引导他们为自己的目标去发展兼顾的能力。这背后需要孩子锻炼自己的自律能力，以及

　　　　　　　　　积极养育：培养自驱、坚韧、有爱的孩子

对"目标—行动—结果"的全过程的综合把控能力。家长的允许和鼓励，就是帮助他们加强自律性，这比单纯地说教"自由的前提是自律"的大道理更能打动孩子的心。

第二，孩子是有能力创造性地解决自己的问题的。

我不是他，不是事件的主人公，有时我扮演不好指导者的角色。很多时候，孩子可能更了解自己，更清楚自己面临的环境和可利用的资源。"家长后退一步，孩子就能向前一步"，一个退的动作就直接启动了孩子的自我负责模式。

要相信，每个人都是自己的生命问题专家，都有足够的资源和能力支持自己解决难题，而孩子的潜力远超我们的想象，自然也不例外。

第三，得到父母支持的孩子更容易成功。

孩子终究是孩子，当他们没有十足把握时会显得不够自信，孩子的内心非常渴望父母能支持他们去实现一件"他们认为重要的事情"。如果经常得到父母的认可和鼓励，再加上孩子志在必得的信心，在大多数时候他们就会全力以赴，超水平发挥，这将极大地增强孩子的自我效能感。

母子连心，当妈妈感受到孩子的感受时，爱就发生了。

第三节

让成长看得见

　　"请记住，成功的欢乐是一种巨大的情绪力量，它可以促进孩子好好学习的愿望。请你注意无论如何不要使这种内在的力量消失，缺少这种力量，教育上的任何巧妙措施都是无济于事的。"

——苏霍姆林斯基

　　如果要我回忆童年时期，爸爸妈妈做过的哪一件"小事"成功地帮助我看到了自我价值，还增强了我的自信心，那么第一个跳进我脑海的，一定是小学阶段家中客厅那面贴满了我的奖状的荣誉墙。

　　爸爸妈妈把我获得的所有"成就"都放在家里最引人注目、最容易让人看见的地方，我把这个方法称之为"成果视觉化"。

　　从小学一年级开始，我在学校收获的所有奖状、奖牌和奖章，无论大小，都被爸爸妈妈细心地收藏起来。他们特意在客厅里为我留出了一面白墙，专门用来贴我所有的奖状，而其他奖牌和奖章也在书架上有了自己的专属位置。到我小学毕业的时候，家里的奖状已经贴满了一面墙。亲朋好友一进我们家，最先映入眼帘的，就是这面专属于我的荣誉墙。

我能够看见自己的成长。

在这面荣誉墙上，爸爸妈妈不只悬挂学习方面的奖项，也不只展示金牌、冠军之类的最佳荣誉，而是将我获得的所有奖励全部展示出来。"诚信之星""卫生标兵"之类的生活奖项，或者运动会上的铜牌、第 10 名之类的奖状也都被展示出来。它们同样被放在书架上显眼的位置。这些荣誉是我从小到大一点一点积累起来的，一面墙记录着满满的回忆和我成长的经历。即使每年只收获几个，但几年下来积累的成果也是非常可观的。我的爸爸妈妈特意将它们都展示在了家中醒目的位置，而不是将它们收藏在柜子里。

这样的"成果视觉化"的做法有什么好处呢？

首先，大部分孩子天生具备"收藏"的特性。

从很小的时候开始，孩子会从不同方面展现"占有欲"和拥有一样东西时的满足感。孩子喜欢"拥有"，却不擅长"保存"，而爸爸妈妈正好填补了这个短板，帮助我将获得的各种荣誉收集起来并加以展示。这不仅满足了我的收藏欲，更感受到了父母对自己的夸赞，对自己获得的成绩的认可和重视。

其次，孩子能清晰地看见自己的进步与成长，从而萌发出强烈的自豪感和荣誉感，想要获得更多的荣誉，自然需要付出更多的努力。

很多父母常常跟孩子说"一分耕耘，一分收获"。道理都懂，但眼见为实，看得见、摸得着的反馈尤为重要。与其把道理挂在嘴上，不如落到实处，将孩子每一步的成长和每一个成果都展现在孩子眼前，让他切切实实地将自己的耕耘和收获联系起来。

试想一下，孩子每天出门上学前最后一眼看到的是自己的成果榜，每天放学回家后第一眼看到的是自己的荣誉墙，而亲朋好友来到家里时也会第一时间看见，夸奖他的努力，所有这些具象的正面反馈能给孩子带来美好的成就体验，让他真切地感受到自己的努力所创造的价值，进而产生一种内在的驱动力，更大限度地挖掘自身的潜能，追求更大的进步。

随着我一天天长大，当我再次回看这些奖项时，我开始逐渐明白每一个奖项背后所蕴含的价值：原来，自己取得的每一丁点儿的

　　　　　　　积极养育：培养自驱、坚韧、有爱的孩子

进步爸爸妈妈都看在眼里了，而且十分重视它们；他们看重的不只是我的成绩，而是我的全面发展。

所以，不要小看"成果视觉化"，更不用担心它会让孩子骄傲和自满。当孩子感受到父母通过这个行为传递出的重视和认可时，他会更相信自己，更有动力去争取更好的成绩。

曾经有不少家长问过我这样一个问题：父母要怎么做才能帮助孩子培养积极乐观的心态，建立起自信心呢？

我认为，自信心的建立不是一次性事件，它不会通过一次性或单个的行为改变就能确保孩子拥有可持续发展的自信心。建立自信心更多的是一个细水长流、潜移默化的过程。在日常生活的点点滴滴中，在一朝一夕的学习体验中，要用专属自己家庭的独特方式观察、捕捉和记录孩子的每一次成长和进步，毫不吝啬地向孩子表达你的赞赏和认可。正是通过无数的、看似微不足道的小事情一点一滴地累积，最终引发量变向质变的飞跃，从而让孩子的底层信念像建造高楼一样，慢慢地一砖一瓦地培养起来了。

记得许多年前，有一次去表妹家做客，在她家客厅的墙上，我看到了这样一张奖状，上面赫然写着"幼儿园穿鞋比赛冠军"。当时我们一家人笑得前仰后合。后来，就是在这样一张"穿鞋奖状"的后面，逐渐有了一系列的奖状——"优秀课代表""三好学生"……

对于孩子来说，成就的价值不在于大小，而在于反馈的形式。父母若认为"穿鞋比赛冠军"幼稚可笑，孩子自然会认为自己在当下阶段取得的成绩不值一提，那么他"接收"到的不会是信心，反而是"扫兴"，甚至是家长无意中的打击。当把所有奖状放在一起来看时，"穿鞋比赛冠军"反而成了一个起点的象征，因为从这里开始，孩子每取得的一点荣誉，以及成长过程中每一个里程碑，都被他的父母视为珍宝，保存了下来。等到他长大一些，回望自己的来时路时，能够更清楚地认识到自己是如何成长的，而这些累积起来的荣誉，也能给予孩子足够的信心和勇气，踏上未知的旅程，追寻自己的人生目标。

上高中后，"成果视觉化"的做法有了与时俱进的新形态。

在那段时间，我喜欢上了音乐，经常自己作词作曲，以唱作的方式记录自己的所思所想，表达内心的真实感受和情绪。比如，我会在爸爸妈妈过生日时特意为他们写一首歌，表达我的祝福；我也曾在情窦初开的年纪创作了一些歌曲，表达内心朦胧的情感和对异性的好感，记录自己的心路历程和情感状态。不过，那时的我还不知道记录的重要性，很多歌词写完之后只是储存在手机的备忘录里，或写在了笔记本上，一段时间之后便被逐渐淡忘了，当时的情感和情绪也随风飘散了。但幸运的是，凡是我给爸爸妈妈弹唱过的，都被他们录了视频保存了下来。如今回看年少的模样，非常有意思。

大学期间，我恋爱了。在恋爱初期，我跟随内心最真实的感受和我注入的情感，创作了一首歌曲，记录下了当时恋爱的心绪和感受。有一次，跟爸爸聊天时，我提到了我创作的这首歌，爸爸鼓励我说，不如去录音棚把它录下来，这样可以长久地保存。就像以前我们把奖状贴到墙上那样，这么做可以记录生命中的每一段历程、人生中的每一份宝贵体验。妈妈还建议说，到时可以将歌曲上传到音乐平台，让更多的人听到这首歌，与我的青春爱恋产生共鸣，这也是很有意义的事情。

就这样，我第一次踏进了专业的录音棚，完成了一首歌的录制。这个过程花了不少时间，但当最终的作品完成时，我的内心涌起了一股极大的自豪感和满足感——这是我创作出来的属于我的作品！

我非常感谢父母。我从小到大所取得的每一点成绩、获得的每一个荣誉，都被爸爸妈妈细心地记录或保存了下来，这是另一种能被看见的力量。而那些大大小小的奖状，就是我创作出来的属于我的人生成长作品。这也算另一种形式的"经常庆功，就能成功"。

在未来的人生道路上，无论遇到什么样的挫折和困难，我都能相信自己，始终保持积极的态度，有勇气、有力量地继续前进，因为回首来时路，所见皆是实实在在、由碎片经历汇聚而成的能量。爸爸妈妈相信我必能有所成就，我也相信自己有无限的可能，一定能够创造和实现属于我的人生、我的成功。

让孩子拥有看得见的成就、看得见的成长，这便是"成果视觉化"的意义所在。

妈妈的话

怎么让一个不够自信的孩子相信自己本来就足够好呢？

轩溢上幼儿园时，在老师和同学的眼里，他是一个内向、懦弱、胆怯的小孩。

在家里，我却发现在安全放松的环境里，他展现出了超越年龄的思考力和内省力。我当时想，这样一个天性敏感又善于反省的孩子，会不会过度在意自己的缺点？怎么能让他将注意力更多地放在自己的优点上呢？这个问题一直萦绕在我的心头。

　　有一天下班回家，我路过小区的万佳超市，正好有个小朋友在坐摇摇车。我耳边飘来摇摇车播放的儿歌："爱我，你就抱抱我；爱我，你就亲亲我；爱我，你就夸夸我。"这首儿歌我耳熟能详，听过几百遍了，但那天它忽然给了我一个灵感。

　　我说干就干。回到家中，我因陋就简，找出4种颜色的彩纸，并召集了一家三口和19岁的保姆小姐姐，布置了一项"夸夸夸"的任务：每个人每天在晚餐前要完成一个家庭作业，即在自己所选的彩纸上，简短地写下一条当天所看见的轩溢表现好的地方。轩溢自己也要说一条，并让大人代写。每个人都念完自己所写的内容，再开始吃晚餐。这项"夸夸夸"的任务从当天开始执行。

　　我用透明胶带把4张彩纸整齐地贴在饭桌正对的白墙上，并郑重地写下了4个标题：爸爸的表扬、妈妈的表扬、小姐姐的表扬、自己的表扬。爸爸立刻心领神会，立马拿起笔做了示范，认真地写下：今天放学进门后主动洗手了。我也赶紧写了一条：今天帮妈妈拿剪刀了。保姆小姐姐开始觉得这件事很搞笑，一时半会儿想不出来写什么，在我的催促下草草地写下：今天把带到幼儿园的水都喝光了。

我们三个人写完后，我指着上面的字，逐字念给轩溢听。他显得很高兴，虽然一开始还有点儿不好意思，捂着嘴偷偷地笑。我邀请他给自己写一条，他歪着头想了想，说："我今天没憋尿。我想上厕所时就去告诉梁老师了，她就带我去厕所了。"

"哎呀，非常棒！"我立刻竖起大拇指夸他做得好，并指挥爸爸赶紧把这一条写上去。保姆小姐姐笑着说："难怪今天没换裤子，我看到书包里带去的裤子又原样带回来了。看来姐姐今天可以少干活了。"听了这话，我们大家一起笑了，然后开心地吃起晚餐。

还有一次印象深刻的是，我们一下班，保姆小姐姐就抱怨说孩子今天不乖、表现不好，做了些错事。到了晚餐前，她说写不出来表现好的地方。我宽慰她说："一码归一码，做错事也不影响写表现好的地方。你仔细想想，反正横竖得写一条。"猜猜看，小姐姐最后写出来的是啥？她写的是：今天没把尿溅到马桶坐垫上。哈哈，当然，这也算表现好的一点。

我们家遵循着这样一项纪律：表扬的话，要放在大家都在场的时候说；批评的话，要把孩子拉进屋里一对一地偷偷说。这么多年，我们基本上没有在外人面前说过孩子一句不好。不论孩子在不在场，我们都尽可能地保护孩子的自尊。

我们也诚实地对待自己和孩子，写上的每一条优点都是我们能看见的、确实欣赏的，且发自内心认可的。我们很认真，也不费力地一天一天做下去了，一直到上了小学，

积极养育：培养自驱、坚韧、有爱的孩子

有了奖状和其他可替代的表扬方式，彩纸才从饭桌对面的墙上被"请"了下去。我们看见，孩子回家后开心的时候越来越多，对自己也有更多的认可，言谈间自我感觉越来越好，自信在一点一点增强。

我相信，父母的注意力在哪里，孩子就会在哪里生长出力量。

我小时候，我的爸爸妈妈很吝啬表扬，或者不会表达表扬之词，可是我心里知道我有多渴望得到他们的表扬，我清楚我要费多大的心思和力气、做多少好行为才能讨得他们的关注和认可。我不希望我的孩子也要这样去"争取表扬"。

爸爸妈妈就是小孩子维持生存的天和地。如果孩子感受到生命中最权威的人在每个细微之处看见了他的好，每天碎碎念的也都是他的点滴进步，那么他会相信自己本来就是这么好。带着被父母认可的好感觉慢慢长大，他一定会越来越自信，也一定会很容易看见他人的美好品行。

我希望，我的孩子一生都会记住这种好感觉。

07

找到独属于自己的
"时区"和节奏

" 你不能教给别人什么。
你只能帮他发现他已
经拥有的东西。"
——伽利略

在前文中，我结合自身的成长经历分享了家庭教育方面的体验和理解，以及我的父母在家庭教育方面的一些实践。有的人可能会有疑问："你的生长环境和成长经历都很独特，一般人似乎很难复制你的成功经验。那么对于普通家庭来说，有没有可以参考和迁移的学习方法和养育方法呢？"

事实上，事物的底层逻辑都是相通的。

虽然每个家庭的具体生活环境和孩子的成长背景各不相同，但我们依然可以通过学习和分析他人总结出来的经验和方法，并经过适当调整后，选取最适合自身情况的方法运用于自己的生活中。这样不仅能以"他山之石"做"己山之玉"，同时还能举一反三。

也正因为每个人的成长经历不尽相同，所以我们不能一味地照搬和模仿他人的成功法则，而是要在实践中不断尝试，最终走出一条独具个人特色的成长之路。在这个过程中，我们要追寻的目标和结果，就是找到独属于自己的"时区"和节奏。

在自然界中，不同生物都有自己独特的学习和生活方式。

举个例子，鱼和老虎都是动物，但它们的生存方式和习惯截然不同。最适合鱼的环境是水，在水中它可以自由自在地游来游去，掌握各种水中技能和躲避天敌的技巧。对老虎而言，最适宜它的环境则是丛林，在丛林中它可以潜伏、追逐、撕咬，锻炼最适合自己生存的各种技能，最终成为"百兽之王"。如果交换它们的位置，把鱼放到丛林里，让老虎进入水中，那么哪怕丛林和水中的环境再优越，它们都无法发挥自己的优势和潜能，而只会被狠狠地限制住，更别想活出自己最精彩、最有天赋的样子。

那么，如果你是一条鱼，那就去找寻属于你的水域，深潜逐浪；如果你是一只虎，就在属于你的丛林里厮杀搏斗。对人类而言也是一样：想要完全激发自己的潜能、发挥自己的优势，同样需要找到最适合自己的环境和学习节奏。

想要完全激发自己的潜能，需要找到最适合
自己的环境和学习节奏。

想要帮助孩子培养良好的学习方法，并快速进入学习状态，父母就要学会放下身为家长的权威和偏见，尊重孩子的成长规律，以包容的心态和发展的眼光去看待和应对孩子可能出现的各种状况。

时代在不断发展，父母和孩子之间确实存在着较大的代沟。无论是在思想观念、生活方式上，还是在对新事物、新观念的接受度上，两代人之间都有着巨大的差异。家长应该在生活中尽可能地进行自我觉察，看看自己有没有把成人的视角和过往经验强加到孩子身上。通往成功的道路不止一条，学习方法也一人一个样，帮助孩子探寻自己的"天性"，他自然会找到最适合自己的"生存模式"和前进道路。

在成长过程中，我同样经历了无数次的摸索、实践和试错，在这个过程中，我慢慢地找到了最适合自己的"时区"和节奏。其间，我的父母的引导和帮助至关重要。正是得益于他们的帮助，我才能保持一种积极健康的心态——即使碰壁也不会消沉和失落，即便失败也不会迷失方向，始终坚定不移地朝着目标勇敢前进。

> **妈妈的话**
>
> 　　轩溢早早地教会了我一个道理：孩子有自己发展的"时区"和节奏。
>
> 　　在轩溢 7 个月大时，经过深圳某医院三科会诊，医生给出的诊断结论是轻度脑瘫。针对发育严重迟缓问题，专家向我反复强调，除了医院必要的治疗，重点还是依托家庭康复训练。
>
> 　　我没得选，不得不"火线上岗"，快速成为"家庭康复师"。

　　　　　　　　积极养育：培养自驱、坚韧、有爱的孩子

我老老实实地严格遵照医嘱，执行那些看似"残酷"的训练。即使我心硬如铁，咬紧牙关坚持每天保质保量地完成孩子的康复训练任务，我依然经历了一段无望、几近崩溃的日子。一连几个月，我的康复训练日记的最后一句都是相同的——今日无反应。（此处省略对漫漫长夜中所受煎熬的描述。）

　　直到有一天，这个令人崩溃的"魔咒"被打破了。

　　在进行一个动作训练时，我扶着轩溢坐在一个瑜伽球上。我用手掌架在他的腋下，然后让他的身体随着球轻轻地向左侧缓慢地倾斜……就在身体倾斜到45度左右的那一瞬间，他人生中第一次自主地伸出左脚脚尖点地了！他用这个动作来支撑身体、维持平衡。

　　天哪！重复了成千上万次的训练，轩溢今天终于有反应了！（此处省略对激动万分、欣喜之情的描述。）

　　"静待花开"这四个字，就这么"血肉模糊"地进入了我的身体记忆。

　　它教导我：这个孩子的成长节奏不同于其他任何人，不要比较，也没法"预设"，只能"跟随"，只有"配合"。他有他自己定义的四季，有独属于他的花期，我只能沉心静气地观察、支持和盼望。

　　二十几年过去了，我深刻地理解了一句话：余生很长，何必惊慌？就算此刻慢了，也不会落后的。

第一节

谁没有成绩下滑过

"我从来没让上学影响我的教育。"

—— 马克·吐温

一直以来，无论是亲朋好友还是邻里街坊，大家对我的印象都是：这孩子成绩很好，能考上这么好的大学，学习一定非常努力，肯定有自己的秘诀和方法，不贪玩、自律、爱学习……其实，在学习这件事情上，我与其他同龄的孩子并无两样，同样有着各种各样的"坏习惯"，比如偷懒、贪玩、痴迷娱乐等。

或许在大多数父母眼里，这些"坏习惯"都是应该改正和杜绝的。一提到这些"坏习惯"大人就会发愁，想尽办法让孩子专心致志地学习，不贪玩、不浪费时间。但我恰恰认为，正是这些"坏习惯"，使我成为一个更加真实的人，而察觉到并拥抱这一点，能给自我认知、情绪心态，以及与学习相关的各方面能力带来不小的改变和提升。

有件事至今让我印象深刻，那是我刚上高中不久后发生的。那段时间，我沉迷于电视综艺节目。当时有个很热门的综艺节目叫作

积极养育：培养自驱、坚韧、有爱的孩子

《奔跑吧兄弟》。我非常喜欢这个节目，几乎每一季每一集都不会落下，而且我看综艺节目特别用心，不会一边看一边做别的事情，而是专门空出每周五的晚上时间守在电视机前看首播。如果错过了首播，我会在周六或者周日的晚上，花上一整晚的时间抱着平板电脑躺在床上看网络上的重播。因为看综艺节目占据了我的很多时间和精力，所以那段时间我在学校的几次考试中，各科成绩都不太稳定，有的科目还出现不同程度的下滑。

其实，我并非没有觉察到看综艺节目带给我的负面影响。那段时间，我明显感觉到自己无论是在听课、写作业还是复习时，都不太容易集中精力，总是会走神。眼睛看着课本，而心思早已"飘向"综艺节目了，恨不得立马就能抱着平板电脑躺在床上看几集。

儿童乃至青少年，都处于心性还未完全发展成熟的阶段，他们在自律性与自控力的磨炼上不如成年人，因此较难抵御得住这些娱乐节目的吸引力，他们对各种诱惑的抵抗能力和辨别能力也有很大的提升空间。即使是平日学习比较用心、上课也很专注的人，一旦对某种娱乐节目"上头"，也很难一下子就管住自己。

对于当时自己的成绩下滑，我心里是有数的，内心五味杂陈。一方面，一向成绩不错的自己考出了不理想的分数，我深感羞愧，我知道父母和老师也对此非常不满意；另一方面，我也感觉十分苦恼，尽管我清楚地知道沉迷于综艺节目会在一定程度上影响我的听课质量，但我确实不知道该如何去调整，让自己能够恢复之前的学习状态。我觉得自己确实缺乏强大的自控能力，以让自己从今天开始不再看综艺节目，而是潜心专注地搞学习。就这样，我陷入了短暂的迷茫期，不知道该如何破局，如何应对和突破目前的困境。同时，我也明显感受到了自己内心的疲倦，好像做什么都提不起劲儿，无法再将百分之一百的努力投入学习中。

一天在学校里，当我再次陷入胶着状态和纠结状态时，我心中萌生了一个念头：要不要跟父母说说，向他们寻求帮助？但是我该怎么开口跟他们说呢？爸爸妈妈听了会不会批评我？我一直纠结，直到吃完晚饭也没有想好怎么跟爸爸妈妈开口说，写作业时也心不在焉。临睡前，我终于一咬牙一狠心，决定找爸爸妈妈沟通一下。虽然我可能会被批评，但在这件事情上是我做得不好，我确实无法依靠自己找到解决方案。说不定爸爸妈妈有更好的建议和指导，能够帮助我走出目前的困境呢？

我走向爸爸妈妈的卧室，敲开了门，看到妈妈正在卫生间敷面膜。我低着头站在门旁边，以承认错误的姿态小心翼翼地说："妈妈，我最近几次的考试确实不如之前考得好，成绩好像有点儿退步了。我感觉自己最近状态不太好。"妈妈一扭头，我从敷着面膜的脸上也看不出她的表情，就看到妈妈手一挥，嘴里含糊不清地抛出了一句话："哎呀，没关系的，谁能一年365天，天天打鸡血？"我有点儿惊讶于妈妈的反应，心里顿时轻松了一点点。

　　我好像受到了一点儿鼓励，然后鼓起勇气坦白说："考出这样的成绩，我也知道问题出在哪里。主要是最近太沉迷于看'跑男'了，心思都没放在学习上。我已经意识到自己的问题了，也尝试做了一些改变和调整，但是我感觉效果不是很好。虽然减少了看综艺（节目）的时间，但我好像也没法恢复之前的状态，很难全身心地投入学习中，结果就是感觉自己既浪费了时间又没有提高学习效率，综艺（节目）也没有看成。芝麻和西瓜都没捡起来，状态太差了，我不知道该怎么办了。我心里很着急。妈妈，你能帮帮我吗？"

说完后，我便低着头，等待妈妈的回应，心中还有点儿担心妈妈会不会像班里其他同学的家长那样从此限制我使用平板电脑的时间，甚至没收我的平板电脑。毕竟，我已经上高中了，学业压力还是有的。然而，妈妈的声音依旧平静如常："没事儿，没考好也正常呀，谁还能没有失手的时候？天才也有低谷期呀，是不是？"

妈妈一边从洗手间往外走，一边说："别说你，就连妈妈也做不到啊。谁能从早到晚一直保持高能状态啊？那可违背人性了。上班上学的人都不轻松。你看，妈妈下班回家也想躺着敷个面膜、追个剧，放松放松，所以，追个剧、偷个懒，放松一下也是正常的。当状态不好的时候就应该休息，不必强迫自己打起精神，那样反而效率更低。人就像弹簧一样，要是绷得太紧反而容易断。"

妈妈的话就像一阵清风拂过我的耳边，让我的心渐渐安定下来。我抬头看向妈妈的眼睛。

妈妈把面膜扯了下来，拉着我坐到床边，微笑地说："其实妈妈很高兴，你愿意诚实地将你的想法和感受跟妈妈说，这说明你打心底非常信任妈妈。我觉得这件事不必过于紧张，刚刚我也跟你说了，人都有状态不好的时候，给自己一点时间调整过来就没事了。你想让妈妈帮帮你，那你能跟妈妈说说，你为什么这么喜欢看'跑男'吗？这个节目中最吸引你的是什么？这样妈妈也能更好地了解你，看看怎么可以帮到你。"

听完妈妈的话，我心里的一块大石头落了地。

坦白说，在敲父母的卧室门之前，我的心里是忐忑不安的，担心妈妈会生气、会对我加以管教和约束。但是，不按套路出牌的妈妈不仅没有生气，还以她的方式很好地开解了我。

她的一席话不仅极大地缓解了我紧绷的神经，也让我不再执着于必须快速找回原来的学习状态。我开始明白，最重要的事情，是学会全然接纳自己。我可以努力尝试调整自己的状态，但也可以不必刻意追求时时刻刻保持"鸡血满满"。我是一个真实且富有生命力的人，体验并感受着发生在自己身上的一切。

我向妈妈坦诚分享了为什么喜欢"跑男"节目，也反思了过度沉迷而导致的成绩下滑问题。听我絮絮叨叨地说完后，妈妈问了一句："那现在你需要妈妈帮你做什么？"我立即直起身，拍着胸脯说："接下来我会控制好追综艺（节目）的时间，请妈妈帮忙监督我。如果我看的时间过长，你就来提醒我。如果我控制不好自己，你甚至可以收起平板电脑。"

妈妈听完，笑了出来，摸摸我的头说："你比谁都清楚到底该怎么做。我才懒得帮你保管呢。学习是你自己的事情，怎么选择都是你自己决定。不过，我倒是可以帮你分析一下，除了看'跑男'，影响成绩下滑的问题究竟还有哪些，你又该怎么一一破解和杜绝。"一份恰到好处的关心，是点到即止的。

对于家长来说，看到孩子的问题后立即指出是信手拈来、不费吹灰之力的，也是最简单、最容易的做法，然而这不一定是最有效的。

当父母看到孩子学习状态不好、成绩下滑时，其实孩子自己作为当事人是非常清楚自己当下的状态的。大多数孩子的心里对自己的学习状态是十分有数的，至于成绩为什么下降，他们心里比谁都清楚。但是，对孩子来说，难点在于如何摆脱当下的困境。其实，孩子的心里可能比父母还着急，很可能他们已经努力尝试调整和改正了，只是还没找到最有效的方法，或者因为心理压力过大而事倍功半，所以看上去努力后的效果并不理想。

此时，父母可以做的，是化解焦虑而不是制造焦虑。

父母要首先帮助孩子舒缓情绪、放松心情，让孩子知道即使做错了，他依然会被父母接纳。然后，给孩子一些时间和空间进行自我调整，并在恰当的时候给他们一些鼓励和指导。如果孩子仅凭自己的力量无法解决问题，那么父母可以适当伸出援手，结合自己的能力和经验帮助孩子调整状态，走出眼前的困境。这样，父母和孩子就能始终站在统一战线上，彼此之间保持着良好的信任关系。

> **妈妈的话**
>
> 每个人都有自己的成长节奏。比如，我在 50 岁时才开始运动。
>
> 我从小就讨厌运动，却偏偏嫁给了一个有"运动依赖症"的人。之前只要我的先生提起运动的好处，引用"生命在于运动"的名言，我就会莫名其妙地怒火攻心，并狠狠地怼回去。

　　　　　积极养育：培养自驱、坚韧、有爱的孩子

就这样，30多年过去了，我基本上保持着"运动绝缘"状态。在年过半百时，医生强烈建议我通过运动来增强体质，提高代谢能力，避免常年使用免疫抑制剂所造成的健康问题。而我是道理都懂，但行动跟不上。直到2021年，我要为超级猩猩健身公司做一系列培训项目，从了解客户的角度出发，我决定先亲身体验一下客户的产品，尝试接触超级猩猩的健身项目。出乎意料的是，我发现我好像并没有我以为的那样"讨厌运动"。我开始琢磨背后的原因。

　　有一天，在跟我母亲闲聊时，我突然洞悉了自己不爱运动的小秘密。

　　首先，在我的心理记忆和身体记忆中，有一个让我印象深刻的画面：大约六七岁时，妈妈举着笤帚疙瘩（扫床工具），逼我6点起床，去跑步锻炼。赶上大冬天，她会粗暴地用冰冷的手把我从被窝中拉出来，而我磨磨蹭蹭地不肯跑，妈妈就举着笤帚疙瘩追着我满居民楼跑。有时我跑进了死胡同，妈妈会把我堵在墙角，二话不说，一上来就狠狠地打我几棍。我一直清晰地记得自己用肘护着头，脸上露出愤怒和倔强的表情。"运动"让我有很差的负面体验，它让我联想到"挨打、控制、逼迫、不愉快、愤慨"，等等。这种体验导致我一听到轩溢的爸爸提"运动"二字就非常反感。

其次，我的父亲是一个高级结构工程师兼老师，他一生最大的爱好就是学习、看书、吹拉弹唱。如果让我描述一个父亲在家的典型画面，那就是他端坐在书桌前奋笔疾书的场景。除了吃饭、睡觉和自弹自唱，他就像一尊佛，如如不动，能坐在书桌前一整天。父亲没有评价过运动好不好，但是他用自己的行为示范了不运动的做派。在这样的环境中，我逐渐认同了父亲的行为，并在不知不觉中习得了他的习惯。

我才不要运动呢。

积极养育：培养自驱、坚韧、有爱的孩子

当我意识到，对运动的抗拒不仅源于童年的伤痛，也因为孩子往往会复制父辈的生活方式时，我的内心一下子释然了。"运动"这副重担仿佛从肩上卸下来了。我开始兴致勃勃地探索什么运动是我喜欢的、适合我身体条件的。

更重要的是，我非常清楚，今天的我已经是中年人，不再是小时候的我，现在的我完全有能力摆脱童年的那些枷锁，为自己的身体健康重新做出选择。

不必焦虑，每个人都有属于自己的"时区"。也不必比较，在自己的"时区"按自己的步调前行就好。生命就是在等待正确的行动时机。

第二节

学习习惯的养成

"只有让学生不把全部时间都用在学习上，而留下许多自由支配的时间，他才能顺利地学习……这是教育过程的逻辑。"

——苏霍姆林斯基

许多家长心中都有这样一个问题，并渴望找到一个绝佳的解决方案：如何让孩子养成良好的学习习惯，并保持稳定的学习状态？家长普遍希望孩子有自控力、时间观念，并能够自觉学习。有些家长尝试过一些方法，比如陪着孩子一起学习。家长坐在旁边盯着，想着孩子总有一天能够"开窍"，让大人省心。

从我的个人经验来看，养成良好的学习习惯需要日积月累的努力和适当的灵活调整，而要维持一个稳定的学习状态，则需要培养孩子对自我有清晰的认知。

我上小学时，我的父母就开始在无意中引导我一步步养成良好的学习习惯了。

我的父母并不是家庭教育方面的专家，他们也没有接触过专业

积极养育：培养自驱、坚韧、有爱的孩子

的教育方法。在我成长的初期，对于要把我培养成什么样的人，他们并没有一个明确的目标。他们只是凭借身为父母的本能和对我的爱，一步一步地摸索出了自己的教育模式。长大后回头看时，我发现这些方法的确产生了很好的效果，对我的成长和学习有着非常大的帮助。

记得我刚上小学时，爸爸妈妈就和我约定，只要我每天能够保质保量地完成当天的作业，那么从写完作业到晚上上床睡觉的这段时间，我都可以自由支配。无论是下楼和小伙伴们玩耍、在家里看一些课外书，还是周末我玩平板电脑的时间分配，都由我自己决定。

这个约定最直观的好处在于，它让我养成了先完成作业再玩耍的好习惯。为了能够有更多可以自由分配的时间，我在学校会更加用心地听讲，充分利用零碎时间提前完成一部分作业。放学回家后，我会立刻开始做剩下的作业，争取快速完成。经过几年的坚持，我逐渐养成了一个思维模式：判断并确定生活中各项事务的重要程度和计划优先级。比如在小学，我学会了分配学习与娱乐的时间。在重要的学习任务上，我会优先保证学习的时间和质量，然后再安排娱乐时间。

这个习惯我一直保持到现在，非常受用。

面对重要的学习任务和作业，我通常会提前规划时间，分阶段按计划完成，而不是拖延到最后期限才匆忙赶工。我会依据任务的具体情况给自己设定一个截止日期，并向父母承诺，会在这个期限前保质保量地完成任务。

父母需要做的，就是在期限到达时来检查我的作业成果。在他们给我的自主空间里，关于执行过程的细节——如何完成、使用什么方法、遵循何种顺序——全部由我自己决定，他们不会限制或指定我必须按照特定方式或节奏进行。这种方法不仅让我对时间管理有了清晰的认识，还增强了我的自控力和自主决策力。

还有一个问题，也是家长经常问我的：如何为孩子提供合适的课外辅导？

"让孩子赢在起跑线上"是家长们常说的一句话。为了不落后，许多家长早早开始对孩子进行各种能力强化训练，比如提前学习英语、完成额外的数学练习，等等。这个想法本身并没有错，毕竟当今社会竞争激烈，要想让自己的孩子脱颖而出，确实需要付出更多时间和精力。提前准备和训练也没有错，但关键是要选择适当的方法。

前几年，"超前学习"颇为流行，例如让孩子在一年级就开始学习二、三年级的课程，到三、四年级时可能已经学完了小学的所有课程，并开始学习初中内容。如果孩子学习能力较强，能快速吸收知识，且超前学习没有给孩子带来精神压力，这种做法确实可以带来不少好处。但是，如果孩子本身没有准备好承受这种学习压力，盲目跟风可能会适得其反，造成拔苗助长，给孩子带去极大的心理压力，影响他们对学习的兴趣。

对成人而言，孩子的作业属于"降维"，但对孩子来说，学习超出自己正常心智水平的知识并完成相关的练习是有压力的，即便有父母的全程陪同。

值得注意，也是经常被忽略的是，父母的陪伴并不能完全减轻孩子在学习过程中所承受的情绪压力。

积极养育：培养自驱、坚韧、有爱的孩子

从我上小学开始，我的父母并没有让我"超前学习"，而是采取了一种完全相反的策略。在一年级和二年级时，妈妈给我买了一些与学校课本内容配套的练习册。有意思的是，妈妈精心挑选的习题难度并不会超过课本内容，通常还会更简单、更具趣味性。对我来说，做这些练习并不是在学习新知识，而是在复习和巩固课堂上学到的内容。因此，我在完成它们的时候完全没有压力，能够轻松地做完，同时还能巩固课堂上所学的知识。

有人可能会质疑：学习的目的不是要不断学习新知识吗？回头做已经学过的内容，不就是单纯的复习吗？那孩子岂不是很快就完成，然后就去玩耍了，他们如何能取得进步和提高呢？

我认为，一味地给孩子增加学习难度绝对不是促进孩子进步的唯一最优解。

孩子在学习课本知识时已经耗费了很多的脑力，放学后还要做一些很难的题目，这不仅容易打击孩子学习的自信心，让他们陷入"我不会做、我不够好、我不够聪明"的思维循环，还可能让孩子感受不到学习的乐趣，只感受到重重困难和没完没了的挑战。或许超前学习能够在短期内带来快速的线性成长，但对于学习心态的影响是潜移默化且显著的。如果每个练习都能十拿九稳，且挑战难度适当，孩子在一次次的练习中就能慢慢树立起对不同学科的信心，学习就会变得轻松多了。

我的父母从不在我旁边坐着监督我学习和做作业，但小学一、二年级时，他们总是非常认真地检查我完成的课外作业。他们会细心地批改我的作业，用红笔在正确答案旁画上大大的勾和大大的100

分，十分醒目，而对于我答错的题目，则用蓝笔标出小小的叉，并配上一个小问号，提示我重新思考、纠正错误。无论妈妈工作多么繁忙、回家有多晚，这个检查作业的流程从不会被忽略。日常的作业批改让每天的学习成果都能直观地展现出来，知识点是否掌握、做题是否仔细，一目了然。看到妈妈如此认真的态度，我也不好马虎应付，也逐渐变得更加认真、用心地对待这些作业。

当孩子感受到父母是真心地在乎和认真地对待某件事情时，他们自然就会在心里默默地重视这件事情，并以自己的努力去完成它，而这种"真心"与"用心"超越了言语，是需要心口一致的行动来证明的。

后来在进入哈佛大学后，在学习过程中我接触了教育学理论，这才恍然大悟。我父母所采取的教育方式竟然与某些教育理念不谋而合。

要从小培养孩子独立自主的学习习惯，合适的方法可能并不是一味地让孩子超前学习，而是先从简单的、低于他的实际水平的练习开始，逐步培养他的自信心和独立性，然后再适当增加一些具有挑战性的练习。这些有难度、有挑战的练习应在父母和老师的指导下完成，而不是直接丢给孩子要求他独立完成，让这个任务变成孩子硬着头皮独自面对的苦差事。

挑战性任务可以分为3个阶段：第一阶段由父母主导，辅助、支持孩子完成首次体验；第二阶段是亲子合作，父母逐渐减少干预，

积极养育：培养自驱、坚韧、有爱的孩子

与孩子一起同水平输出，并给予必要的提示和帮助，让任务顺利完成；第三阶段是孩子独立完成。经过前两个阶段的锻炼后，孩子的能力和认知得到了提升，可以尝试独立完成最初认为极具挑战性的任务。

关键在于，随着孩子的能力逐渐提高，父母和老师应逐步退出，减少指导和帮助，直至孩子能够完全独立地完成任务。这是符合孩子学习曲线的教育方法之一，可以让学习能力、自信心以及抗压能力同步提高。

妈妈的话

在孩子成长的道路上，如果父母仅是在头脑中与孩子共同设定了一个远大的目标和期望，而在潜意识里对孩子心存疑虑，并不是发自内心地相信孩子，孩子是能敏锐捕捉到父母的真实想法的，并且会感到不自信，这会给孩子带来如泰山压顶般的巨大压力，通常很难带来正向的结果。

在学习这件事上，我单纯地相信，对孩子来说，自信和快乐比黄金珍贵。

第三节

"私人订制"的高效学习方法

"个性就是差别，差别就是创造。"

——爱迪生

在我申请大学最关键的时期，我的父母根据他们的计划毅然决然地跑去东欧旅行了。很多朋友不解地问他们："作为父母，心怎么这么大？"其实在我们家，父母能够无忧无虑地出门，是我多年来为自己争取到的"权益"。

记得高中有一段时间，我每天都投入大量的时间和精力参与各种社团活动。妈妈见状，疑惑地问我："你马上就要考试了，不多花时间坐下来大量刷题、复习、准备，能行吗？"我当时灵光闪现，蹦出一句玩笑话："一对勤能补拙的父母，哪里知道一个天才孩子的学习方式？"妈妈转念一想，觉得这话不无道理。就像是"一剑封喉"一般，从此我的父母对于我的学习方式"闭嘴不问"了。

可能你初听这话，会觉得我这个人有些膨胀、狂妄了。虽然这不过是我们母子间互相打趣的一句玩笑话，但这句玩笑话的背后其实蕴含着深意：每个人都拥有自己的独特性和天赋，因此最适合自己的学习方法也因人而异。即使对于有着亲密关系的父母与子女，孩子也不是父母的复制品。正如这世上没有两片一模一样的树叶一样，父母与子女的事务处理方式和逻辑思维必然存在差异，而关键在于如何看见、承认并尊重每个人选择学习方式的自由。

最早发现我们家三口人各自有着不同的学习方法，是我上高中开始背单词扩充词汇量的时候。我发现，在单词的记忆方法上，爸爸妈妈和我截然不同。无论是年轻时在学校读书还是后来参加工作，他们总是坚持"好记性不如烂笔头"的做法。如果他们需要记住或背诵某段材料，就会用纸和笔将内容抄写下来，通过一遍又一遍地抄写和复诵来加深记忆；花费的时间越多，这种抄写加复诵的方式就越能提高记忆效果，减少错误。

但是，这种方法对我来说似乎行不通。从初中起，我就慢慢地发现，采用抄写和复诵的记忆手段对我来说效率不高，我很难通过这种方式记住单词。而且，长时间坐着，一边抄写一边记忆会让我感到不耐烦，往往抄了几行我就失去了耐心，如果继续下去就会坐立不安。实事求是地说，我并不认为机械地多抄几遍真能帮助我透彻地理解单词的含义并记住单词。

在尝试了多种不同的记忆方法后，我逐渐发现死记硬背的机械记忆并不适合我，而瞬时记忆才更符合我的天赋和偏好。我短时间内的专注力非常强，能在很短的时间里迅速而精准地记住需要记住的内容。对于背单词，我放弃了传统的抄写和复诵的方式，而采用照相机记忆法和联想记忆法。每次背单词时，我就像用照相机给单词拍了张照片一样，将单词的样子、含义、相对位置映射在大脑里，然后运用我的想象力去关联更多与之相关的事物，这能够帮助我加深理解和记忆。当需要回忆时，我的大脑中浮现的是完整的景象，而不是一个个孤立的单词和意思。

因此，当背诵单词时，我通常就是坐着翻开单词书，像扫描一样，用眼睛逐一去看每个单词的拼写、释义。我会看完一个再看下一个，反复看几遍后，我基本上就能记住这些单词了。从表面上看，我好像只是在随意翻翻书而已，但实际上，我的眼睛已经捕获了单

积极养育：培养自驱、坚韧、有爱的孩子

词在页面上的影像，并根据单词的释义进行了相应的想象和联想，我的大脑已经将瞬间的影像与单词本身融合在了一起。下次我一想到某个单词时，记忆它的场景就会自然浮现在脑海中。当然，这种记忆法并不意味着我可以立刻记住所有内容，毕竟我不是记忆方面的天才，记住所有内容还是需要投入大量的时间才能实现。只是对我而言，确实无须通过笔和纸将单词一遍遍地抄写下来。

一天早晨，爸爸开车送我上学，他在后视镜里看到我坐在车后排的座位上，睡眼惺忪地拿着单词书，嘴里念念有词。爸爸好奇地问我："怎么这会儿才开始背单词？昨天晚上没背吗？"我回答说："昨天晚上我背了呀，不过我这会儿再看一眼，巩固一下，一会儿考的时候记忆还是'热乎'的。"放学时爸爸来接我，问我今天测试结果如何，我开心地说："当然是满分了，因为早上在车上看的那些全都记住了！"

经历了几次这样的事后，爸爸妈妈终于确信这是适合我的学习方法，并能充分利用我的天赋。因此，之后在我学习和背诵时，他们不再用"好记性不如烂笔头"的老话来唠叨我了。他们意识到，与其让我采用不适合自己的方式，不如尊重我的特点，让我更好地发挥自己的强项，运用好照相机记忆法和联想记忆法，这对提高我的学习效率大有帮助。

此外，我还有一种独特的学习方法，帮助我提高了效率并节省了时间。这个方法利用了我的"多体注意力"。之前我曾多次听到家长抱怨，他们的孩子在做作业时很难全神贯注，他们会一会儿玩玩这个，一会儿弄弄那个，不是戴耳机听音乐，就是在微信的聊天框中时不时地用手指点一点、敲一敲，没几分钟是真正老老实实坐着专心写作业的。面对这种情况，家长往往束手无策。

确实，在传统的教育观念中，学习都强调专心致志、一心一意，完成一件事情后再做下一件。心不在焉、心神不定、三心二意，哪里像是在学习呢？怎么可能取得好成绩呢？

父母的担忧并非没有道理，但专注力本身就是一种稀缺的资源。别说孩子了，就连能够长时间完全专注于一件事情的成年人也是少数。

然而，每个人保持专注所需的环境和条件可能会天差地别。

或许很少有人会相信，我能够在如下所述的环境中保持专注并高质量地完成作业：爸爸坐在沙发上，大声打着工作电话；妈妈和保姆阿姨则在餐桌的一头包饺子，一个人在调馅一个人在擀皮，口中还聊着家常；客厅里的电视开着，正在播放一档热闹的综艺节目。整个家里活脱脱地就像一场交响乐的演出现场。而此时，我就坐在餐桌的另一头，面前摊开的是我的作业，左前方摆着的是播放着动画片的平板电脑，右前方是开着微信聊天窗口的笔记本电脑，而作业旁边还有一个开着游戏程序的手机。我边写作业边看动画片，偶尔伸手点一下手机以操作游戏，或者在笔记本电脑上回复几条来自同学或朋友的消息。各种事务都在有条不紊地进行着，我也丝毫不感觉混乱，周围的喧闹似乎没有对我造成任何影响。

我的学习方式跟别人不一样。

　　妈妈看我在这么嘈杂的环境中还能一边玩一边学习，觉得很不可思议："家里这么闹腾，你还能写得进去作业吗？看你一会儿干这个一会儿干那个，作业能写对吗？要不就回房间写吧？"我对妈妈笑了笑，继续在餐桌的另一头按照自己的节奏不慌不忙地做着手头的各种事情。

　　这种学习模式在我家似乎是一种常态，而且多次验证了"一心一意"不是我的学习特点，我的注意力确实不会受到环境的影响。无论周围多么嘈杂，只要我确定了自己要做的事情，就能沉下心来高效率、高质量地完成。

妈妈说，我9岁时，自己编出了两种注意力来解释我为什么能够同时处理几件事，它们分别是"单体注意力"和"多体注意力"。（在心理学领域，有专业的术语来描述上述注意力，比如选择性注意。本书中我以我在小学"发明"的这两个词来表述。）

我的妈妈就属于典型的有着单体注意力的人。她在工作或学习时，必须选择一个安静的环境，周围不能有任何干扰。一旦出现干扰源，破坏了她的注意力，她可能就不得不暂停手中的工作，直到环境再次恢复安静才能重新开始工作。

而我恰恰相反，我擅长利用多体注意力。如果让我处于一个非常安静且封闭的环境中学习，我反而会感觉浑身不自在，总忍不住要在这个环境中搞一点声音出来，这样我才能更好地进入学习状态。正如我前面提到的，尽管妈妈和保姆阿姨在包饺子，爸爸在打电话，但我可以一边看动画片、玩游戏，一边写作业。等作业写完后，我不仅能保证作业的正确率，还能准确地向妈妈复述动画片的情节、电视播放的内容，以及她们包饺子时的聊天内容。这就是我独特且适合自己的学习方法和习惯。

后来，在进入大学并接触到更多的同龄人后，我发现身边的许多人都具有多体注意力，可以同时处理多线程任务，极大地提升了做事情的效率。在生活中，这种多任务处理方式也十分常见。比如，在做饭时，有人能够一边炒菜一边随手准备和处理食材，同时还能够关注另一个炉灶上的炖锅。有些人甚至在厨房里安装手机支架，用来看综艺节目或听播客。如果将这些任务拆分开来，它们各自都需要注意力，但绝大多数人在做饭过程中执行多项任务时，无须太多思考便能清晰地知道自己下一步要做什么。

学习与烹饪这两件事在这方面没有本质的不同，人们并不会要求厨师只专注于切菜或炒菜这一个动作，而不能同时进行其他活动。

回顾我的学习经历，有一点我认为是在家庭教育中很重要的，那就是：很早以前，我的爸爸妈妈就观察到并且尊重了"我和他们不同"的事实。孩子虽然是经由父母来到这个世界的，但并非完全是父母的复制品。无论是性格还是天赋，孩子都有自己的特点。所以，我的父母不会自以为是地将自己的经验、惯用的学习方法和套路直接"套用"到我的身上，要求我遵循相关规则。相反，他们观察我的特点，发掘并赋予我发现自己天分的能力，并且给出足够的空间让我去探索最适合自己的学习方法。

是小鸟就应挥动翅膀，是骏马就应尽情奔腾。

> 妈妈的话
>
> 轩溢当年患病治疗期间，病情反反复复，我们忧心忡忡。有一天，儿科医生宽慰我们说："有个秘方告诉你们：要相信身体的智慧，像这种免疫系统疾病，很重要的是让他每天都开开心心的。要（让他）情绪稳定、心情愉快、避免精神压力。"我们信了。从此以后，我们认真地在生活中贯彻尽量让孩子开心的首要原则。后来的经历证明，这确实是一个对我的孩子有用的"秘方"。

因此，在学习这个话题上，我想分享我的一个"偏见"：

孩子心情好，才会更加爱学习。

记得轩溢生病后的第一个冬天，在元旦过后的某个周末，他兴奋地从房间里跑出来，问我们能不能早点吃饭，因为他的好朋友明祺约他去看电影。

那天外面下着雨，气温只有 10 度左右，天气阴冷，家里的每个房间都开了空调取暖。爸爸一听，立刻反对："不行，外面太冷了，出门容易感冒。"

那时，"感冒"这个词在我们家如同"癌症"那样具有强大的震慑力。主治医生反复强调，在大剂量服用激素期间，由于免疫力下降，家庭护理中最重要的一点就是最好不要感冒。

爸爸的话果然具有"杀伤力"。轩溢听到爸爸的话后没再作声，我感觉他就像一只被突然拔掉气门芯的皮球，瞬间泄气了。我多么希望他能像在其他事情上那样与爸爸据理力争一下，但是他没有，显然他清楚一旦感冒可能会带来的严重后果。我隐约捕捉到他眼中闪过了一丝不易察觉的泪花，他极力克制着，默默地转身回到了自己的房间。

那一刻，我深切地感受到了孩子的压抑和委屈。

我快速地思索片刻，故意做出大动作站起身来，推动椅子弄出点儿动静，为我的大胆决定做些情绪上的铺垫。

我走到轩溢的房间门口，敲了敲门，他没有回应。我自行推开门，只见他蜷缩着躺在床上，背对着门。

我故意提高嗓门，兴奋地大声说："哎，轩儿，要不要起来，咱们一起动动脑筋，看看有没有什么好办法可以不感冒也能跟明祺看电影？"

"动动脑筋"是我们家的一个梗。在轩溢三四岁时，他看了一本童话书，里面有个场景是小鸭子碰到问题时，鸭妈妈就会说"动动脑筋"。后来我们就一直沿用这句话，还配上专属动作——用食指在头顶右侧画圈圈。当家里任何人遇到烦心事儿时，我们都会用这个梗逗对方。

我之所以大声说，主要是为了让轩溢爸爸听到，希望通过我的行为，让他关注到孩子的感受。

我话音刚落，轩溢快速地扭过身子，从床上坐起来，一副不敢相信又期待奇迹发生的表情。

我先回到餐桌旁坐下，等待即将开始的三人家庭会议。

与此同时，爸爸也从沙发上站起身，走到阳台，双手叉着腰，眺望着远方。我猜他正在"运气"，既要"自我化解"他内心反对的声音，又要思索如何应对我的任性之举。

我又招呼了他们两次，就像让吵架的双方回来，重归于好一样。过了一会儿，他们各自扭捏地坐到了餐桌前。我先开口，温柔地对轩溢说："轩儿很懂事，知道爸爸特别在乎你，也知道对自己的健康负责，懂得忍耐了，没有非要去看电影。这个举动让妈妈很感动！儿子，你非常不容易，非常坚强！"然后，我转头看向爸爸，坚定地说："我知道爸爸最爱轩儿，你是生活能手，一定有办法满足孩子的心愿。我们一起商量看看。如果去的风险实在太大，我们仨再决定不去，好不好？"

爸爸伸手摸了摸轩溢的头，眼中充满了怜爱，然后抿着嘴点了点头。

办法总比困难多。后来想出来的方法其实很简单：从家里的地下车库开车，直接送轩溢到有地下车库的电影院，全程避免了风雨影响。给孩子穿上带拉链的衣服和马甲，配上围巾和帽子，方便他灵活穿脱，以适应地下车库、电梯、影院和车内不同的温度。轩溢还主动提出带上口罩和一瓶温水。

当我们兴奋地结束这次讨论时，轩溢站起身，开心地扑向我的怀里，紧紧地抱着我，然后又转身紧紧地抱着爸爸。

无论遇到什么境况，作为父母，我们总能做些什么来帮助孩子撑过一些难以避免的挫折，消解他们的失望情绪。良好的关系都是在艰难时刻建立起来的"战友情"。有了这样的关系来"垫底"，孩子往往会更爱学习，因为他知道，那是他的责任，那里有父母的期待。

让爱流动的
相处模式

" 爱是生命的火焰，
没有它，一切将变
成黑夜。"

——罗曼·罗兰

在我读小学时，有一天下楼去超市买零食。超市门口几个学龄前的孩童正在玩摇摇车，他们的父母站在旁边。就在我即将走进超市时，一个小孩突然一屁股坐在地上，放声大哭，大叫着想让妈妈给他再换两个硬币。他太想再玩一次摇摇车了。但是，他的妈妈不同意，很不耐烦，生拉硬拽地拉着孩子走，并严厉地斥责他："不许哭！赶紧走！别得寸进尺！赶紧回家！你要是再哭，就别回家，我走了！"说完，她转身要走，孩子马上扑过去，抱住妈妈的腿，不让妈妈走。妈妈被搞烦了，回身扬起手啪啪地揍了孩子几下，孩子哇哇大哭……

看到这一幕，我感觉很难过。

每个孩子都是经由自己的父母来到这个世界上的。想象一下，一个母亲要经历多少艰辛与苦难，才能顺利地将孩子平安生下。亲子之间那种基于血缘的联系，本应是世界上最牢不可破、最亲密的关系，父母和孩子理应是世界上彼此最相爱的人。然而，在现实生活中，我们经常看到，随着孩子逐渐长大，他们与父母的关系有时反而变得紧张起来。原本亲密无间的父母和子女，渐渐变得疏离、冷淡，甚至时常爆发争吵和冲突。那么，在孩子成长的过程中，究竟有多少父母和孩子之间的冲突是可以被妥善化解的呢？

我从很小的时候开始，就非常不愿意看到亲子之间的冲突。为什么明明最相爱的人要用这么冷酷的方式对待对方？我当时就萌生了一个愿望：等我长大了，我希望搭建一座亲子沟通的桥梁，让父母和孩子能够更好地理解彼此、消除误解、平息冲突。后来，无论是我中学时组织的家长座谈会，还是今时今日撰写的这本书，都体现了我为实现这个心愿所做出的点滴努力。当时的家长座谈会的主题是"倾听孩子的声音"。我当时就想，哪怕只有一个家长听进去一句话，能更有耐心地对待孩子、更理解孩子的心，也足够了。

我从小就有个心愿：架起一座亲子沟通的桥梁，让爱在家庭中流动。

　　我始终相信，不管处在什么环境、什么阶段，亲子关系的内核是不会变的。通过调整相处模式，父母和孩子之间能够建立一种既充满安全感又充满爱的关系。

　　曾经有很多家长问过我这样一个问题："你是怎么理解'陪伴'二字的？你认为怎样做才算是高质量的陪伴？"一些家长也会坦率

地向我抱怨：自己上了一天班已经够辛苦了，回家还要花很多时间陪孩子写作业、练琴。可是，尽管已经陪着孩子干这干那了，孩子还是不领情，做什么都不够用心，写的作业错误百出，练琴重复几十遍还是会弹错。孩子对父母一直跟在自己的身边还有诸多不满。而且，不管是写作业还是练琴，孩子缺乏自觉性和自主性，非得家长多次提醒和催促，才会慢吞吞地开始做，导致每天都拖到很晚才能休息。当孩子再大一些时，他们还会出现逆反心理，开始跟父母顶嘴，一回家就关上门，不愿意面对父母。为什么孩子就是看不到父母的良苦用心呢？作为家长，他们每天都付出了大量的时间、精力和情感来陪伴孩子，但是这些陪伴并没有产生预期的效果。那么，到底怎样的陪伴才算是高质量的呢？

在我看来，问题或许出在"视角"的差异上。家长所认为的"陪伴"，从孩子的视角来看，可能并不是真正的、纯粹的陪伴。孩子没有感受到情绪上得到了安抚，也没有和父母进行情感上的交流。相反，他们觉得这种陪伴就是"看管"——来自家长的"看管"。

比如，有的孩子告诉我，在写作业时，家长确实是在家里陪着，但他们一直坐在沙发上或躺在床上刷手机。这种对比场景可能会让孩子不够成熟的心理失衡：虽然爸爸妈妈上了一天班，但我也上了一天学呀。凭什么大人就可以不用做作业，可以玩手机，而我要在这里辛苦做题？或者有时，当孩子遇到不会做的题目时，他希望爸爸妈妈能给自己讲解一下，结果却遭到他们的一顿批评："这么简单

积极养育：培养自驱、坚韧、有爱的孩子

的题都不会，是不是上课又开小差了？"好不容易耐着性子给孩子讲解了几遍，但孩子还是没能理解，于是他们马上就变了脸："都教你多少次了，你这个脑袋被水泡了吗？"更有甚者，有的家长一发怒就口不择言地责骂孩子："我怎么生了你这个笨蛋，就你这样的养你长大也没啥用，连送外卖都选不上……"换位思考一下，如果你处在孩子的位置，你会想要这样的"陪伴"吗？

在读研究生期间，我有幸与哈佛大学教育研究生院李钧雷教授探讨了亲子关系中什么才是"足够好""有质量"的陪伴和互动。李教授举了一个例子，我认为很有启发性。

李教授说，所谓"足够好""有质量"的陪伴，并不要求父母必须对孩子说哪些话、做哪些行为。如果像拿着说明书一样，在一个一个步骤的旁边打勾，比如，"1. 要对孩子说鼓励的话；2. 要有安抚的行为；3. 要适当地夸赞……"，那么得到的只能是一个"完成"的流程。

相反，我们可以试想一下人和宠物之间的关系。我们经常说狗有抚慰人心的作用，家里养狗的人或许经历过这样的时刻：当你心情郁闷的时候，小狗似乎感受到了你的情绪，默默地跑到你的身边。当你看见小狗过来，很自然地伸出手抱了抱它、摸了摸它的头。此时，你心中的那个结似乎松动了一些，心情也放松了一些，感受到了些许疗愈。小狗不会说人类语言，也没有时时刻刻待在人的身边，但就在这样的时刻，它能感受到"这个人似乎需要些什么"，并做出及时的反应和反馈。它没有做出刻意的、惊天动地的具体行为，也没有使用人类能听懂的语言，但是"足够好""有质量"的陪伴就在不经意间发生了。

很多时候，许多家长的陪伴和相处，本身已经"足够好"了，只是我们并没有觉察到它们的存在。我们要做的可能并不是研究"如何提升陪伴质量"，而是发现并拥抱已经存在于关系中的点滴感受。世界上从来就不存在所谓模范亲子关系，让爱自然地在亲子相处中流动，就会让关系真实、纯粹、健康，充满生命力。

我很小就想逃离我的家庭。

我想逃离的，并不是生养我的父母，而是我作为孩子在这个家中长期感受到的压抑、阴霾、冰冷、紧张和惊恐。这些感受就像小时候粤北山区湿冷又漫长的冬季，而留在我记忆深处最多的画面是父母无休止的争吵和简单粗暴的对待……

18岁生日时，我在心里发下了3个誓言。一是，将来我要是结婚，一定找一个真正相亲相爱的伴侣。二是，在我的婚姻里一定不要有争吵。如果矛盾太深，一定坚决离婚，哪怕是做单亲妈妈，也绝不将就、维持。三是，我一定不让我的孩子像我这样长大。

长大后，我发现原来很多家庭都在一代又一代地玩着同一个"击鼓传花"的游戏。

在我们还是小孩子的时候，我们太多时候在情感和感受上经历着父母在无意识中或不经意间对我们的忽略、漠视、嫌弃或是不回应。此外，大量的指责、批评和攻击，甚至对我们的嘲讽、羞辱和威胁，都会刻在我们的骨子里难以消除。有些孩子还会有遭受打骂和体罚的身体记忆……（大多数父母可能并不认为这些行为有什么大不了的。）

这些"暴力行径"稀松平常地发生在很多家庭中，包括知识分子家庭。它们以父母施行教育之名被光明正大地合理化，还披上了对孩子来说耳熟能详的那句"为你好"的道德外衣。这制造了一个又一个的"情绪创伤钩子"。即使人到中年，我依然会被这些钩子闪回勾住，这也直接影响了我在成年后遇到某类突发事件时的反应。就像搭乘了时光穿梭机一样，我会被迅速地带入童年时受伤的情绪状态中，仿佛瞬间变回了那个 5 岁的小女孩。由于无法以成人自我状态去理性且妥善地回应事件，事件的结果往往令人遗憾。

创伤治疗大师珍妮特·巴尚说过，没有人能毫发无损地度过童年。

后来，我渐渐了解，其实不是做父母的心硬，也不是做父母的不爱孩子，而是我们的父母"忠诚地"把从他们的父母那里接过的"花"往下传，无意识地沿袭了父母的教育模式——"我怎么被父母对待的，我就怎么对待我的孩子"。明明每个人的体验和感受都不好，都厌恶被这样对待，但是长大后不知不觉地重复了自己曾经最讨厌的父母教育模式，如同在家族基因里复制粘贴一样，这种模式代代相传，让辈辈受苦。

"击鼓传花"

有了孩子之后，我问自己：是不是到了我这里，就可以不玩这个游戏了呢？

积极养育：培养自驱、坚韧、有爱的孩子

第一节

亲与子建立统一战线

"在孩子的嘴上和心中，母亲就是上帝。"

——威廉·梅克皮斯·萨克雷

如果你问我，我的父母是如何给予我最有价值的高质量陪伴的，我会这样回答：无论何时，当我遇到困难的时候，只要我有需要，只要我回头，就一定能看到爸爸妈妈坚定地站在我身后，给予我无条件的信任和支持。他们给我带来了无限的安全感和克服困难的勇气与力量。在任何时候我都不会感到是孤身一人，因为爸爸妈妈始终都会跟我形成统一战线。

回顾自己从小到大的经历，我发现，他们一直都是这么做的。无论事情大小，他们始终坚定地和我站在一起，给了我强大的底气，是我坚不可摧的后盾。

我小时候遭遇过校园霸凌，其中印象最深的是两件事。正是通过这两件事，我非常确信我的爸爸妈妈在任何时候都会义无反顾地站在我这边。

由于先天体质不好，我从小就长得瘦弱矮小，性格比较内向，有点儿胆怯懦弱，在幼儿园时经常是被欺负的对象。在人多的场合我不敢说话，在路上遇到那些高大威猛的孩子欺负别人时，我也不敢出声制止。如果遇见他们，我都会想办法绕道走。实在避不开的话，我宁愿妥协一下，主动服个软，听从他们的指令帮他们拎书包，从而避免自己受到更大的伤害。我读幼儿园的时候，放学后同一个小区的小孩都会聚集在小区的游乐场玩耍。我家楼下有个孩子长得非常壮，起码比我高一个头，身形也比我大很多。那个孩子非常有主见，在小区的孩子中很有号召力，性格也比较霸道。

有一天，我玩滑梯时跟这个孩子起了争执。当时他想玩的游戏我不感兴趣，我想玩别的，不想跟他一起玩。一开始他还想说服我，但我确实不想参与，没有同意他的想法。可能他没有想到我居然敢不听他的话，觉得自己作为"大哥"的权威受到了挑战，于是有点儿恼羞成怒，向我冲了过来，啪啪啪的扇了我七八个耳光。我被打蒙了，也吓蒙了，只感觉脸上火辣辣地疼，当即大哭起来。照顾我的大姨听到哭声赶忙跑过来，看到我的脸不仅红肿得厉害，上面还有清晰的巴掌印。大姨顾不上斥责对方，赶紧带我回家做冰敷处理。

到了下班时间，爸爸妈妈回来了，他们看到大姨气得心脏不舒服卧床了，又看见我的脸上还有没有完全消散的巴掌印。他们心生疑惑，立即追问是怎么回事。大姨支支吾吾地简单讲了一下事情的经过，而我是又惊又怕，不敢告状。在妈妈的不断追问下，我才鼓起勇气说出实情——因为我不想跟那个孩子玩同一个游戏而被打了好几个大耳光。

妈妈听完，二话没说，旋风般地冲进厨房，拉开柜门，抄起一根擀面杖就冲了出来。她打开门，要下楼去找那个孩子算账。当时的我，从未见过如此气势汹汹、疯了一般的妈妈，我吓坏了，不知道她会做出什么出格的事情来。爸爸见状，马上跑过去奋力阻拦，大声劝她不要冲动，要冷静。但妈妈一副执拗的样子，似乎有着十头牛都拉不回来的蛮力。她凶巴巴地说："那孩子已经不是第一次这么欺负人了，他一直这么霸道，老娘我今天必须'修理'他！"

当时年幼的我，看着妈妈提着擀面杖冲了出去，再加上听到她说的话，我的内心非常矛盾。一方面，我从来没见过妈妈这么生气，这让我非常忐忑、害怕，不知道她会做出什么事。另一方面，当我看到妈妈为了我不惜一切，要到别人家里拼命时，一种被保护的感觉从我的心底油然而生。那是我第一次感受到，原来自己在外面受了欺负可以不用忍气吞声，因为爸爸妈妈会冲出来保护我，他们会勇敢地为我出头，为我讨回公道。

至于大家可能都关心的"擀面杖事件"的后续情况，这里也简单交代一下。那天晚上，妈妈拿着擀面杖冲到对方的家门口，但那个孩子正好去上补习班了，家里没人（后来听说他家的保姆在家，但是不敢出来开门）。妈妈气哼哼地返回家中。我看到爸爸搂着妈妈不断地宽慰她，而妈妈把头埋在爸爸的怀里，哭得像个孩子一样。她泣不成声地说："老娘拿命换回来的孩子，我都舍不得碰一根指头，那孩子凭什么打他那么多的耳光？"

我永远记得那个样子的妈妈，真实又疯狂。那个画面深深地刻在我幼小的心灵里。妈妈不再是平时那个总有妙招、兵来将挡的智多星了，也突然失去了往日职场丽人的亲和与知性，那时的她表现得有些像电视剧里骂街的大妈。她上一秒的凶悍与下一秒的软弱分明是两个人，可就是这样的妈妈，当时在我心里就像天神一样威武高大。

后来，妈妈的情绪慢慢平复下来。她跟爸爸说，孩子间小打小闹本是常态，但她之所以动怒，是因为她认为孩子被当众打好几个耳光这种行为就是对一个人尊严的伤害和践踏，这超出了她的容忍范围。而且，因为不想参与游戏就挨这么重的打，这是损害孩子的自主权，她坚决不允许这种事发生。

后来那个孩子的父母通过他们家的保姆和小区保安，知道了这件事情，主动登门道歉，并让孩子当面保证以后再也不能欺负我。爸爸显得大度包容，说了些客套话，而妈妈坐在沙发上一脸严肃，对着那个孩子说："我儿子是我的心头肉，他被你打得很疼，脸肿成这样我很心疼，我绝不允许任何人这样对他。阿姨警告你，如果你胆敢再打他，再碰他一根头发丝，我绝不轻饶。"

那个孩子瞪着惶恐的眼睛扭头看他的妈妈。他的妈妈脸色阴沉，没有吭声。空气凝滞了。这时，我的爸爸坐到妈妈身边，搂着她的肩膀说："孩子小，还不懂事，好好说。"爸爸明显是想提示妈妈要注意表达方式。

妈妈沉默了好一阵儿，然后起身走到那个孩子旁边，拉起他的手，语气明显缓和了很多。她说："阿姨知道你本意可能也不想打人，可能你当时一着急没有想到更好的办法说服他们，所以就动手打人了。本来你是想带领这些小朋友跟你一起玩，这个出发点没有错，说明你有大哥哥的能力，这是好的。但是你用了一个强迫的方式逼他们跟你玩。人家不愿意你还下手这么重打人家耳光，这是很严重的错误，阿姨不能允许你这样做。虽然阿姨和伯伯都非常生气，但是我们相信你以后会改正的，改正了就又是一个好孩子，你愿意变回好孩子吗？"那个孩子听后，看起来有些懵懂。他抬起头看看我的妈妈，又看看他的妈妈。他的妈妈催促他回答阿姨的问话。孩子没说话，只是使劲地点了好几下头，用小胖手开始抹眼泪。

这件事到此就算结束了。从那之后，那个孩子再也没有欺负过我。我记得后来我妈妈的老板听说了这件事，他还私下批评我的妈妈，说孩子打架不应该由大人出面解决。在我看来，尽管妈妈用的这种方式确实有些偏激、过火，不值得提倡，但这真的体现了我妈妈的火爆个性。在关键时刻她像个英武的男人，鲁莽、勇敢、无畏。她的行为让当时弱小的我感受到了满满的安全感。

第二次事件发生在我上小学的时候。

在小学的那几年，我是坐在第一排的"小豆丁"，性格还是那样胆小怯懦，害怕与人产生冲突，能忍则忍。班里有几个调皮的同学经常给我起外号取笑我，偶尔会说一些过分的话，或者破坏我的文具。他们还时不时地对我有一些肢体上的推搡拍打。因为太瘦小，多数时候我不敢还手，心里总默默地想着：我不搭理他们，久而久之他们觉得没意思可能就不会继续这么干了。

这份害怕与隐忍一直持续到四年级的一次体育课。

在那次体育课上，体育老师叫大家分组玩排球，我和另外8个平时关系不错的同学组成了一个小队，围成了一个圈，开心地玩着。

但就在这个过程中，两个平时经常欺负和戏弄我的同学，拿着他们手里的排球不断地砸向我的后背，同时还说着一些取笑我的话。一开始，我还是像平时一样忍耐着，但这一回他们明显没有停下来的意思，一直在我背后跑来跑去，持续不断地朝我身上砸排球，严重干扰了我们小组的正常活动，搞得其他同学也没法好好玩了，这让我无比愤怒。那是我第一次清晰地感受到自己内心的屈辱和怒火在不断升腾。我的心里有个声音冒出来："老虎不发威，你当我是病猫啊！"一股气不由自主地从我的身体里涌起，我好像谁也不怕了。我一改往日懦弱的常态，昂起头，挺直了腰杆，转身大声地呵斥他们："不要再砸了！否则我就不客气了！"但他们不仅没有将我的话放在心上，还更大声地嘲笑我，继续拿着排球朝我扔过来挑衅。终于，我忍无可忍，直接冲过去抓住其中一个扔球最卖力的同学，狠狠地将他摔倒在地，然后愤怒地朝着他的肚子踢了好几脚。我感觉那时我使出了平生最大的力气，多年来因为受欺负而积压的情绪排山倒海一般倾泻了出来。

那是我从小到大第一次跟人打架，也是唯一的一次。

那一刻，我感觉我的脑子里除了爆发的怒火就没有别的了，根本没有用理智去思考这样做到底对不对。直到周围的同学将我拉开，我才渐渐地冷静下来。看着被打的同学捂着肚子开始干呕起来，我有点慌神了，意识到自己闯祸了，开始紧张起来。

下午，老师分别联系了我和那个孩子的父母，当着双方父母的面把这件事的来龙去脉说了一遍。妈妈首先向对方的父母道歉，对我出手伤人的行为表示歉意，并第一次当众批评我，说我下手过重，然后主动提出带那位同学去医院检查，所幸他并无大碍。

晚上回到家，我的内心十分惶恐。第一次在学校闯这么大的祸，我不知道爸爸妈妈会不会"收拾"我。我提心吊胆地踏进家门，等着爸爸妈妈的教训。然而，他们并没有像我想象的那样怒气冲冲，他们的脸上反而展现出冷静平和的样子。

当我们围坐在饭桌前时，妈妈给我倒了一杯水，然后让我先把有关校园霸凌的所有情况好好说一说。我心怀忐忑地先将当天的事情的前因后果详细地讲了一遍，然后讲述了在学校受欺负的经历。我从小学一年级一直讲到四年级这天的打架事件。我告诉爸爸妈妈我曾经历了什么，我的感受是怎样的，以及为什么今天会突然爆发，做出这样的异常举动……讲着讲着，我忍不住大哭起来，仿佛这几年的委屈都汇聚成泪水涌了上来，也"狠狠地"宣泄了出来。

我忍不住大哭，这几年的委屈"狠狠地"宣泄了出来。

"这回你没做错。"这是妈妈听完我的话后说的第一句话。

"虽然妈妈不支持你通过打架来处理问题，但是妈妈觉得，这一次你没有做错。"妈妈再次强调了她的观点。她握着我的手，说："孩子，当你感觉憋屈的时候，说明你已经被冒犯了。你刚才会哭得那么伤心，是因为你忍了太久了。一味地忍耐，只会让你一直感到受伤。这个时候，你需要有个概念：如果你心里一直有受伤的委屈感觉，那就说明你之前处理这个问题的方法不得当，需要调整、改变。之前你一直忍着，但这一次他们做得太过分了，影响到你的小组和其他同学了，你的心不再允许你继续忍下去了。"妈妈把我的手放在我的胸口，似乎是想让我感觉一下我的内心。"你慢慢长大了，除了课本的知识，还要懂得尊重自己的感受，守护自己的边界。打人是不对的，但当自己受了侵犯时，你是可以勇敢还击保护自己的。这次你是在捍卫自己，算得上是自卫行为，所以妈妈认为你出手并没有错。"听到这里，我心里的一块大石头终于落地了。我体验到，一旦重视自己的真实感觉，我就会有不一样的表现。

　　接着，妈妈又说："虽然说妈妈认为你这次还击没有错，但是，除了使用暴力以牙还牙，还有没有别的办法处理这类事情呢？如果打伤了同学那是万万不行的，每个孩子都是爸爸妈妈的心肝宝贝，出不得半点差错。而且，你打我、我打你，可能会结下更多的仇恨，给自己带来更大的麻烦和伤害。这一次你用打架来反击，那下一次呢？"我当然知道打架是不好的行为，所以下意识地摇了摇头。

　　妈妈笑了笑，摸了摸我的头，说："你还记得小时候妈妈拿擀面杖和别人'拼命'的事情吗？现在反思起来，妈妈觉得那样做也并不妥当，至少那种过激的行为肯定不是最好的解决办法。我们可以

积极养育：培养自驱、坚韧、有爱的孩子

一起想想，怎么才能不被欺负呢？如果被欺负了，怎么才能不用过激的行为来还击呢？”

我眨巴着眼睛想了想，说：“我在学校里可以及时地告诉老师，或者回家之后跟你们说。”

“嗯，还有呢？”妈妈歪着头追问我。

我又想了一会儿，然后跟妈妈说：“我要好好吃饭、多睡觉多运动，快点儿长高长壮，这样他们就不敢轻易欺负我了。”妈妈笑了，赞许地回应我说：“你说得对。我们首先要让自己的身体变得强壮起来，至少要保护好自己不被人欺负。”

妈妈拍了拍我的肩膀，接着说：“不用害怕，孩子，你被欺负并不是你的错，而是那些欺负你的人做错了。你不要把这些恐惧和压力都藏到自己的心里。妈妈知道，你是个好孩子，不喜欢跟人起冲突闹矛盾。孩子，你要记住，你从来都不是一个人在外面，你的身后有爸爸妈妈。无论何时，如果你在学校遇到让你感到受伤害的事情，你要第一时间跟爸爸妈妈说，我们会一起想办法，找到合适的方法来解决。”听完妈妈的话，我感到一种安定感，心里的压抑和委屈渐渐地消散开来。

第二次事件让我对我的父母产生了更深的信任。从那以后，我特别愿意敞开心扉，养成了跟父母分享校园生活的习惯。这个习惯在青春期帮助我化解了很多烦恼，也及时纠正了我的一些“跑偏”的想法，帮助我以更健康的心态成长。成年以后，即使我已经有能力自己做主，我依然会在对我来说比较重要的事情上，听听父母的想法，看看是否有更周全的建议。

父母的支持对年幼的孩子来说具有非常强大的力量，这种力量是不可替代的。要想让成长中的亲子关系一直是"打开天窗说亮话"的状态，那么需要父母先做真实的自己，再让孩子的内心有安全感。父母是孩子最亲密的人，无论是在学习、生活还是情感方面，都是孩子最可靠的支持者和依靠。

　　当父母与我站在统一战线上时，无论何时，只要我回头，就能看到父母在身后坚定地支持着我，这给了我源源不断的力量，让我有勇气去面对一切未知的挑战，并让自己变得更加强大和勇敢。

只要我回头，就能看到父母在身后坚定地支持着我，这给了我源源不断的力量。

这个话题我至今没有找到"正确"的答案。

你问我：如果重来一遍，你能不能以坦荡、勇敢且不那么激烈的方式把冲突化解掉？

恐怕我的答案还是"不能"。时至今日我还是没能与这样的事情"握手言和"，尽管我承认过激的行为不值得提倡。

记不清余华在哪本书里写过这么一句话："当我们凶狠地对待这个世界时，这个世界突然变得温文尔雅了。"有时，对待霸凌行为可能真的就需要这样。

在我的价值观里，如果对方做事过火、过头、过分，冒犯到我，踩到了我的边界，甚至伤害到了我，或者我的家人，我就有权利坚决、坚定地捍卫自己和他们。我就是要义正辞严且坦荡地表明："你做得不对，不允许你再这样做；下次胆敢再这样做，我会坚决回击。"

我不会选择隐忍，因为我做不到。当我感到憋屈时，我的心就会波澜起伏，会呐喊，且久久不能平静。而一味地隐忍，"心"总有不答应的时候。内在的对抗和拉扯是极大的能量内耗，我认为那是对自己更严重的施暴。所以，我不会教导我的孩子隐忍，除非他的心是平静的。

家是孩子心中可供"避难"的大本营。

作为母亲，我认为在孩子还很弱小的时候，我理所应当是他的"第一保护神"。当他感到受伤或者难过时，他可以随时来找我，我一定会抱抱他、保护他。

如果我不出手捍卫，我的孩子就可能会持续被霸凌，长期处于过度警觉和恐惧的状态中，无法放松神经，内心也会充满不安全感。这样他很难身心健康地成长，也很难专心地投入学习。

当他得到父母的帮助，并相信他不会再受到攻击和伤害时，他才能安顿好那颗慌乱、委屈的心，向父母说出他所遭遇的伤害，并用放声大哭和鼻涕眼泪来宣泄情绪，找回一次次被欺负时丢掉的安全感。"有父母撑腰"就是一个孩子天大的倚靠，它会帮助孩子从伤痛中走出，重获安全感，并"生长"得更加坚强、更有力量。

我百分之一百地相信，终有一天，我的孩子不再需要谁为他撑腰，他将完全有能力保护自己，保护他爱的人。

"为了保护好你，为了你的平安，无论什么事情，爸爸妈妈都会全力以赴。"在他还是个胚胎、是个婴儿时，我们就是这样对自己说的，也是这样做的。

我想让我的孩子确信，他生来就如此珍贵、如此可爱，本来就值得被善待、被珍爱。

积极养育：培养自驱、坚韧、有爱的孩子

第二节

亲与子教学相长

"三人行，必有我师焉。"

——孔子

"父母在亲子关系中应该以什么样的身份和形象与孩子相处？"

通俗的理解是，教育包含教育者和被教育者两者的参与。在亲子教育中，由于成年人的过往经历、年龄、眼界、思维等方面断层式地超过孩童，父母便会自然而然地被贴上"教育者"的标签，并以"过来人"的身份去教导孩子。随着孩子一天天长大，他们的认知开始充盈，开始独立塑造价值观、形成自己的人格，而父母作为"教育者"的身份似乎在一点点儿地动摇。有时，因为习惯了原先预设的角色，父母会觉得自己长期以来在家庭中树立的权威受到了挑战。

"你以为的只是你以为的。"我经常会这么说。

"教育者"与"被教育者"的身份与定位，很多时候来自我们后天主观贴上的标签，而不是客观形成的固有概念，也并非唯一事实。它们是我们经由自己的认知萌芽，根据日常生活和相处互动中的重复行为得到的不断强化的概念。这并不代表这种身份（角色划分）和定位"本来"或者"应该"就是如此。父母的权威受到挑战，意味着长久以来的习惯突然被打破，而舒适圈的破裂和习惯的戛然而止一定会让人不悦。伴随着孩子的成长，亲子关系中突然出现的冲突和负面情绪，有时并不来自单个的具体事件，它更像是打乱生物钟后的正常表达。当原本可以有安稳的 8 小时睡眠，突然被迫熬了个通宵时，没有谁会感到舒服。

解决的方法其实很简单：转变视角。

父母放下"教育者""过来人""引领者"的身份标签，摆脱这种角色的局限性。孩子需要教育，这毋庸置疑，但孩子不是永远的"需要被教育的对象"，这两者天差地别。教育，可以被看成一种成长的相处模式。在这种模式中，参与的双方都是成长的受益者，无关年龄与过往经验。成长是永不停歇的人生历程，随时都在进行，也会持续地进行。在家庭教育中，接受教育的不仅仅是孩子，而是整个家庭本身。家庭教育是亲子之间教学相长、互相学习和交互的过程。

许多家庭的亲子教育模式是以父母为主导的，他们为了让自己的孩子享受最好的教育资源，不惜奉献自己或牺牲整个家庭的幸福。这种付出的背后，有时隐含着父母自身的内在需求：他们希望孩子学有所成后能够回馈父母、家庭乃至整个社会，这相当于父母的一项长远投资。

积极养育：培养自驱、坚韧、有爱的孩子

实际上，并不一定要等到学有所成或者成年之后，孩子才能带来"价值和贡献"，因为无论孩子处于什么年龄阶段，他们都有自己的独特视角和独立的思考，而这些往往是成年人思维中的"盲区"。成年人常常陷入一个误区，认为孩子年龄尚小，涉世尚浅，所以什么都不懂。可是，即使是小朋友，他们也会观察和思考，产生自己的想法，并依靠自己的逻辑，得出自己的结论。如果父母总是从成年人的视角去看待孩子的想法，当然会觉得孩子说的"不过是童言童语而已"。但是，如果父母尝试放下"主导"与"权威"的姿态，与孩子处在平等的位置交流，试着从他们的视角去理解问题，那么往往会有一些意料之外的收获。

读初中的时候，我每周末会去上吉他课。上课的地方不远，走路 10 分钟左右就可到达。爸爸只要有空，就会陪着我去。大多数时候，我们会提早一点儿出门。爸爸会帮我背着吉他，我们俩慢悠悠地走过去。在这段路上，爸爸经常会跟我聊聊他的日常工作和生活，比如最近发生在工作中的一些事情、他正在面临的一些挑战，或者他在生活中的一些新感触，等等。

有一阵子，我总是看到爸爸眉头紧锁，浑身上下似乎被一股愁绪笼罩着，就连整个家庭的氛围也因此变得有些沉重。记得有一次，在去上吉他课的路上，爸爸并没有像往常一样主动开启话题，于是我主动开口问他："爸爸，你最近是在工作中又遇到什么事情了吗？感觉最近你每天看起来压力好大啊。要不你跟我说一说？也许我能帮你出出主意。哪怕我的主意你用不上，但至少可以让你心里稍微放松一点儿。"

听了我的话，爸爸并没有说"小孩子你懂什么"，而是真的尝试用我能理解的方式，跟我简单地讲了讲他目前遇到的一些问题和面临的压力。就这样，我们一边走一边聊，不知不觉中，我发现爸爸的眉头好像舒展了一些。

自那次对话起，爸爸开始在日常生活中跟我分享他的想法和思考，有关于公司、家庭的，也有关于他自己的。虽然我当时只是一个初中生，还没有深度思考过自己的人生与未来的职业规划，也不懂经济大势或太多的人情世故，但是我会很认真地倾听，尝试理解爸爸所讲的内容，并根据自己的理解表达一些看法，比如，依据我的价值观我会如何看待这件事、如何放松情绪、如何缓解压力，等等。

经过几次这样的父子交谈后，爸爸逐渐发现，虽然我年龄小，但我有一套内在的成熟的思维体系，懂得从全局去看问题，并在思考过程中有自己的逻辑，思想也更纯粹。他发现我给他的一些建议还挺有参考价值，是他的思考体系里不具备的元素。他从没想到，跟自己的儿子沟通还能获得全新的视角，这对他来说是一种思维拓展和新的启发。

就这样，我们一家人经常会在吃饭的时候讨论和分享各种事情。爸爸妈妈会讲一讲他们在工作中遇到的人或事，而我也会分享一些我在学校中遇到的困惑和挑战。我们会帮助彼此分析问题、提出不同的解读视角和建议。在这个过程中，我们发现，其实上学和上班在某种程度上是相似的，它们都需要极强的学习能力、为人处世的能力，以及解决问题的批判性思维。比如，在工作中遇到一个棘手的业务难题，它和在学习中遇到难度很大的题目是一样的。想要解决这个问题或答出这个题目，首先要做的就是调整心态、稳定情绪，并树立信心来面对困难和挑战。然后，要做的就是分析判断、利用资源、寻求他人的帮助，等等。

随着我不断长大，这种亲子之间互相交流学习的方式一直被保留了下来。直到现在，我在读研究生的过程中，也经常与爸爸妈妈分享最近读到的书，交流一下新接触的知识，或者一些新的人生感悟。

在大二时，我回国了，在家上网课。那一学年，我们几乎每天晚上吃饭时都会聊一些有趣的话题。有天晚上，我们吃饭时聊到了白天看到的某条新闻。针对这个新闻事件和随之而来的网络现象，我结合了最近在课堂上学到的人类学的理论知识简单地分析了一下，又谈了谈我对整个事件的看法。爸爸妈妈对此感到很好奇，原来人类学与我们的日常生活如此贴近，现实生活中很多事件的背后实际上蕴含着人类行为和人类心理的某种机制。我们还热烈地讨论了如何将人类学的理论知识延伸到日常生活中。比如，在与人沟通和交往时，我们如何通过控制和改变情绪、措辞和微表情等，在不知不觉中影响他人。这些专业知识对爸爸妈妈来说非常新鲜有趣。

在聊天的过程中，爸爸妈妈同样会跟我分享他们的工作经验。这些经验对于年纪尚轻、阅历尚浅的我来说，是一笔非常宝贵的财富。比如，我的爸爸从管理业务转向负责组织能力建设，形成了一套独具特色的系统性的管理思维和管理模型，有着丰富的实践和经验。他经常在吃饭时跟我聊起和他工作相关的事情，比如如何用业务思维进行人力资源管理和创新、如何利用 AI 技术提升效率，等等。作为一个学生，我绝大多数的时间是学习课本上的理论知识，很少能有实践的机会。在和爸爸的交流过程中，我发现，学习并不应局限于书本，而是要超越书本走向现实，因为现实中的问题往往更复杂、更具挑战性。此外，爸爸在分享这些知识时，从来没有采取长辈居高临下教育晚辈的姿态，而是始终将我放在与他平等的位置，饶有兴趣地与我分享、探讨。

妈妈有时也会兴奋地向我们炫耀她近期做得比较成功的项目，包括她是如何设计产品的、如何关注目标客户需求的，以及如何实现项目的高满意度并交付的，等等。这些对话对我来说，无论是对提升当下的自我认知，还是为未来的职业生涯做准备，都有非常大的益处。我的妈妈就像我姥爷，非常热爱学习。如果她阅读文章或学习新理论时遇到不明白或难以理解的地方，就会非常诚恳且虚心地询问我的理解和看法，我也会认真地结合自己的专业知识和个人见解，为她解读和分析，并和她一起探讨。

在这个过程中，我深深地感受到，自己不仅能够从爸爸妈妈身上学到知识，还能给他们带去一些新的价值。我们之间不存在"谁教育谁、谁教导谁"的关系，而是切切实实地共同进步，体现了教学相长的真谛。我们平等地对话、顺畅地沟通、坦诚地交流。我们清楚，每个人所说出的每一句话都会被专心地聆听，都能得到真诚的回应。正是这样一个"双向奔赴"的过程，让我们一家人走在了终身学习的路上，共同成长。

"三人行，必有我师焉。"

为什么我和爸爸妈妈能够做到无话不谈？

在我看来，这是因为爸爸妈妈从来都没有扮演高高在上的家庭权威的角色，他们始终像我的朋友一样，以一种尊重、平等和开放的态度和我分享与交流，而不是倚老卖老地把他们的想法强加到我的身上，或者认定只有他们的观点是对的。

从我的角度来看，爸爸妈妈始终保持着一种积极乐观的态度，从来没有停下学习的脚步，尤其是他们能放下面子，真诚地面对真实的自己，承认自己的错误，并接受自己的不足，这些对我来说都是成长过程中不可或缺的养分。

"三人行，必有我师焉。"

2017 年，也就是轩溢 16 岁那年，"灾难"突然又降临到我们家。

我清楚地记得，那天是三八妇女节，我收到了轩溢爸爸送的两个"礼物"：一个是漂亮的爱马仕丝巾礼盒，而另一个是本地医院做出的一个可怕的疾病诊断——轩溢爸爸可能有恶性肿瘤（间质瘤）。这简直是晴天霹雳！

我们不敢相信，火速找朋友帮忙，将病例资料分别送往北京、上海的医院。然而，得到的回复趋向一致。

得知回复基本一致的那天晚上，我心如乱麻，故作镇静地匆匆吃了几口晚饭，然后敲开了轩溢的屋门。那时，我感觉自己浑身发软，几乎站立不住。我一屁股坐在他的床上，话未出口泪先落，一边抽泣一边告诉他这个坏消息。

听我说完后，轩溢的第一反应是震惊和不敢相信。屋里陷入了死寂，沉默持续了几分钟。

我低着头，擦拭着眼泪。忽然，我听到轩溢的声音响起："妈妈……"

我泪眼婆娑地抬起头看着他，他正站在书桌前，两手插在裤兜里，神情严肃，脸上既没有眼泪，也没有显露出惊慌害怕的表情。他很平静地跟我说："妈妈，你别太担心，我的直觉告诉我情况没有那么糟糕，爸爸不会有事的。"莫名其妙地，我忽然感觉心松了一点儿，好像有了主心骨。

他朝我走了两步，蹲下身子，把手放在我的膝盖上。我发现他看着我的眼神竟然有一丝笑意。他说："妈妈，你别忘了，我们家可是'拆弹专家'，我们怕过啥呀，就算真的不幸中枪，咱们可以积极治疗，肯定有办法治好爸爸的病。妈妈，你放宽心吧！"这时，我感觉得到了些许宽慰，仿佛身上多了一点儿力量。

他拍拍我的膝盖后，站起来走回书桌，背对着我看向窗外。我也起身站了起来。

片刻后，他转过身来，眼神坚定地看着我，用非常肯定的语气对我说："妈妈，你记住，无论你和爸爸未来会发生什么，都不用担心我，我会好好地活下去，我有能力照顾好自己！"

在轩溢说完这句话的那一刻，我的眼泪倏地一下止住了，我感到了一种勇敢的力量，心中产生了一种定力。无论发生什么，我们都要好好地活下去。

（轩溢的直觉是对的。后来，爸爸接受了手术，切除了一个拳头大的瘤，最终的病理报告结果竟然是良性。）

2023 年，轩溢 22 岁。那年，我们夫妻之间的小架吵到了孩子的面前。

一个周日的早上，原本是出于好意，我想一起聊聊轩溢爸爸最近偶遇的职场事件，但没想到，观点分歧导致我们俩在三个人的家庭微信群里，从讨论状态升级成了争论状态，双方的情绪很激动，直接"吵崩"了。我生气地放出狠话："以后你的事都别跟我说。"轩溢爸爸则斩钉截铁地表态："如果像你说的，我连业余生活的自由都要牺牲，让给组织，那我宁可辞职。"

过了好一阵儿，我在微信群里看到在美国的轩溢罕见地发来了一大段文字，仿佛联合国调停官上身。原文如下。

"先说妈妈，你的建议都非常中肯、客观且重要，但从我的角度来看，有些事情需要亲身经历，并应尊重个人遵从自己的内心感受做出决定的权利。我认为客观道理爸爸都懂，只是此时此刻遇到这种事情，就像你当初做出某个重要决定时的情形一样。你不觉得爸爸说的这些话和你那时候说的话非常相似吗？我很想强调的是，可能就是那一刻的不爽深深触及了底层信念和个人追求，而拒绝忍辱负重也许才是爸爸这个年龄散发光彩的另一条途径！妈妈你自己就是最好的例子！@妈妈

"再说爸爸，我非常理解老爸的情绪以及想要解决这个问题的心。我自问换作我的话，我也会在第一时间对妈妈的这些话和表达方式表示'抵触'，因为一是这些话影响了我们自己的决定，二是我们又清楚地知道她说的这些话是有价值的，有一定道理的。每个人最容易生气的时候其实

就是'恼羞成怒'的时候。哈哈，我自己也经常这样。自己知道理亏，被女朋友说了还反过来说一些看似很强硬、很生气的话，看来这是遗传老爸。总而言之，我相信老爸能做好自己！每个人的选择都不只是关乎自己，因为你有爱你的杨美丽，有读哈佛的孩子，我坚信无论在哪里，老爸都有能力、有头脑放光发热！@爸爸

"不过今早看到你们的这段对话，我觉得还挺有意思的。我觉得既好气又好笑，还挺有教育意义。至少我学到了不少东西，哪怕你们闹不愉快，其实也在潜移默化地对孩子产生着影响（居然还是积极影响）。我觉得最有意思的一个点在于，因为方式不同和感受不互通，你们两个人当中一个最会倾听的人不乐意听了，一个最会表达的人不愿意说了，而且你们看看，这是你们和外人谈话或者想说服他人时的逻辑和语气吗？这是倾听外人给你们的建议时的反应吗？恰恰就是因为你们是彼此最爱的人，所以有时候才会让这种'关心则乱'闹出不愉快。妈妈在外面给别的朋友答疑解惑时，甭管遇到多么匪夷所思的情况，都没说过这种话呀，哈哈。"

父母是孩子的第一任老师，而孩子却是父母终身的老师。

第三节

家庭中爱的语言

> "您能表达，并且愿意表达您孩子的爱之语吗？"
>
> ——盖瑞·查普曼

　　如果只能提一条关于改善家庭关系的建议，那么我的答案一定是："家庭成员要学会洞察彼此爱的语言。"如果要从本书中选出我最想推荐给读者阅读的内容，那一定是本节内容，因为它简单实用。

　　或许有人听说过"爱的五种语言"。这出自美国知名婚姻辅导专家盖瑞·查普曼博士的著作《爱的五种语言》。因为作者是一个婚姻辅导方面的专家，所以不少人可能以为"爱的五种语言"主要应用于构建亲密关系，如情侣、夫妻要学会洞察、理解和运用爱的语言，以建立一段持久且健康的亲密关系。但是实际上，无论是亲情、友情还是爱情，都需要通过不同的爱的语言来表达爱。处在任何一种长期关系中的两个人，都应该学习和探索爱的语言，理解彼此各不相同的接受爱和表达爱的方式。

　　"爱的五种语言"分别指：肯定的言辞、精心的时刻、接受的礼物、身体的接触和服务的行动。

无论是表达爱还是接受爱，每个人都有自己天然偏好的"爱的语言"，即使亲密如夫妻、紧密如亲子，也可能拥有不同的"爱的语言"。

当我们表达爱的方式与对方接受爱的方式不一致时，情感便不会被充分传递。当对方表达爱的方式与我们期待的方式不同时，我们很可能会错过或误解对方爱的表达，进而影响彼此之间的关系。

肯定的言辞　　精心的时刻

爱的五种语言

接受的礼物　　服务的行动　　身体的接触

在我们家，我和爸爸妈妈都有各自的"爱的语言"。

先来说说我的爸爸。我爸爸的主导"爱的语言"是"服务的行动"，因为他最喜欢用服务的方式来表达他的爱。在没有住家保姆的日子，无论白天有多忙、工作压力有多大，爸爸都会尽可能地在下班后赶回家为我们做晚餐。每周五晚上他还会雷打不动地进行全屋大扫除，将家里打扫得窗明几净。平时，一看到家里哪里不够整洁，他就会浑身难受，立马就会上手收拾。

不了解爸爸的人可能以为他有洁癖，但是和他接触久了就会发现，他并不是一味地追求洁净，他那么做是在表达爱。他自己非常享受用服务的方式来向家人表达自己满满的爱意。

当我和妈妈洞察到爸爸的爱的语言后，我们发现，其实想要让他感受到被爱，是一件非常简单的事情。我们只需要以同款"爱的语言"，即"服务的行动"去回应他就好。这落实到生活中也并不是什么难事。

对爸爸来说，爱的表达并不是收到昂贵的礼物，而是妈妈为他切好了爱吃的水果，泡上了香浓的咖啡，晚餐前准备好烹饪所需的食材，把晾晒的衣服收回来叠得整整齐齐，把洗手间的水池和马桶擦得洁白如新……这些就足够了！

我记得爸爸有一次从美国出差回来，本打算放下行李就开始大搞卫生，但没想到，当他推门进屋时，发现家里窗明几净、一尘不染、鲜花盛开。爸爸非常惊喜，开怀大笑。他超级满意，不仅热情地赞许了妈妈，还立刻拍了家里的照片发给了我。妈妈则偷偷地告诉我，爸爸不在家的日子，她最爽的事情就是可以随手往桌子上放

积极养育：培养自驱、坚韧、有爱的孩子

东西，只不过赶在爸爸回家前，累了几天，认真地做了一次全屋大扫除。

除了"服务的行动"，爸爸还拥有一种"爱的语言"，那就是"肯定的言辞"。我的爸爸是一个超级渴望得到赞美的人。比如，每逢周末，我们家经常会出现这样的场景：爸爸打扫完卫生后，会打开家里所有的灯，让每个角落都被照亮，然后他非常得意地拍张照片发到我们家的微信群里。如果我和妈妈当时恰好在忙别的事情没有看手机，爸爸就会略显失落地提醒我们。但只要我们非常捧场地回应他"哇，这简直是焕然一新""爸爸真能干"，然后再配上几个点赞的表情包，他就会感到非常满足，忘记了所有的辛劳。事实上，他每天都能找到引发我们赞美的行为并拍照，一会儿是健身照，一会儿是篮球比赛现场照，一会儿又是工作照，可以说是层出不穷。甚至猫猫狗狗的日常照片，都能让我们将落脚点放在夸赞他当初选品的眼光好上。而我的妈妈特别擅长使用"肯定的言辞"，所以，爸爸就得到了充足的情绪价值。

在我们家，"肯定的言辞"还有另一种表现形式，那就是我和爸爸之间表达爱的暗号。

从我上幼儿园开始有记忆时起，爸爸和我之间就形成了一种默契。我们经常会像唱歌一样颇有节奏地互相说"儿子儿子我爱你""老爸老爸我爱你"。我每天早上醒来听到的第一句话、晚上睡觉前听到的最后一句话，以及离开家上学前听到的话都会是爸爸说的"儿子儿子我爱你"，而我也会回应道"老爸老爸我爱你"。

如今，尽管我远离父母在美国留学，有时差，我依然能在父母早上醒来的第一时间收到他们的问候："儿子晚上好！儿子儿子老爸爱你！"每周跟爸爸妈妈视频聊天快要结束、准备挂断时，我们还会像小时候那样说出我们的暗号。爸爸总是满脸骄傲地对我说："儿子儿子我爱你。"当在我回应"老爸老爸我爱你"时，屏幕上的老爸会一下子咧开嘴笑起来，眼神中充满着慈爱，眉目间全是对我的牵挂和惦念。我和爸爸用"肯定的言辞"毫不吝啬地表达着内心中对彼此的爱。

不过，我和妈妈可从来不搞"老妈老妈我爱你"这套玩意儿，我们有另一种"爱的语言"——"精心的时刻"。这可以理解为由优质的相处时间所带来的精神上的满足。我们经常像同班同学那样，分享和讨论我们共同感兴趣的话题，聊个没完。

在我上初中和高中时，几乎每周都有一两个晚上，我和妈妈9点左右从家里出发，步行去往最近的麦当劳吃夜宵。这段路程不远也不近，大概需要半个小时。在这段时间里，我和妈妈会一边悠闲地散步，一边漫无边际地聊天。我们聊天的内容没有限制，既可以聊学校最近发生的事情、分享生活中快乐的时刻，也可以聊情感上的一些烦恼或困扰自己的问题。

虽然这段路程并不长，但它为我和妈妈提供了一个独处时间。在这段时间里，我们没有看微信，没有打电话，也没有受到其他干扰，我们只专注于与对方的交流。对我来说，每周借着这种机会跟妈妈聊天是非常宝贵的时光。它既能有效地缓解我的学习压力，还有助于我的身心成长。在跟妈妈聊天的过程中，我对自我有了更多的新认识、新发现。每次吃完回家后，我的内心总能感到愉悦和放松。即使现在我在国外，我依旧深深地怀念那段时光，心中也隐隐地期待，或许以后，我依然可以和妈妈重走这条属于我们、体现着"精心的时刻"的林荫小路。

我和妈妈之所以能够像无话不谈的好朋友，正是因为我们选择了对方的"爱的语言"去联结和表达。从小到大，在我们的互动过程中，妈妈都会非常专注地陪伴我，通常不会分心看手机或者做其他事。她会在我需要的时段，全心全意地将注意力放在我的身上。哪怕只有短短的十几分钟，她也能创造高品质的陪伴效果，我们也能给予彼此足够的满足感、幸福感和愉悦感。

我的妈妈还有一个"爱的语言"，那就是"接受的礼物"。她喜欢给家人和朋友送礼物，也喜欢收到礼物。所以，每逢可以和过节沾上边的日子，我和爸爸都会早早商议好送给妈妈什么礼物让她高兴。即使远在美国，每逢妈妈的生日，我也会在网上用心选购礼物，将它快递到家。礼物不一定多么贵重，因为我知道妈妈不只是享受礼物，而是感受到了我们的爱。

当我们了解了"爱的五种语言"后，再去回顾生活时，或许会惊讶地发现，即使在关爱彼此的亲子关系中，我们在表达爱时也不一定能够匹配上对方所喜欢的"爱的语言"。虽然每个人都渴望听到"肯定的言辞"，但实际上，只需要仔细回顾一下，就会发现在一个行为的背后，自己内心真正渴望、想收获的并不一定是"肯定的言辞"。并不是每个人都追求"肯定的言辞"，因为有的人只看重行为上的反馈，而不是说出的话。所以，当我们用相对无效的语言去表达爱时，往往无法传递出爱的信号。

洞察爱的语言，需要时间、需要学习，需要在生活中与人相处时有意识地去觉察和领会——父母最常用的爱的语言是什么？你的孩子所用的爱的语言又是什么？其实在这个思索的过程中，爱已经悄然发生了，因为你已经把注意力放在了对方身上。

爱可以体现为无私和奉献，但我们也可以用对方最想要的、最契合的方式轻松地去表达那份浓烈的深情，达到四两拨千斤的效果。

让爱在家庭成员中流动。

积极养育：培养自驱、坚韧、有爱的孩子

我真诚地希望，每个家庭都能从现在开始，有意识地觉察家人对爱的需求和爱的表达方式，让"爱的语言"成为彼此沟通的基础，让家庭中的爱流动起来。当爱流动起来时，亲子关系自然会变得亲密和融洽，而家自然会足够温暖与和谐。家和则万事兴。

面对种种家庭关系和家庭教育中的挑战，总结起来，应对它们的"秘诀"可以归结为 4 个字：爱是答案。

妈妈的话

亲情是天生的，而爱则需要学习。

轩溢的话

在开始撰写本书之前，我和我从小到大最好的哥们明祺在一家粥底火锅店谈起了创作的思维框架和大体内容。当谈到父母和孩子之间关系的象征时，我们不约而同地被一个共识打动了：亲子关系犹如在舞台上跳舞，虽然舞蹈演员会受舞台的物理空间和边界所限制，但是他们在舞台上的价值表达、情绪流露、个性发挥和剧情演绎都是自由的。

家庭生活也好比是一幕幕舞台剧，其中每个角色都是自己人生剧本的编剧、导演兼主角。每个人都带着自己独一无二的天赋、基因、使命共筑着家庭的未来。是演绎让爱流动、彼此成就的家庭关系，还是上演只论对错、争执不休的埋怨和纠缠？这是每个人自己的选择。

我曾听教育专家说过，孩子需要释放天性、找到自我，这样才能积极向上地快乐成长。而我认为，在一个家庭中，父母更需要释放自己的天性，再好看的面具也抵不过真实二字。毕竟，在成为父母之前，每个人首先是一个独立的个体，有着独属于自己的灵魂本质和人生体验。

在家庭里，父母是孩子人生路上的先行者，是孩子成长之路的引导人，其言传身教的影响尤为重要、深刻和深远。真实源自立稳自己的角色、活出自己的价值内核和生命的独特性，要用自己的光去影响家庭和孩子。我有句话特别想对读者朋友们说："一个家庭让爱流动的前提是，每个人都毫无保留地爱着自己、爱着世界。"

亲子关系必然会在各种交织、磨合、共创中螺旋式上升，并衍生出全新的状态。就像健身可能会经历肌肉撕裂和重生的痛苦一样，成长也会如此。我一直相信一件事：我们经历的所有问题、冲突，或者体验到的煎熬、痛苦，都是潜在的礼物，是人生通关走向更高境界的助力，那里藏着我们成长的无限可能。

很多时候，少即是多，慢即是快。松弛比紧绷更易达成目标，放手比控制更能实现期待，尊重比要求更能消减内耗，有意思比有意义本身或许更有意义。世界在不断变化，社会在不断发展，我希望我们每个人都不要忘记自己曾是多么地勇敢！

教育来源于生活、作用于生活。

父母说出来的道理，最终可能会飘散在空中，而留在孩子心里最深的印迹却是家庭生活中的细微感受以及成长过程中一场场的生命体验。教育不是灌输、管控、说教、指令，而是允许、接纳、尊重、放手，让每个人成为自己的光，并经由这个光带给更多人希望。

祝福每一个家庭、每一位父亲和母亲、每一位孩子健康幸福、平安喜乐。

最后，向看到本书的您致敬。谢谢您！

您好，我是张轩溢。

2024 年 5 月 16 日于美国哈佛大学